Nourriture et amour

Du même auteur

Sexualité et gynécologie psychosomatique, Paris, Masson, 1983.

Introduction à la sexologie médicale (en collaboration avec Georges Abraham), Paris, Payot, 1985.

L'Imaginaire en sexologie clinique (en collaboration avec Claude Crépault), Paris, PUF, 1987.

Psycho-golf (en collaboration avec Jean Garaialde), Paris, Robert Laffont, 1989.

Eloge de l'intimité, Paris, Payot, 1991.

La Qualité des sentiments, Paris, Payot, 1992.

Eros et changement, le corps en psychothérapie (en collaboration avec Antonio Andreoli), Paris, Payot, 1993.

La Méchanceté, Paris, Payot, 1993.

Manuel de psychologie odontologique (en collaboration avec André Haynal), Paris, Masson, 1993.

Documents Payot

Willy Pasini

Nourriture et amour

Deux passions dévorantes

Traduction de Anne Deren

Titre original :

Il cibo e l'amore
(Milan, Arnoldo Mondadori Editore S.p.A.)

Remerciements

A Antonella Appiano, à Véronique de Bure, aux docteurs Alain Golay et Véronique Jagstaidt pour leur contribution au texte.

A Françoise Martinez et Marzia Martelli pour leur aide à la rédaction.

A Franco Marenghi, président de l'Academie italienne de cuisine, à Giovanni Nuvoletti et Bepi Tomé, respectivement président et secrétaire général de l'Académie internationale de la gastronomie, à Claude Terrail, Jacques Le Divellec et Elisabeth de Meurville pour leur participation à notre enquête sur « Erotisme et gastronomie ».

A mes amis gourmets amateurs d'érotisme et/ou de bonne cuisine : Adriana Possenti, Luciana Price, les membres de l'équipe CERIS (les docteurs Arnaud Basdevant, David Elia, Sylvain Mimoun et Koen Demittenaere, ainsi qu'Odile Faussemagne), Pierre Déjardins, Bernard et Myriam Erbeia, Sarah Bidlowski, Gaston Maillard, Claire et Bodo von Alvensleben, Valérie et Nato Burgy, Philippe Brenot.

Au fonds Maurice Chalumeau.

Aux conseillers d'Etat, députés, universitaires et journalistes qui, sous l'égide de Bernard Crettaz, sociologue, ont accepté avec bonne grâce de se prêter au sondage préliminaire.

Introduction

Nous passons près de quinze années de notre vie éveillée à manger et nous nous mettons à table en moyenne cent mille fois au cours de notre existence [1]. Nous consacrons, hélas! moins de temps à l'érotisme, encore que cela soit plus difficile à calculer... Mais jugez plutôt : la durée moyenne d'un rapport sexuel en France serait de six minutes et le temps cumulatif de la jouissance en quarante ans d'une vie sexuelle active, évaluée à 4 450 rapports à raison de huit secondes par orgasme, ne serait que de dix heures [2]! Quel est donc ce lien ambigu entre nourriture et sexualité ? Pourquoi gourmandise et luxure arrivent-elles côte à côte en tête du classement des péchés de chair ? Comment se fait-il que ces deux activités représentent pour certains l'objectif d'une vie, alors que pour d'autres elles ne sont que deux exigences physiologiques ? Des questions somme toute bien alléchantes pour un scientifique...

Comme tous les comportements individuels, l'alimentation et l'érotisme sont enserrés dans un réseau de règles sociales qui institutionnalisent, adaptent, endiguent et souvent étouffent l'instinct. L'histoire sociale de la sexualité et celle de l'alimentation reflètent une oscillation constante et parallèle entre liberté et répression et entre pulsion et contrôle, les deux traditions s'éloignant pour toujours mieux se rejoindre.

Pour l'anthropologue Claude Lévi-Strauss, les tabous du cannibalisme et de l'inceste ont une origine commune. Dans la tradition dionysiaque, nourriture et sexe sont inextricablement liés au moment de la fête. Dans l'Eucharistie, en revanche, le pain et le vin ne sont présents que de manière symbolique et, comme chacun sait, le sexe est totalement banni de la cérémonie. La virulence de certains sermons contre le sexe n'est pas sans rappeler les tabous alimentaires d'origine religieuse : telle religion condamne des viandes dites « impures », telle autre qualifie de « démoniaque » le mélange du lait et du sang. Pour certaine tradition puritaine, nous nous livrons à une consommation « abusive » de sucreries. Les images de notre société renvoyées par les médias se forment au point de convergence entre économie, habitudes alimentaires et habitudes sexuelles. Ainsi en période de disette le gros est synonyme d'opulence ; dans notre société de consommation, au contraire, ce sont les plus riches qui ont les moyens d'entretenir une silhouette mince, synonyme de beauté et d'équilibre.

Lorsqu'on aborde les liens entre alimentation et sexualité, on en vient toujours aux aphrodisiaques. Simple banalisation de ce lien ? Ne serait-ce pas plutôt un moyen de fermer les yeux sur un rapprochement bien enraciné dans notre inconscient collectif ? La nourriture et le sexe se rejoignent non seulement dans notre tête mais aussi dans notre cœur et dans notre ventre. Kant a tenté d'établir une distinction entre les niveaux de perception [3] : pour lui, le goût et l'odorat sont les moins nobles des cinq sens car ils sont imprécis et difficilement contrôlés par l'intellect. Il a peut-être raison. L'histoire alimentaire et sexuelle de l'humanité est truffée de ces rencontres entre sexe et nourriture : transgressions dionysiaques, banquets à la Pétrone, bombances rabelaisiennes, tous événements qui ont en commun leur caractère viscéral. Des comportements qui, pour reprendre Georg Walter Groddeck, sont *issus du ventre* [4].

Mais s'il est vrai que c'est plus souvent la faim que l'appétit qui nous pousse, nous attendons aussi de la nourriture et de l'amour bien davantage que la simple satisfaction d'un besoin primaire : ils doivent nous aider à transmettre nos sentiments, les bons comme les mauvais. Par le sein, la mère donne à son bébé non seulement du lait mais aussi l'une des premières manifestations de son amour. Et parmi tous les enseignements de la tradition chrétienne, le précepte qui nous exhorte à donner à manger à ceux qui ont faim est le seul que la tradition laïque continue de mettre en pratique : la solidarité sociale se manifeste avant tout par l'aide alimentaire, aussi bien à notre porte qu'envers les populations du tiers-monde. On peut bien sûr interpréter le phénomène comme une pression des nations les plus riches sur les plus pauvres. Ou de celui qui tient les cordons de la bourse sur son conjoint : l'un des soucis les plus fondamentaux en cas de divorce, c'est bien la pension alimentaire.

Il en va de même pour la sexualité : l'amour est un moyen de communication transcendant le simple contact des corps. Et à l'instar de la nourriture, le sexe peut aussi devenir instrument de pouvoir, d'humiliation et de clivage social. Les soldats serbes violent les femmes de leurs ennemis pour les punir comme Caligula abusait des femmes des sénateurs pour les humilier. Et la trahison d'Hérodiade avec Hérode Antipas a conduit la belle Salomé à faire un autre genre de pression avec un étrange chantage au nom de la sexualité : la tête de saint Jean-Baptiste contre une danse. Les Evangiles rapportent les visages horrifiés de hordes d'esclaves et de plébéiens attendant les restes du repas à la vue de la tête posée sur la table.

Sexualité et nourriture sont capables du meilleur comme du pire : tout dépend du rapport que nous entretenons avec ces activités fondamentales.

Le repas de ceux qui s'aiment. Mitonner amoureusement un dîner pour son compagnon (en se réjouissant par avance de sa réaction) ou soupirer aux fourneaux en s'acquittant de l'énième devoir conjugal (aux effets souvent indigestes) sont choses bien différentes. Sans aller jusqu'à l'abnégation du pélican qui se déchire les chairs quand il n'a plus rien à manger pour ses petits, prenons l'exemple de Tita, dans *Les Epices de la passion,* qui exprime son amour à travers l'amour de la bonne chère. Tita, troisième fille d'une grande famille mexicaine, n'a d'autre choix que de passer ses journées à faire la cuisine. Lorsque sa mère jette les roses que vient de lui offrir un de ses prétendants, elle trouve le moyen de transformer sa douleur en plaisir en inventant un nouveau plat : les cailles aux pétales de rose. Elle les prépare avec tant de tendresse que le repas devient une véritable invitation à l'amour et qu'une de ses sœurs, saisie d'une folle passion, s'enfuit avec un soldat.

Le repas de ceux qui ne s'aiment pas. Dans les films policiers, on met de l'arsenic dans la soupe. Dans la vie, il suffit d'un laxatif : c'est ce qu'une de mes patientes, excédée, mettait dans l'omelette que son chef de service la contraignait à lui faire tous les jours ! Et, perversité suprême, elle retirait le rouleau de papier dans les toilettes... La « méchanceté gastronomique » ne s'exerce pas seulement sur autrui, elle peut aussi se tourner contre soi-même comme dans certaines formes de boulimie ou d'anorexie dont nous reparlerons. Catherine, grand-mère de soixante-quatre ans, cent vingt kilos, a une passion pour ses six petits-enfants. Je l'ai connue à l'hôpital où on l'avait transportée d'urgence après qu'elle eut avalé six gros lapins en chocolat. Elle les avait ingurgités frénétiquement les uns après les autres parce que sa belle-fille tardait à lui amener les enfants tant attendus. De toute évidence victime d'une énième méchanceté de la part de sa belle-fille jalouse, elle n'avait rien trouvé de mieux que de se faire du mal en mangeant les lapins qu'elle avait achetés pour les enfants.

La sexualité de ceux qui s'aiment. La sexualité de ceux qui s'aiment renouvelle sans cesse le mystère de l'amour par la rencontre consciente de deux corps et de deux cœurs qui découvrent inlassablement la nouveauté chez l'autre. Le plaisir de donner du plaisir est un aphrodisiaque inconnu de ceux qui courent après la sexualité sans jamais s'engager dans l'amour.

La sexualité de ceux qui ne s'aiment pas. Il y a mille manières de punir et de se punir par la sexualité. Telle femme dissimule son orgasme pour ne pas s'avouer vaincue aux yeux de son partenaire. Tel mari prétend souffrir d'éjaculation précoce, alors qu'en réalité il précipite les choses dans le seul but de faire souffrir sa femme. Telle autre encore inflige deux semaines d'abstinence à son conjoint prétextant une migraine persistante. C'est avec ce genre de mesquineries que se construit une relation conflictuelle.

Ces exemples nous conduisent à mieux définir le propos de notre recherche. Nous avons cherché à mettre au jour la signification psychologique et sociale cachée du lien nourriture-sexualité. Cet ouvrage s'inscrit donc dans la suite logique du discours entrepris dans notre précédent essai, *La Qualité des sentiments* [5], où nous avions identifié et décrit les fonctions non sexuelles de la sexualité (FNSS) : du sexe « thérapie » (antidépresseur, tranquillisant, somnifère) jusqu'au sexe « béquille » psychologique (dans la définition de sa propre identité) ou relationnelle (le territoire du défi, de la socialisation et de l'intimité). Ici, nous étudions les fonctions non alimentaires de l'alimentation (FNAA) dont les valences psychologiques et thérapeutiques sont souvent similaires à celles de la sexualité qu'elles vont parfois jusqu'à remplacer. Comme le sexe, la nourriture contribue à la socialisation de l'individu et l'aide à se définir. Comme lui, elle est un territoire où le pouvoir, la puissance et les conflits s'expriment librement.

Cette parenté entre sexe et nourriture nous a convaincus d'entreprendre la grande enquête dont on trouvera les résultats dans notre deuxième partie. Cette étude, menée par l'IFOP, explore les habitudes érotico-alimentaires des Français par rapport à six variables : la séduction, le plaisir, l'intimité, l'identité, la socialisation et la santé. Avant de commencer la lecture de cet essai, pourquoi ne pas vous amuser à remplir vous-même ce questionnaire *? Vous pourriez alors comparer vos réponses à celles des mille cinq cents Français interrogés. Les résultats, souvent surprenants, détruisent bien des idées reçues.

La bonne chère attire encore beaucoup de gens dont, sans doute, tous ceux qui n'ont pas perdu le goût de prendre le temps de faire la cour : les gourmets de la vie le sont autant devant une nappe que sous les draps. Pour eux, l'érotisme est à la sexualité ce que la gastronomie est à la cuisine. Et nous avons été heureux de constater qu'après l'introduction de l'éducation sexuelle dans les écoles, on a institué depuis quelques années la « semaine du goût » à laquelle de grands chefs participent avec bonne humeur.

Analyser les diverses modalités de la relation entre nourriture et érotisme, de la « normalité » jusqu'à la « pathologie », tel est le but de cet ouvrage. L'histoire spécifique et l'histoire sociale de cette relation nous conduiront d'abord à esquisser une phénoménologie des banquets et à nous interroger sur le symbolisme de certains lieux et aliments. Quel est, par exemple, le lien entre la cuisine et la chambre à coucher?

* Le questionnaire est intégralement reproduit en fin d'ouvrage, p. 267.

Entre la bouche et les seins ? Qu'en est-il de ces nourritures à la symbolique ambiguë comme le lait et la viande ? Quelle différence y a-t-il entre faim et appétit ? Les bonnes manières, la nouveauté, l'initiative sont-elles plus prisées à table ou au lit ? Posez-vous la question suivante : préférez-vous faire toujours des choses différentes avec la même personne ou toujours la même chose avec des personnes différentes ? Comparez vos réponses concernant le sexe à celles ayant trait à l'alimentation : sont-elles identiques ou bien s'opposent-elles ? En matière de préférences alimentaires, êtes-vous monogame ou polygame ? Quoi qu'il en soit, sachez qu'il n'est pas toujours nécessaire de changer de restaurant : il suffit parfois d'un peu d'imagination pour renouveler le menu du couple et réveiller son appétit !

Comme le montre Noëlle Châtelet, le vocabulaire amoureux et celui de la gastronomie sont étroitement mêlés [6]. On parle d'une « peau de pêche », de cheveux « blonds comme les blés », d'yeux « en amande » ou « couleur noisette », de « bouche cerise », de « lèvres pulpeuses », de « formes appétissantes ». Le sexe masculin est tour à tour andouille, saucisse, chipolata, macaron ou biscuit [7]. Décidément, le français n'est pas en reste d'expressions imagées : « passer à la casserole », « planter le cresson », « frotter son lard » (Rabelais, 1534) [8] pour n'en citer que quelques-unes sont on ne peut plus éloquentes ! Enfin, l'amour d'une douce « lune de miel » prend parfois, au bout de quelques années, le parfum éventé et le goût fade du « réchauffé »...

Dans notre chapitre consacré aux habitudes gastro-érotiques des Français, nous ne nous limiterons pas à des commentaires philosophiques ou à des observations cliniques. Nos conclusions, reprenant une à une les questions posées par l'IFOP, s'appuient sur des données statistiques uniques en la matière.

Nous reviendrons ensuite à l'approche clinique. Quels sont

les troubles alimentaires les plus répandus et dans quelle mesure la sexualité intervient-elle dans ces pathologies ? On sait en effet que de nombreux boulimiques ont été un jour victimes d'abus sexuels, ce qui nous conduit à donner de la maladie une nouvelle explication théorique. Anorexie sexuelle et anorexie alimentaire sont-elles indissociables ? Et qu'en est-il de la sexualité des obèses, plus proche qu'on ne le pense de celle de la moyenne de la population ?

Enfin, nous terminerons avec une partie consacrée aux thérapies, des plus farfelues avec les mythiques aphrodisiaques aux plus sérieuses avec ces nouveaux régimes personnalisés, les « psychorégimes ». Pour finir nous dirons un mot de cette nouvelle intimité du peignoir que vont chercher de plus en plus de gens dans le thermalisme et la thalassothérapie à des fins parfois aussi érotiques que diététiques.

Il me reste à espérer qu'en refermant ce livre, vous irez faire un bon dîner et terminerez dignement votre soirée. Mais avant de vous lancer, n'oubliez pas que, comme le disait Tita, la nourriture est bonne quand elle est préparée avec amour, et l'amour est bon s'il a le goût et le parfum de nos préférences alimentaires !

PREMIÈRE PARTIE

Eros et Dionysos

I

Une histoire de sens

Si l'on se penche sur l'histoire des habitudes alimentaires, le rapport à la nourriture semble suivre une évolution parallèle à celle de l'éducation, des bonnes manières et du langage. Selon Maria Luisa Minarelli, on peut réécrire l'histoire à travers le rapport que ses personnages entretiennent avec la gastronomie [1]. La symbolique du bien et du mal, qui s'exprime dans des repas célèbres comme les noces de Cana (où l'eau fut transformée en vin) ou la Cène, est bien connue. Cléopâtre organisait des banquets pour séduire Antoine, mais ce dernier touchait à peine à la nourriture de peur d'être empoisonné par la reine. L'épisode suivant, rapporté par Plutarque, nous donne une idée du danger auquel l'exposait son amour pour Cléopâtre : un jour, lors d'un banquet, Cléopâtre déposa sur son front une couronne de fleurs dont les pétales étaient empoisonnés, puis elle trempa les pétales dans du vin et invita son amant à le boire. Au dernier moment elle arrêta son geste et tendit le calice à un esclave qui fut terrassé par le poison. Antoine fut ainsi convaincu (ou presque) qu'il pouvait faire confiance à Cléopâtre.

Casanova aimait qu'on lui serve un riche repas composé d'esturgeon, de gibier, de truffes et de vin de Saxe pour reprendre des forces après ses efforts amoureux. Le Marquis de Sade préférait les paupiettes de pigeon. Les sermons ascétiques de Luther étaient toujours suivis de banquets opulents dont témoigne la corpulence du réformateur. Jean-Jacques Rousseau, lui, ne dérogeait pas à ses principes : même à table, il optait pour le régime végétarien. Napoléon, qui ne s'attardait jamais plus de dix minutes aux repas, fait figure de précurseur des amateurs de fast-food. Quant à Marcel Proust, amoureux timide et mélancolique, il fut toute sa vie affecté de mélancolie alimentaire. Qui peut oublier les célèbres madeleines de sa mère à Combray ? Elles l'envahissaient de plaisir et le consolaient de sa timidité, ravivant le souvenir de celles que lui donnait sa tante Léonie pour tremper dans son tilleul le dimanche après la messe.

L'Histoire est faite aussi d'odeurs et de saveurs. Claude Lévi-Strauss compare les aliments à une grammaire : la chaîne de pensées et les émotions qu'ils suscitent constituent la syntaxe [2]. Certaines nourritures sont plus particulièrement associées à un genre – féminin ou masculin –, d'autres à un pays : les pâtes aux Italiens, le vin aux Français, la saucisse aux Allemands, le thé aux Anglais. Et de même qu'autrefois on repérait à Milan les jeunes gens de droite au sandwich qu'ils mangeaient dans un certain bar en buvant du Coca-Cola, aux Etats-Unis aujourd'hui on associe les *yuppies* aux sushis et les *grunge* aux pizzas.

Dis-moi comment tu te nourris, je te dirai comment tu penses. C'est un peu ce qu'illustre l'Histoire en nous contant les conflits entre les diverses cultures européennes depuis vingt siècles. Le goût décadent de l'abondance de l'Empire Romain a été concrétisé par Hollywood : dans *Ben Hur*, des sénateurs allongés sur des lits dorés portent à leur bouche des langues de flamant ou des foies de volaille enrobés d'épices exotiques. Et pendant qu'à Rome les patriciens se gavent, ailleurs dans l'Empire des idéalistes chrétiens condamnent l'intempérance et prêchent la rigueur, en dignes précurseurs de ceux qui, plus tard, déclareront coupables les nourritures sucrées. Dans le même temps, une troisième culture gastronomique, en provenance de la périphérie de l'Empire, s'introduit à Rome : celle des populations nomades, à base de viande cuite à la broche. Ces peuples considèrent avec mépris les aliments sophistiqués des riches Romains. « De la rencontre entre ces trois cultures, conclut Maria Luisa Minarelli, est née la civilisation occidentale qui a fabriqué au cours des siècles la pensée, l'art, la technique et, bien sûr, la gastronomie. »

Il est intéressant de souligner ici les différentes lectures, données par ces trois cultures, du rapport entre nourriture et sexualité : *hédoniste* chez les Romains, *virile* chez les Barbares, *coupable* chez les Chrétiens. Pour ces derniers, plaisir du palais a toujours rimé avec plaisir de la sexualité : dans la tradition catholique, la pomme tentatrice est à l'origine du péché d'orgueil d'Adam et Eve; et ce n'est pas un hasard si Paris utilise le même fruit pour départager les Trois Grâces et consacrer Vénus déesse de la Beauté. L'iconographie chrétienne a transformé ce fruit, symbole de la tentation et du péché, en symbole d'amour, de fertilité et de pureté : de nombreuses Nativités font apparaître une pomme à côté de la Vierge à l'Enfant.

Pour l'ascétisme, dont la philosophie prône la pratique du jeûne, l'alimentation est le péché originel des sens. Les ermites obéissant aux enseignements de saint Jérôme observaient un régime d'aliments secs et froids tels que le pain, le sel et l'eau accompagnés seulement de quelques sauterelles. Pour les hommes d'Eglise, le choix intellectuel de l'abstinence est la clé du combat contre la luxure. De la même façon que manger de la viande était le symbole d'un statut pour les barbares. Mais ce qui nous intéresse ici n'est pas tant l'histoire de l'alimentation que son rapport avec celle de l'érotisme. Dans la mythologie de l'orgie, elles coïncident.

Les orgies

On a vite fait de parler d'« orgie » et le terme est un peu mis à toutes les sauces. Derrière ce mot, se cachent toutes sortes de faits divers mais aussi une longue histoire. Du fameux mythe de Dionysos et l'évolution des rites orgiaques à l'époque romaine jusqu'aux représentations modernes des festins érotiques au cinéma et dans la littérature, nous allons en parcourir quelques étapes.

LE MYTHE DIONYSIAQUE. Tout le monde sait que Dionysos est le fils de Zeus, mais aucun historien n'est prêt à mettre sa main au feu quant à l'identité de sa mère [3]. Nous nous en tiendrons donc à la version la plus répandue, celle selon laquelle Dionysos est né d'une rencontre secrète entre Zeus qui avait pris forme humaine, et Sémélé, fille de Cadmos et d'Harmonie. Héra, sœur et femme de Zeus, archétype de l'épouse fidèle, jalouse Sémélé qu'elle harcèle et calomnie auprès de Zeus qui la fait mourir dans un grand fracas d'éclairs et de tonnerre. Le petit Dionysos est sauvé dans le sein de sa mère par un autre fils illégitime de Zeus, Hermès, qui coud le fœtus dans la cuisse de son père pour qu'il puisse naître une seconde fois, à terme.

Le mythe dionysiaque est lié à la capacité d'aller toujours plus loin, de se dépasser dans tous les domaines, y compris sexuel. Mais le dieu de l'Ivresse entretient une relation intime avec la nourriture, et en particulier avec le vin qu'il boit pour se donner des forces dans ses entreprises les plus téméraires. Sur l'ordre d'Héra, le jeune Dionysos est capturé par les Titans qui le mettent en pièces et le font bouillir dans un grand chaudron. Ressuscité par la vieille Rhéa, il est élevé par Hermès, son demi-frère, qui l'a auparavant transformé en chevreau pour plus de sécurité. C'est dans la grotte du mont Nisa, où il se cache en se nourrissant de miel, que

Dionysos invente le vin. Ce qui lui vaut, depuis, la reconnaissance éternelle des humains. Cette découverte est le prélude à bien des aventures.

Traqué par Héra qui le reconnaît malgré l'aspect efféminé qu'il a pris chez les nymphes qui l'ont élevé, Dionysos s'enfuit d'abord en Egypte, puis en Lybie où il fait la connaissance des Amazones. Il voyage jusqu'en Inde où il introduit l'art de la viticulture. Alors qu'on a fait à Dionysos une réputation d'hédoniste et de buveur, la mythologie le décrit comme un grand travailleur : il fonde des villes, promulgue des lois, et c'est seulement lorsqu'il rentre en Europe et s'établit à Thèbes qu'il commence à organiser les festins qui ont pris son nom. Rien ne l'arrête : il est combattu par Penthée, le roi de la ville, qui s'oppose à la vie de débauche. Il se retrouve dans un asile, puis il est découpé en morceaux par les Ménades au front couronné de lierre qui l'accompagnaient dans ses folles soirées. C'est au cours de l'une de ces soirées que Dionysos rencontre celle qui deviendra son épouse : la belle Ariane, qui vient d'être abandonnée par Thésée. C'est seulement lorsque son culte aura atteint les confins du monde connu de l'époque – de la Béotie à la mer Egée – que Dionysos siègera dans l'Olympe où il prendra définitivement place à la droite de Zeus parmi les douze grands.

Avant l'invention du vin, on buvait de la bière dans les bacchanales, boisson dont Dionysos était aussi expert. Les représailles dont le dieu fut la victime à plusieurs reprises, les menaces de Penthée et celles de Persée ne sont autres que l'expression mythologique de l'opposition des conservateurs face au vin et à ses effets enivrants. C'est peut-être aussi, de la part des défenseurs de dieux plus traditionnels comme Apollon, une manifestation d'envie vis-à-vis d'un dieu qui se permet bien des transgressions.

Car chez Dionysos le plaisir vient de la proximité du danger. La nourriture et la sexualité permettent de canaliser bien des pulsions destructrices. Dionysos, qui s'adonne au cannibalisme, est constamment menacé de se voir manger par représailles. Seule fait exception la figure de Silène : plus très jeune, grassouillet, toujours ivre et souvent endormi, il est l'archétype du jouisseur anti-érotique qui assouvit sa pulsion transgressive dans l'ivrognerie.

Cependant la signification originelle de l'orgie est bien plus complexe. Selon Michel Maffesoli [4], qui en souligne l'aspect positif, il existe dans la bacchanale une énergie capable de créer des situations inédites et de changer les mentalités car elle libère des conventions. L'orgie est la représentation d'une fusion nucléaire de type affectif transformant la morale de l'utile en une éthique de la débauche. On retrouve cette valorisation du désordre et de la débauche chez Georges Bataille qui prête à l'orgie une signification initiatique et socialisatrice. Aujourd'hui, c'est le Carnaval, gigantesque rite de passage où les rôles sociaux sont inversés, qui remplit cette fonction; cette parenthèse transitoire est censée aider à supporter le long carême.

Selon Maffesoli, la raison minimise dans l'orgie « l'utilisation de toutes les formes d'érotisme possible », une fusion que Freud appelle, chez les enfants, les « perversions polymorphes ». Quelle place le vin et le sexe occupent-ils dans cette invitation au désordre des passions? C'est la religion qui, la première, attribue une valeur érotique à la nourriture, avec tout d'abord les Bacchantes, puis les Aztèques et les Chrétiens : en mangeant la chair et en buvant le sang de la divinité, on fusionne avec elle. Platon parle du vin comme d'un divertissement [5], mais, ajoute Maffesoli, toutes les sociétés font un rapprochement étroit entre l'amour et l'alcool. Initiation à la fois cosmique et érotique, l'ébriété est souvent associée à la divinité féminine, au point qu'on rencontre souvent Déméter, la déesse de la Terre et de la Végétation, en compagnie de Dionysos. Par son rôle d'intermédiaire entre nature et culture, Dionysos ouvre les portes de l'instinct et de la socialité. L'alcool excite l'instinct sexuel et favorise l'émergence de la vérité (*in vino veritas*). En plus de la dilatation du moi, il exaspère les sens, délie les langues et rapproche les corps. Bienfaisant lorsqu'il est consommé avec modération, il engendre colère et violence si on en abuse.

Un épisode biblique le confirme. On lit dans la Genèse que c'est d'abord à Noé, chargé du travail de la terre, qu'échut de planter la première vigne et d'en boire le vin, fruit de son labeur [6]. Enivré par la boisson, le patriarche se dénuda sous sa tente. Les réactions de ses fils furent diverses : Cam regarda son père nu, mais Sem et Japhet « prirent le manteau, le mirent tous deux sur leur épaule et, marchant à reculons, couvrirent la nudité de leur père. » Dès qu'il eut repris ses esprits, Noé réprimanda Cam violemment : « Maudit soit Cam ! Qu'il soit pour ses frères le dernier des esclaves ! » En maudissant celui qui l'avait regardé, Noé associait le vin à la transgression.

Au XVIe siècle, au contraire, Ronsard vante les bienfaits du vin :

> Versons ces roses en ce vin
> En ce bon vin versons ces roses
> Et buvons l'un à l'autre, afin
> Qu'au cœur nos tristesses encloses
> Prennent en buvant quelque fin

Dans *La Traviata* Alfredo chante avec une égale ardeur : « Buvons, buvons dans les joyeuses coupes que fleurit la beauté ; et que l'heure, l'heure furtive s'enivre de voluptés. » Et Violetta de répondre : « Entre vous, entre vous je saurai partager le temps de mon bonheur. Tout est folie au monde si ce n'est le plaisir. » Le vin trouve aussi sa place dans de plus doux tableaux de famille. Dans le salon bourgeois de la vieille Speranza décrit par Guido Gozzano, auteur italien du XIXe, le muscat et le marsala ne font jamais défaut [7]. D'autres, comme Baudelaire, parlent du vin non comme d'un stimulant de l'Eros, mais comme d'une drogue qui sert à s'oublier soi-même et à stimuler la créativité [8].

L'ORGIE ROMAINE. C'est celle mise en scène par Fellini, en 1969, dans *Le Satyricon*, tiré de l'œuvre de Pétrone, écrivain romain contemporain de Néron. L'histoire se déroule pendant le dîner de Trimalcion, nouveau riche mégalomane qui, pour célébrer sa vulgarité, invite à dîner une armée de dépravés et de lèche-bottes. Décadence, amour et mort se côtoient dans le plus pur style fellinien : les besoins d'une nymphomane, la visite de Trimalcion « consolant » les veuves au cimetière sur la tombe même de leurs maris, la virilité retrouvée d'Encolpio, guérissant de son impuissance dans les bras de l'immense Enotée. Tous ces épisodes sont racontés de façon divertissante avec un grand sens du grotesque.

LES SABBATS ET L'ORGIE MÉDIÉVALE. Les Inquisiteurs accusaient ceux qui prenaient part à ces soirées de folie de copuler avec le démon. A l'époque médiévale, certaines folies de la table prenaient un caractère diabolique. Jean-Paul Aron raconte comment le Vicomte Biel Castel fit le pari de manger en deux heures l'équivalent du salaire mensuel d'un ouvrier [9]. Un autre noble gourmet se distrayait à inviter plusieurs amis à la fois et à se goinfrer en avalant leur part lorsqu'ils n'en pouvaient plus. Il y eut aussi le père Gourier, surnommé « Sixtine de la fourchette », qui encourageait les indigestions de ses rivaux et qui périt, victime à son tour, lors d'un de ces « duels gastronomiques ».

LES ORGIES MODERNES. Si les bacchanales dionysiaques et les sabbats médiévaux accordaient la même importance à l'érotisme et à l'alimentation, dans les orgies de la littérature contemporaine c'est le sexe qui compte. Dans *Jours tranquilles à Clichy*, Henry Miller raconte sa « partouze » en compagnie de son ami Carlo avec Corinne et Christine [10]. Cette dernière est la seule qui continue de penser à la nourriture : « Quand est-ce qu'on dîne ? » demande-t-elle, interrompant les caresses des autres. « Comment une créature aussi belle peut-elle penser à la nourriture dans un moment pareil ? » s'étonne Carlo. Le vin finit quand même par la faire céder aux joies du sexe de groupe, mais elle quitte ensuite l'appartement horrifiée. Horrifiée, l'Amérique puritaine le fut aussi, scandalisée par les ouvrages d'Henry Miller dont la lecture paraît aujourd'hui assez innocente [11].

La Grande Bouffe. A travers l'histoire de quatre amis décidés à se « suicider par la bouffe », le metteur en scène Marco Ferreri raconte les tendances suicidaires implicites de l'orgie. Ils se retrouvent tous chez Philippe Noiret, un magistrat qui vit toujours avec la nourrice qui l'a allaité lorsqu'il était enfant et continue de le satisfaire oralement « car il pense à sa carrière et ne va pas avec les femmes de mauvaise vie ». C'est précisément cette incapacité à avoir une sexualité adulte qui conduit Philippe Noiret à la régression alimentaire, voie dans laquelle il est suivi par Ugo Tognazzi et Michel Piccoli : le premier ne se sépare jamais du jeu de couteaux dont il se sert pour découper les rôtis, le visage du second ne s'éclaire qu'à l'évocation de la nourriture. Les femmes occupent peu de place dans la vie de ces deux hommes, unis à Noiret par une complicité d'origine homosexuelle. Marcello Mastroiani, lui, est franchement hétérosexuel. Pilote sur Air France, c'est un amateur de femmes et de voitures. Il transforme la Bugatti abandonnée dans le garage en alcôve itinérante. A la fin du film, elle sera son cercueil.

Les quatre amis, limités sur le plan affectif, sont de vrais professionnels de la nourriture. Le ravitaillement arrive dans des camions remplis de chevreaux, de cochons de lait et de pintades. Les repas se succèdent sous le signe de la plus grande vulgarité. Ugo Tognazzi instaure d'emblée une compétition : c'est à qui mangera les huîtres le plus vite et, entre deux bouchées, chacun commente lourdement les images féminines qu'elles évoquent. Pour ces « bons vivants », les femmes ne sont qu'objets de plaisir (c'est le cas des prostituées invitées au banquet) ou, tout au plus, des éléments décoratifs (l'institutrice Andreina qui, à la fin du film, est la seule à s'en sortir grâce au peu de maîtrise de soi qu'elle est parvenue à garder).

Par ailleurs, la confusion est totale. Les canalisations de la salle de bains explosent en libérant un purin malodorant : la symbolique régressive ne fait que renforcer le rythme suffocant du film. L'absence de pause (entre deux repas ou deux rencontres sexuelles) fait peu à peu perdre le sens des limites. C'est à qui trempera les rognons au vin rouge dans le chocolat, ou plongera le poulet rôti dans l'aquarium. Pendant ce temps, dans le garage, Marcello Mastroiani se masturbe avec le pot d'échappement de la Bugatti. Malgré tout, les femmes s'ennuient, à l'exception d'Andreina qui prend la situation en mains avec une grande détermination. Elle s'esquive tout d'abord avec Philippe Noiret qui l'a demandée en mariage parce qu'elle ressemble à sa vieille gouvernante. Puis elle fait l'amour avec tout le monde. Elle voit ainsi mourir Michel Piccoli, le premier « suicidé-par-la-bouffe », pendant que les autres continuent de s'acheminer vers la solution finale en se gavant de gâteaux. Avec la nourriture, elle fait des boudins qu'elle offre à Noiret, seul survivant, entre ses énormes seins roses : c'est en y plongeant la tête que le magistrat pousse son dernier soupir. La morale de l'histoire, c'est l'éternelle parabole de l'Eve tentatrice et destructrice : ce n'est pas par hasard si l'unique survivante est une femme.

Au-delà du message de Ferreri, le film nous offre d'autres sujets de réflexion :

1. La nourriture entretient dans l'orgie un rapport plus fort avec la *mort* qu'avec l'érotisme : il ne s'agit pas du plaisir de la table, mais plutôt d'un plaisir transitoire conduisant à la mort. Le fait que la quantité prime sur la qualité est aussi un signe de décadence.

2. La sexualité est accessoire comparée à l'*amitié* : la clé du film n'est pas dans le rapport avec les femmes mais dans la relation entre les quatre amis. Les orgies ne sont pas les seules occasions où la nourriture est prise comme prétexte pour se réunir. La prochaine fois que vous vous retrouverez à table avec des amis, demandez-vous si vous êtes venus pour les voir ou pour manger...

3. Même si les préliminaires et les moments qui suivent immédiatement un bon repas ressemblent à l'avant et à l'après du sexe, le moment d'acmé qui coïncide dans l'érotisme avec l'orgasme n'existe pas dans l'expérience gastronomique. Le pouvoir explosif attribué à la nourriture dans le film de Ferreri n'est en réalité que l'expression du *caractère destructeur* de Thanatos.

4. En 1973, année de sortie du film, il était déjà évident que le postulat de Reich selon lequel la révolution sexuelle doit engendrer la révolution politique était un échec. C'est là tout le génie de Ferreri : il démystifie la fonction révolutionnaire du sexe. La grande bouffe sexuelle des années 70 a enfermé les individus dans leur propre monde plus qu'elle ne les a encouragés à la création de nouveaux univers. Ferreri nous démontre avec la même précision que l'ordre public s'organise sur l'alternance entre l'ordre et le désordre alimentaire : c'est lorsque les égouts débordent, dans la seconde partie du film, que les problèmes digestifs prennent le pas sur l'appétit. Ce n'est pas un hasard si tout bascule au moment où éclatent les canaux naturels entre la bouche, l'estomac et le ventre.

Le passage du nettoyage à la salissure coïncide avec le passage de la bonne éducation à la vulgarité et avec celui de l'absorption à l'élimination des déchets, physiques et moraux. Ces différents aspects de la nourriture et de l'alimentation sont soumis au contrôle social dont les règles varient selon les cultures et les époques. Nous en étudions les ambiguïtés dans le prochain chapitre.

II

Sociologie du goût

Les fonctions sociales du goût et du repas

Pour Diane Ackerman, le goût est le seul des cinq sens dont nous puissions jouir en compagnie [1]. C'est le sens « social » par excellence : nous apprenons à manger en famille, nous fêtons les anniversaires avec des gâteaux, nous célébrons les mariages en offrant un repas à nos invités, nous discutons affaires et nous parlons d'amour à table. Comme le dit Brillat-Savarin, gastronome et physiologue du goût : « On trouve souvent rassemblées autour de la même table toutes les modifications que l'extrême socialité a introduites parmi nous : l'amour, l'amitié, les affaires, les spéculations, la puissance, les sollicitations, le protectorat, l'ambition, l'intrigue [2]. » La nourriture et la sexualité ont l'une et l'autre une fonction sociale, mais quels sont leurs rapports dans la vie publique ?

Imaginons le moment de la séduction, l'émotion du premier dîner en tête à tête. Dans le film *Tom Jones,* tiré du roman de Henry Fielding, le repas se transforme en une scène où se jouent des préliminaires sexuels d'une douceur et d'une obscénité rare : à quoi cette cuisse de poulet mordillée avec un regard complice vous fait-elle penser ? L'ambiguïté du langage gastro-érotique est universelle. En France, par exemple, on dit « mon petit chou » à quelqu'un qu'on aime. Les Américains parlent de *cookie*s pour désigner les jeunes filles. Et pour les Anglais, une femme séduisante est une *crumpet*, littéralement « petite brioche beurrée légèrement dorée ». L'Ancien Testament stigmatise le lien social entre la nourriture et l'amour dans l'épisode de la femme adultère qui s'essuie la bouche après avoir mangé en disant : « Je n'ai rien fait de mal [3]. »

Pour nous arracher à notre torpeur naturelle, la nourriture doit être au moins aussi alléchante que le sexe. Respirer et manger sont deux fonctions indispensables à notre survie mais, alors que la respiration est un réflexe, il faut faire acte de volonté pour aller chercher la nourriture. C'est peut-être pour cette raison que nous sommes devenus omnivores. Est-ce pour cela aussi que certains deviennent sexuellement omnivores ? Pourquoi y a-t-il des gens dont l'appétit sexuel est sans cesse renouvelé et d'autres qui préfèrent toujours les mêmes « mets » ? Cela tient à l'histoire individuelle de chacun et à nos origines physiologiques et sociales. C'est dans la famille que se forgent les préférences alimentaires, c'est aussi là qu'on rencontre, à côté des bons principes d'hygiène, les premiers modèles de comportements instables [4]. Selon la psychiatre Hilde Bruch, de nombreux cas d'obésité sont dus au comportement impulsif de mères qui avaient recours au biberon dès que leur bébé pleurait, alors que ces cris n'avaient sans doute rien à voir avec la faim [5]. Par ailleurs, des règles trop rigides du genre « on ne parle pas à table » peuvent conduire à une forme de rejet de la convivialité.

Il est des sentiments et des souvenirs qui restent liés de façon indélébile à la bonne table familiale, même si on croit les avoir oubliés. C'est ce qui explique la fascination pour certaines marques comme LU ou Banania ou le plaisir ressenti à la lecture de romans décrivant l'atmosphère et l'odeur des cuisines où se préparent les repas de famille.

La cuisine familiale

D'après une très récente enquête menée par deux sociologues, B. Bastard et L. Cardia Voneche auprès de cent familles, la plupart des gens considèrent la table familiale comme un *espace éducatif*[6]. A la différence de ceux que nous prenons à l'extérieur, les repas familiaux sont l'occasion d'apprendre les bonnes manières. La table est un lieu où débattre, pas un lieu où se battre. Ainsi pour 61 % des personnes interrogées, on doit éviter les conversations désagréables à table.

Il arrive pourtant que la nourriture soit prétexte à des disputes – où tout le monde est de bonne foi – à cause des différentes traditions alimentaires des membres d'une même famille : en matière de gastronomie, un mari provençal et une femme normande peuvent argumenter pendant des années sans jamais se rejoindre. « Il y a trop de calories, mais c'est un plat traditionnel, donc il est bon », dit un chef de famille pour commenter le menu hypernutritif que lui proposent les deux chercheurs. La table est aussi le dernier domaine où les belles-mères peuvent encore briller. Lucie, une femme dans la soixantaine, se plaignait d'être déprimée « à cause de la ménopause ». Elle était venue nous trouver s'attendant à un banal traitement hormonal. Dans le programme intitulé « ménopause et qualité de la vie » de notre hôpital, il est prévu une enquête psychologique. C'est ce qui nous a permis de découvrir que cette grand-mère encore jeune se sentait exclue de la vie de ses petits-enfants et de sa fille. Nous avons donc demandé à cette dernière de participer à la thérapie de sa mère en l'accueillant dans sa cuisine. Et c'est ainsi que la préparation des tartes s'est révélée la thérapie la plus efficace pour Lucie.

Lorsque des parents divorcés se retrouvent à table avec leurs enfants, il n'est pas rare que le repas devienne le terrain de conflits où émergent les contradictions entre un premier et un second mariage [7]. La préparation des repas est un des thèmes récurrents de la thérapie conjugale : « Il ne voulait plus rien faire pour nous alors je ne faisais plus rien pour lui », répond une femme accusée par son ex-mari de ne plus lui faire la cuisine. Le déjeuner de famille dont on avait pensé qu'il serait une occasion de se retrouver tous ensemble se révèle souvent un échec total : un retard dans la préparation du repas entraîne une dispute; quand tout le monde est enfin à table, l'un des deux parents explose pour une broutille tandis que les enfants comptent distraitement les pommes de terre dans leur assiette.

Les conséquences du divorce se font autant sentir dans le domaine alimentaire que sur le plan sexuel. Selon la chercheuse Jacqueline Burgoyne, la moitié des couples séparés subissent un changement de poids, le plus souvent un amaigrissement. Surtout les hommes qui dépendaient de leur femme pour la cuisine. Pour beaucoup d'entre eux, l'inconvénient majeur de la vie de célibataire est qu'on saute des repas et qu'on mange mal.

Si le repas est si souvent occasion de conflit, c'est qu'il est le seul moment où l'on se retrouve et où l'on peut exprimer ses antipathies. Noël et autres fêtes « obligatoires » sont particulièrement propices à ces disputes. Certaines personnes déplacent leur frustration au lit dans la préparation des mets. Je me souviens d'un dîner à Bologne préparé par deux épouses (frustrées) de médecins. Leurs maris m'avaient invité après une conférence. Pour mon malheur, la rivalité gastronomico-galante des deux dames se manifesta par le fait que chaque plat fut servi en double! Quand l'une apportait une entrée, l'autre faisait de même et ainsi de suite. Résultat : commencé à dix heures du soir, le dîner s'est terminé à trois heures du matin et sans une providentielle liqueur de mirabelle, je n'aurais jamais pu retrouver le chemin de l'hôtel.

Durant ces cinq heures passées à table, je me suis senti piégé, otage de leur joute culinaire.

Heureusement, le repas peut aussi se révéler un terrain d'échange. C'est d'ailleurs par la description d'un grand banquet que Giuseppe Tomasi di Lampedusa présente les personnages du *Guépard*[8]. Tancrède demande la main d'Angelica qui porte « un grand chapeau de paille sur lequel se détachaient de petites grappes de raisin et des épis dorés ». La beauté de la jeune fille et la fraîcheur des produits de la terre sont rassemblées dans la métaphore des pêches d'importation, tant aimées des princes parce qu'elles sont grosses, veloutées et parfumées. Voici la description qu'il nous donne d'Angelica : « Elle était grande et bien faite selon de généreux critères; sa carnation devait posséder la saveur de la crème fraîche qu'elle évoquait et sa bouche enfantine la saveur des fraises. » Derrière la symbolique alimentaire, on retrouve une symbolique sexuelle.

Fonctions sociales de la nourriture

La fonction sociale de la nourriture est évidente même en dehors de la famille. La préparation de la table (décoration, richesse du couvert, présence plus ou moins discrète du personnel) fait d'un repas le signe d'une position sociale. Selon Yvonne Preiswerk, « dans la mise en scène du manger, chacun a son rôle et le repas est en quelque sorte un microcosme du drame social[9] ». Dans la symbolique de la société d'opulence, dans laquelle ne compte vraiment que le superflu, la quantité et la qualité des aliments sont fondamentales. Dans le savoir-vivre contemporain, plus la nourriture est pauvre, ou fidèle à ses origines ethniques, plus elle est révélatrice de richesse et de sophistication et plus elle contribue à développer les échanges sur lesquels s'établit l'acceptation réciproque. Le repas peut être occasion de convivialité au sens platonique du mot, mais aussi prélude à la conclusion d'une affaire, d'un amour ou même, comme dans la *Dernière Cène* de Léonard de Vinci, d'une trahison. Dans les tableaux du Tintoret et de Véronèse, le repas est une occasion de fêtes et de fastes. Il peut favoriser des rencontres plus campagnardes comme dans la *Vieille Femme faisant frire des œufs* de Vélasquez ou dans *La Laitière* de Vermeer.

Le refus de nourriture est également un message social important. Dans certaines cultures, refuser un verre est aussi offensant que de refuser le calumet de la paix chez les Indiens. C'est une déclaration de guerre. Et si le jeûne est ritualisé dans les cultures hébraïque et arabe par le Yom-Kippour et le Ramadan, il devient un instrument de protestation dans la grève de la faim : c'est par dix-sept grèves de la faim que Gandhi a attiré l'attention de l'opinion publique sur le problème de l'Inde et c'est par ce moyen que les détenus politiques en Irlande, l'abbé Pierre en France et ailleurs bien d'autres défendent leurs idéaux. Et ce n'est pas un sacrilège de comparer ces formes de lutte aux grèves du sexe : c'est la Lysistrata d'Aristophane qui s'y engagea la première en encourageant les femmes d'Athènes à ne plus se donner à leurs maris, trop distraits au lit, parce que préoccupés par la guerre contre Sparte.

Luxure et gourmandise : d'un péché à l'autre

Quand les dames de la haute bourgeoisie new-yorkaise vont au restaurant, elles ne résistent pas toujours à la tentation de commander un dessert. Mais dès la première cuiller, pour ne pas se laisser tenter davantage, elles le rendent immangeable en le saupoudrant de sel. Serons-nous un jour nous-mêmes atteints par ce genre de schizophrénie ? Nous ne sommes déjà pas loin de considérer le cholestérol comme une nouvelle maladie honteuse... Et même si le sida a un peu remis les choses à leur place (après tout, quelques grammes de glucose n'ont jamais tué personne), la gourmandise et la luxure continuent de caracoler en tête des péchés par excès.

Dans la tradition catholique, le péché de gourmandise reste moins grave que le péché de la chair. Le jeûne des anachorètes trouve plus son origine dans la peur de passer – une chose en entraînant une autre – du pilon de poulet à la partie du corps humain qu'il symbolise que dans la crainte du péché de gourmandise. Nulle connotation sexuelle n'apparaît jamais dans la publicité montrant des religieux : ce serait trop sacrilège. Le véritable tabou c'est la sexualité (en particulier la sexualité féminine). Et si l'on voit sur nos écrans des moines et des curés gourmands vanter les mérites d'un fromage ou des Panzani, c'est bien qu'il ne peut s'agir que d'un péché véniel. Selon l'historienne Barbara Harwey, qui s'appuie sur des manuscrits récemment découverts, au Moyen Age, les moines bénédictins de l'abbaye de Westminster suivaient un régime qui leur apportait au moins 7 375 calories par jour, soit trois fois le nécessaire [10]!

Il n'y a pas que la tradition chrétienne qui condamne le péché de gourmandise [11]. C'est Socrate qui, le premier, a dit qu'il fallait manger pour vivre et non vivre pour manger. Chez les Grecs, la gourmandise était associée à la volupté de l'amour et on pensait que satisfaire ces deux penchants empêchait d'atteindre la vertu suprême. C'est bien dans le même esprit que le christianisme établit une dichotomie entre l'âme et le corps. Saint Jérôme et les autres pères de l'Eglise considéraient déjà la gourmandise comme une invite à la luxure. La nourriture provoquant lascivité et dissolution des mœurs, la faim devient le meilleur bouclier pour une âme chaste. La gourmandise a été définie de façon tout aussi négative par les penseurs : « l'officine des vices » pour Plutarque, « génératrice de querelles » pour Plaute, La Boétie la dit « mère de l'ignorance » et Sénèque la déclare « cause de tous les maux ». C'est aussi la gourmandise qui a fait perdre à Adam son innocence, à Eve le paradis, à Holopherne la victoire, à Noé le respect, à Esaü son droit d'aînesse et aux Juifs l'envie de vivre en Terre promise [12].

Pour une minorité, être chaste était plus important et plus difficile qu'être sobre : « Il y a plus d'amants que de bons vivants, écrivait en 1684 l'auteur vénitien Gian Francesco Loredan; il apparaît donc clairement qu'il est plus difficile de résister à l'amour qu'à la boisson. » Cette idée sera reprise dans la culture cléricale qui tient la luxure pour le véritable vice, surtout chez les femmes, ces créatures du diable. Il suffisait de peu pour qu'une femme soit dite luxurieuse; chez les hommes, en revanche, il fallait toute la démesure d'un Casanova [13]. A la cour de France, le libertinage était considéré comme un sport amusant, voire conseillable, tant que c'étaient les hommes qui s'y adonnaient.

Dans *La Divine Comédie*, les luxurieux sont punis, mais Dante les considère avec beaucoup de sympathie; c'est le cas pour Paolo et Francesca. Les gourmands, eux, sont assez mal traités, aussi bien dans *L'Enfer* que dans *Le Purgatoire.* En enfer ils sont relégués dans la troisième enceinte et gardés par Cerbère qui « griffe les esprits, les écorche et dépèce » :

> La pluie les fait hurler avec les chiens
> Ils font d'un flanc leur bouclier à l'autre flanc;
> Ils se tournent souvent les malheureux profanes [14].

Au lieu de confesser ses péchés de gourmandise, Ciacco, un des gourmands rencontrés par Dante et par Virgile, commente longuement les tragiques événements qui ont frappé Florence. Au purgatoire les gourmands occupent le septième palier, entre deux arbres chargés de fruits savoureux et parfumés qu'ils ne peuvent pas cueillir, obligés de se déplacer sans cesse. C'est là que Dante rencontre l'âme de son ami, le poète Forese Donati, et celle du pape Martin V qui « purge par le jeûne l'anguille de Bolsena et le vin Vernaccia [15] ».

Il n'est pas rare que les religieux subliment leur sensualité dans la nourriture. Certains passages du *Décaméron* de Boccace nous le confirment. Pour guérir l'abbé de Cluny de ses maux d'estomac, Ghino di Tacco avait une recette : « Sur une serviette fort blanche, il portait à l'Abbé deux tranches de pain grillé, avec un grand verre de blanquette de Corneuil, celle de l'abbé en personne. » L'auteur ajoute que les cellules des prêtres regorgent de dragées et de tonneaux de malvoisie et autres vins précieux. Et qu'ils n'ont aucune honte à faire savoir qu'ils ont la goutte alors que, s'ils vivaient plus sobrement, ils seraient moins bedonnants et en meilleure santé. Une légende veut que le cardinal Barnabé Chiaromonti, futur pape Pie VII, ne réussit pas à ouvrir les portes du Paradis lorsqu'il s'y présenta, bien qu'il en possédât les clés comme en témoigne les armoiries du Vatican : il s'escrimait sur la serrure avec les clés du garde-manger qu'il avait prises par erreur !

La cuisine du père supérieur de l'ordre des Capucins a fait les délices du seigneur de Pressigny qui raconte, à son retour du conclave où l'on vient d'élire le pape Pie VII, qu'elle est la meilleure de Rome. Enfin, pour en terminer avec le chapitre de la religion, rappelons que la Bénédictine est préparée par des religieuses, que les sœurs de Nyors auraient inventé la confiture d'angélique, que celles de Castel Thierry vendent toujours des brioches à la fleur d'oranger et que Brillat-Savarin se désole de la perte de la recette secrète des noix confites des ursulines de Bellay [16].

Le rôle de la publicité

Depuis une quinzaine d'années, la publicité s'en donne à cœur joie pour mêler érotisme et gourmandise. Les glaces et autres esquimaux sont voluptueusement suçotés ou partagés par des couples aux coups de langues on ne peut plus suggestifs : la publicité au cinéma pour le « Royal Cône » de Miko, qui alterne baisers de cinéma en gros plan et vues de détail de la glace, est particulièrement évocatrice. Sur le petit écran, celle pour le café Carte noire, très sensuelle, associe érotisme et gourmandise jusque dans son slogan : « un café nommé désir ». Les bonbons « La Pie qui chante » semblent nous offrir une jolie métisse en guise de chocolat. Les bières sont identifiées à de belles femmes rousses ou blondes. Le yaourt Bio de Danone illustre le pouvoir régulateur du « bifidus actif » avec un nu intégral : une cuiller, le sourire du mannequin et la caméra descend jusqu'à l'estomac d'où sortent des bruits mécaniques de laboratoire... De toute évidence le binôme sexe et nourriture est rentable et les publicitaires en abusent volontiers.

Les féministes ont toujours protesté contre l'exploitation de la femme par la publicité. Les publicitaires eux-mêmes plaident coupable. Lors d'une récente recherche sur ce thème, menée par l'agence McCann Erikson, on pouvait lire, par exemple, que les publicitaires utilisaient déjà les métaphores sexuelles il y a trente ans. Le célèbre Monsieur Propre, censé aider les ménagères à récurer leur cuisine, proposerait en réalité un tout autre genre d'aide domestique... La publicité étant l'âme du commerce, la colère des féministes n'a jamais pu obtenir grand chose, et si aujourd'hui on parle un peu plus des produits et un peu moins de sexe dans les spots, c'est tout simplement parce que l'érotisme fait moins recette. Ou mieux, parce que le « post-érotisme » atteint aussi le monde de la publicité. Ainsi la nouvelle campagne de Danone nous montre quatre générations d'hommes de pères en fils.

La cuisine

« Il n'y a aucun endroit au monde que je préfère à la cuisine » écrit la toute jeune romancière japonaise, Banana Yoshimoto au début de *Kitchen*, l'ouvrage qui l'a rendue célèbre [17]. Dans son histoire, les cuisines, modernes ou à l'ancienne, sont des lieux de rêve ; elles aident l'héroïne, Mikage, à vaincre sa tristesse après la mort de sa grand-mère, elles représentent la chaleur de sa famille qui n'est plus, elles nourrissent le corps et le cœur.

Comme l'atelier pour l'apprenti, la cuisine est le lieu magique où l'enfant apprend l'alchimie de la préparation des aliments : la mère de famille le guide, le familiarise avec les objets et les odeurs de la pièce principale de la maison. La cuisine a donné lieu aux premières métaphores érotiques chères à Marie Rouanet : « La cuisine comme l'amour veut la toile immaculée, à l'âme bleue. N'oubliez jamais ceci, cuisinières : tout homme rêve d'écarter des blancheurs pour arriver au corps féminin... linge de table ou fine chemise, c'est tout comme [18]. » La romancière suggère donc d'utiliser tous les jours le plus beau linge de table et la plus belle vaisselle, et si quelqu'un vous fait remarquer que vous risquez de les abîmer, vous pourrez lui répondre : « qui ne risque rien n'a rien », et lui rappeler qu'il faut vivre chaque instant le plus intensément possible.

Dans *Le Facteur sonne toujours deux fois,* le film de Bob Rafelson tiré du roman de James Cain, la cuisine est le lieu privilégié des passions [19]. La scène est passée dans les annales de l'érotisme : Jack Nicholson et Jessica Lange font l'amour sur la table de la cuisine avec la passion et l'énergie de ceux qui se sont plus au premier regard mais qui ont encore beaucoup de frustration à évacuer. L'homme est un repris de justice du nom de Frank. La femme, Coira, est mariée au Grec qui tient la station-service où Frank vient d'être engagé. La première rencontre se produit sur cette fameuse table, choisie par hasard dans le lieu où Coira passe la majeure partie de ses journées. L'héroïne du film, si enthousiaste à se laisser aller dans cette occasion, n'est cependant pas représentative : d'ordinaire, passant beaucoup de temps dans leur cuisine par obligation, les femmes sont plus réticentes que les hommes à transformer ce lieu en espace érotique.

De nos jours, la cuisine affiche un *statut social* et non la sensualité des habitants du lieu. Mais avant les années cinquante, elle restait cachée comme un lieu dont on avait honte. L'époque a ses nostalgiques : pour Alan Watts, le gourou de la psychologie humaniste, la civilisation occidentale, en particulier américaine, a stérilisé au nom de l'hygiène un lieu qui exprimait jadis sa magie par des odeurs qu'on ne veut plus sentir aujourd'hui [20]. Pour redonner à la cuisine son pouvoir d'évocation, pense Watts, il suffirait de la concevoir de nouveau comme un lieu de rencontre.

Ce qui se passe à la cuisine fascine autant les petits enfants que leurs tas de sable. Le plus magique à leurs yeux, comme à ceux de tout gastronome, c'est le pouvoir du feu qui transforme le cru en cuit. Encore que cela devienne de plus en plus difficile à observer dans nos cuisines modernes, transformées par les nouvelles technologies en chaînes de préparation. Prenez un surgelé, ouvrez-le, mettez-le dans le four à micro-ondes : vous n'êtes plus très loin de Charlie Chaplin dans *Les Temps modernes* ouvrant la bouche au rythme de la machine. En somme, quelle différence y a-t-il entre un robot-marie supersophistiqué et le vibromasseur que certaines personnes utilisent dans leurs jeux érotiques ?

Lorsque, au contraire, la cuisine reste chargée de sa sensualité première, les aliments peuvent être l'objet de coups de foudre : dans le roman de Nora Ephron, Rachel, la mère de l'héroïne, s'emballe tantôt pour les oignons hachés, tantôt pour la tartelette aux framboises, tantôt pour la ciboulette [21]. L'amour pour la cuisine est une affaire de famille : Amelia la cuisinière, sœur de Rachel, est couverte de brûlures de la tête aux pieds. Et, comme les balafres des corsaires, chacune a son histoire.

Quand Eros passe par la cuisine

Bien qu'elles trouvent leur origine dans les modes alimentaires, trois tendances sociales ont un fort retentissement sur l'érotisme : la censure de la douceur, l'apologie de la maigreur et, tout de même, l'amorce d'un certain retour au plaisir.

LA CENSURE DE LA DOUCEUR. La diabolisation actuelle du sucré dans notre culture occidentale nous vient des Etats-Unis avec, dès 1975, le diététicien William Dufty qui comparait le sucre blanc raffiné à de la morphine [22]. Dufty n'inventait rien. Cette saccharophobie (phobie du sucre) existe depuis le XIe siècle, date de l'arrivée de la canne à sucre en Europe, probablement du Moyen Orient. Considérée à l'origine comme un médicament rare et précieux, il faut attendre le XIIIe siècle pour la trouver chez les apothicaires, ancêtres des droguistes et des pharmaciens. C'est au début du XVIIe siècle qu'elle est mise en cause pour la première fois : aux dires de M. de Garencières, auteur anglais d'origine française, le sucre consommé en grande quantité serait responsable de la *tabes anglica*, une forme de tuberculose très répandue en Angleterre. Bien sûr aucune preuve scientifique n'est jamais venue étayer cette affirmation. Il semble qu'il y ait souvent un rapport direct entre certaines convictions théologiques et morales et une attitude de condamnation ou de défense du sucre. Ainsi Jean-Jacques Rousseau voyait dans les fruits, le lait et dans toutes les formes de douceur l'expression de forces naturelles auxquelles les hommes ne peuvent qu'obéir. Les encyclopédistes étaient aussi favorables au sucre, la technique du raffinage constituant à leurs yeux un signe évident de progrès. Aujourd'hui, au contraire, on conseille de remplacer le sucre raffiné par du miel, considéré comme un produit plus naturel.

Y aurait-il un fil rouge reliant les convictions religieuses ascétiques et les récents anathèmes lancés par certains diététiciens ? Sans aucun doute. Tout au moins si nous considérons le culte de l'image comme la religion dominante de notre société. Il est alors facile d'assimiler à ces prêtres laïcs un Michel Montignac qui supprime le sucre des repas de ses patients, quoique sa « philosophie » n'exlue pas le plaisir de façon aussi rigoureuse : sa censure, comme son régime, est sélective [23]. Déjà Paul Carton, dès 1923, soutenait que la pensée contemporaine était empoisonnée par trois aliments assassins : la viande, l'alcool et le sucre [24]. Si l'on se permet encore aujourd'hui de consommer – modérément – des sucreries lorsqu'on est en compagnie, ceux qui le font en privé font figure de parfaits sociopathes. Qui sait, peut-être existe-t-il des gens pour croire que manger en douce des biscuits rend aveugle, de la même manière qu'on pensait jadis que la masturbation rendait sourd !

Les dentistes, pour d'autres raisons, désapprouvent les douceurs. Fabrice, un garçon de onze ans que j'ai interrogé pour ma recherche sur la psychologie odontologique, est enchanté de son orthodontiste qui lui a fait un sourire Ultra-Brite. Il critique en revanche l'attitude de son premier dentiste qui lui avait prédit des cavernes à la place de ses caries s'il continuait à manger des bonbons. Si le discours était juste, il était maladroit : Fabrice ne pouvait pas comprendre le danger des sucreries [25].

LA MAIGREUR EST BELLE. Jacques Chirac a déclaré un jour que son physique sec ne l'avait sans doute pas avantagé dans sa carrière politique. « Les électeurs préfèrent les hommes politiques bien en chair », confiait-il au *Monde* [26]. Il a probablement raison. D'après des études récentes, les gros donnent une image de jovialité et de réassurance que n'offrent pas les maigres. Mais le « bon gros » n'est pas beau. Et de fait, à côté du stéréotype positif, il existe un anathème social à l'égard de l'obésité. Comme le souligne le nutritionniste Jean Trémolières, la société crée les gros mais ne les tolère pas [27].

L'enfant gros est vite catalogué : « paresseux », « méchant », « laid », « idiot ». En 1975, 46 % des femmes italiennes avaient l'intention de maigrir, contre 33 % des hommes [28]. Dix ans plus tard, le pourcentage des hommes passait à 42 %. Aujourd'hui c'est la majorité des Italiens qui veut perdre quelques kilos. Le spécialiste Claude Fischler s'interroge alors : « Sommes-nous lipophiles ou lipophobes [29] ? » Il n'y a pas de réponse, tant nous oscillons entre le stéréotype du bon bouffon, genre Falstaff, tout en bonne humeur, et les images négatives des gros, égoïstes et irresponsables, incapables de contrôler leurs pulsions. La limite se situe probablement autour des cent kilos; passé ce stade, l'obésité devient blâmable sur le plan médical mais aussi social. La majorité des gens considère que les gros sont responsables de leur état : paresseux pour les uns, transgressifs et donc coupables de violer les règles sociales pour les autres [30]. Et ce n'est qu'en payant une espèce de tribut existentiel, dont nous allons décrire deux variantes, que les gros réussissent à s'intégrer socialement.

1. On concède l'embonpoint à ceux qui font un travail physique demandant une grande dépense d'énergie : on imagine mal camionneurs, dockers et déménageurs minces et élancés.

2. L'excès de poids n'est pas seulement concédé à certaines célébrités, on leur conseille parfois d'en faire un usage spectaculaire. On peut porter son embonpoint avec respectabilité comme Raymond Barre ou « souverainement » comme Léon Zitrone. On peut aussi en faire un atout comique comme Coluche, le chanteur Carlos ou John Belushi. La loi du talion fonctionne ici plus que jamais : le gros Oliver Hardy (Ollie) qui maltraite le maigre Stan Laurel (Stanley) avec sadisme est toujours puni. L'obèse remplit ainsi sa fonction sociale, celle, d'après le sociologue Erving Goffman, de l'*in-group deviant* (déviant du groupe) [31]. Bouffon, mascotte, confident ou bouc émissaire, c'est à ce prix que se fait son intégration dans le groupe. Sinon le gros reste un personnage négatif et maudit, l'allégorie vivante de l'égoïste qui s'approprie tout et ne rend rien, le stéréotype du capitaliste vorace qui s'enrichit en vampirisant les pauvres travailleurs.

Il existe une répartition sociale de l'obésité. Dans le tiers-monde elle correspond encore à l'opulence. Dans les pays capitalistes, en revanche, elle a subi une évolution : c'est dans les couches sociales défavorisées qu'on la rencontre le plus souvent. Pourtant si on remonte deux générations en arrière, en Europe, les gros se rencontraient dans les classes sociales les plus aisées, et les maigres dans les plus modestes. Une étude menée en 1962 auprès des New-Yorkais montrait le renversement de la tendance : l'obésité grave y était déjà sept fois plus fréquente chez les femmes ayant le niveau économique le plus bas [32].

J'ai récemment participé à une recherche au cours de laquelle on a analysé le poids de mille femmes de cinquante-deux ans en France, en Allemagne, en Angleterre et en Italie [33]. Seulement 6 % d'entre elles étaient trop maigres, alors que plus de 50 % se considéraient comme trop grosses. Nous employons sciemment l'expression « se considéraient » : plus de la moitié des femmes interrogées portaient sur elles-mêmes un jugement qui ne correspondait pas du tout au rapport poids/taille du BMI * ni à l'avis des médecins. Et si cette donnée confirme qu'être mince est un impératif social pour les femmes, elle montre aussi à quel point nous nous soumettons aux modes et leur permettons de transformer notre vie. Nous sommes prêts à n'importe quel effort pour nous conformer au modèle social. La tendance physiologique du corps féminin lui fait prendre en moyenne 10,6 kilos entre vingt et cinquante ans. Pour lutter contre cette prise de poids, elles ont recours à différentes méthodes selon leur nationalité : les Allemandes se mettent à la gymnastique, les Françaises boivent des litres d'eau minérale, quant aux Italiennes, elles cessent tout simplement de manger.

En somme, il faut souffrir pour être belle (beaux). Malgré des tentatives pour faire valoir le charme de l'embonpoint (quelques articles dans la presse féminine, la campagne des magasins Virgin ou encore cette maison de prêt-à-porter « spécial grosses » qui fait défiler langoureusement des mannequins obèses), l'obésité engendre bien plus qu'une condamnation esthétique [34]. D'après les enquêtes, les femmes en surcharge pondérale sont considérées comme peu séduisantes et ont 10 % de chances de moins que les autres de trouver un emploi [35] quand elles ne sont pas carrément expulsées du marché du travail, comme Françoise et Isabelle. La première, âgée de quarante-quatre ans, pesait 130 kilos : elle a été suspendue de ses fonctions d'assistante sociale sous pré-

* (Body Mass Index : le BMI se trouve en divisant le poids au carré par la taille en centimètres : la normale se situe à 25; en dessous, c'est le sous-poids, entre 25 et 27, c'est le surpoids, au-delà c'est l'obésité.)

texte que son obésité l'empêchait de faire des visites à domicile. La seconde postulait à un poste d'enseignante : il lui a été refusé, de peur que des problèmes de santé ne l'empêchent de remplir sa fonction.

En outre, le surpoids constitue souvent un facteur de discrimination sexuelle. Dans ce domaine comme dans beaucoup d'autres les hommes ont longtemps été avantagés, une tendance qui semble pourtant évoluer au profit des femmes si l'on en croit les résultats très surprenants de notre enquête. Tout au moins existe-t-il un archétype de l'obésité masculine au pouvoir de fascination indiscutable en la personne de Bouddha. En outre, alors que les hommes sont surtout séduits par les belles femmes, une femme sur deux (en Italie) n'accorde que peu ou très peu d'importance à l'apparence physique d'un homme pourvu qu'il ait d'autres qualités.

Petites indulgences. S'il est vrai que les tendances américaines d'aujourd'hui sont les tendances européennes de demain, alors il y a de l'espoir pour les plus rondouillets. Après l'engouement des années quatre-vingts pour la santé, apparaissent les premiers signes de ce que les sociologues appellent déjà la « revanche du plaisir ». En 1993, pour la première fois depuis quinze ans, les Américains ont pris en moyenne 1,5 kilo après une longue période de tendance à l'amaigrissement. Ce 1er janvier 1993, pour la première fois depuis dix ans, l'arrêt du tabac et les régimes amaigrissants ne figuraient plus en tête des bonnes résolutions [36]. « Les gens commencent à se laisser un peu aller », se réjouit Max Green, de l'association de défense des intérêts des producteurs de vins et spiritueux d'Amérique, heureux de constater une reprise de leur consommation. De même, le pourcentage de ceux qui ont arrêté de fumer s'est stabilisé en 1993 par rapport à l'année précédente. Pendant ce temps, dans les gymnases, les séances de massage sont de plus en plus demandés au dépens des exercices stressants sur des appareils simulant la montée d'escaliers. Dans les McDonald's, aux Etats-Unis, le hamburger diététique « McLean » a été remplacé par un sandwich monstre de cinq cents grammes de viande, le « Mega Mac ». La marque Häagen Dazs a ajouté à sa ligne de glace au yaourt des spécialités hypercaloriques aux doux noms de *capuccino commotion* ou *caramel cone explosion.* Enfin, au lieu de se soumettre à des régimes draconiens, les Américains font un succès à Suzanne Powter, la nouvelle « gourou » de l'alimentation : « Arrêtez cette folie ! » crie-t-elle à la télévision, faisant de ce slogan antirégime le titre d'un best-seller outre-Atlantique.

« Cela fait dix ans qu'ils mangent diététique : ils n'ont pas perdu un gramme, on a continué de les licencier et ils ne sont toujours pas très heureux » explique le sociologue Wendy Kaminer. Pour Martin E. P. Seligman, du département de psychologie de l'Université de Pennsylvanie, le mode de pensée est en train de changer : au lieu de poursuivre un idéal de perfection, les Américains seraient en passe d'accepter la réalité de leurs propres limites : « Certains facteurs génétiques sont immuables », déclare Seligman au *New York Times* [37].

Faith Popcorn, la spécialiste des changements sociaux outre-Atlantique, ne pense pas qu'il y ait la moindre révolution dans ce domaine. Il ne s'agirait que de quelques concessions. Dans son *Rapport Popcorn,* elle définit le phénomène comme de « petites indulgences [38] ». D'après elle, aujourd'hui, plutôt que de s'infliger de grandes privations, les Américains les plus avisés, qui vivent toujours très sobrement, s'autorisent de temps en temps de petits plaisirs : un dessert, entier ou partagé avec son voisin, un petit verre de vin rouge tous les deux jours à la place de la cuite habituelle.

Ce changement d'habitudes alimentaires suit de très près un phénomène analogue dans les conduites érotiques. Au lieu de se perdre dans la transgression, la majorité des couples s'adonnent à la « perversion douce » d'une vidéo porno de temps en temps. Mais les clubs échangistes de New York, fermés dans les années quatre-vingts à cause du sida, sont aussi en train de réapparaître. Dans certains clubs gay, on rouvre les *dark rooms* où les rencontres sexuelles anonymes faisaient fureur dans les années soixante-dix. Il est donc bien difficile de rester dans les limites des petites transgressions. C'est ainsi qu'en 1993 on a vu le nombre d'homosexuels séropositifs augmenter de nouveau à San Francisco, ville où il était en baisse constante depuis cinq ans.

III

D'un appétit à l'autre

Pour de nombreux spécialistes, l'érotisme et l'alimentation sont deux mondes séparés. Ainsi pour le biologiste Jean-Didier Vincent, la faim et la soif sont des besoins élémentaires et, bien qu'on utilise les expressions « mourir d'amour » ou une « haine mortelle », l'éventualité de mourir de faim est beaucoup plus concrète que celle de mourir d'amour ou de haine [1]. Moteur archaïque de nos passions, la faim rapproche le nourrisson du sein de sa mère. Et même si le premier cri de la naissance ressemble à un cri de douleur, il est plus vraisemblable qu'il soit une manifestation d'impatience pour le premier repas. Manger est obligatoire, pas faire l'amour.

Roland Barthes, soulignant la différence d'intensité et de rythme entre les deux pulsions, partage cette opinion [2]. On ne trouve ni transport, ni extase, ni orgasme en gastronomie et lorsqu'il y a du plaisir, il n'est pas paroxystique, il y manque l'acmé. Déguster, mastiquer et déglutir sont des activités qui satisfont notre côté hédoniste, mais elles ne suffisent pas à prouver que la nourriture provoque une excitation aussi intense que la sexualité [3].

Avec la même conviction, on peut toutefois souligner les analogies qui relient les deux mondes :

a) Nous satisfaisons ces besoins selon un *rythme*, même si la fréquence n'est évidemment pas la même.

b) La *sensualité* peut être présente dans les deux activités.

c) Une fois ces besoins satisfaits on ressent une même *satiété*, ce qui prouve que des mécanismes régulateurs interviennent dans les deux situations, non seulement au niveau viscéral mais aussi au niveau du cerveau.

d) Notre rapport au sexe et à la nourriture semble connaître une *évolution parallèle*, comme le souligne Camporesi qui met également en relief les changements selon les époques et les modes : « L'association entre nourriture et copulation est beaucoup moins étroite qu'autrefois, tout comme s'est estompée la promiscuité fatale entre la chambre à coucher et la salle à manger. De nos jours, le sexe d'alcôve s'est réduit à un « fast-sexe » vite fait bien fait dans les lieux les moins évidents pour ce genre d'activité. La sensualité de la nourriture se dissipe aussi pour faire place à une grammaire culinaire médiocre et balbutiante [4]. » La *rapidité* réduit la nourriture et l'amour au plus petit dénominateur commun d'un acte distrait et conventionnel. Nous vivons à l'époque du fast-food et du fast-sex.

Il n'y a pas que des pessimistes. Noëlle Châtelet rappelle que les grands théoriciens de la gastronomie ont toujours accompagné leurs recettes de réflexions sur la réciprocité des plaisirs du palais et de l'érotisme [5]. La bouche, souligne Curnonsky, ne sert pas seulement à manger, elle sert aussi à goûter et tous les grands amants sont aussi de grands gourmands [6]. Pour favoriser l'amour, déjà une douceur en soi, l'auteur suggère de mettre près du lit des glaces, des fruits et des biscuits. Les liqueurs, affirme-t-il, conviennent au flirt, et le champagne rafraîchit les amants fatigués. On connaît les habitudes de quelques personnages historiques. Ainsi la soupe de vin du roi Alphonse XII d'Espagne aidait le monarque à se remettre de ses ébats amoureux et ses omelettes aux fleurs d'or mettaient les jeunes filles en transe. On dit aussi que Catherine II de Russie réussit enfin à donner un héritier à Pierre le Grand après un dîner de caviar. La naissance d'Henri IV serait due à un pâté de foie aux truffes et celle de l'Aiglon, le fils de Napoléon, à une pintade farcie aux truffes et au champagne. Quant à Louis XV, il faisait manger des ris à Madame de Pompadour pour la guérir de sa frigidité. Qui sait s'il n'avait pas raison ?

La plupart des ouvrages qui traitent de la relation entre sexualité et nourriture le font sur un ton qui oscille entre humour et vulgarité. Anita Roustan classe ses recettes : celles pour se faire épouser, celles pour la première rencontre, celles qui aident à une séparation [7]. Il y en a même une pour la femme qui doit téléphoner à son amant : il lui suffit de servir des harengs à son mari sans vin ni eau pendant une coupure d'eau. Le malheureux cocu sera obligé de sortir pour aller se désaltérer au café, et l'infidèle pourra téléphoner en toute tranquillité. Comme on dit : « On attrape les maris par le cœur, on les retient par la gueule. » Ce n'est vrai que jusqu'à un certain point, car si le libertin utilise la nourriture pour séduire ou récupérer de ses fatigues amoureuses, pour le gastronome le plaisir du palais est une fin en soi [8].

Au fond, même un ennemi de la gastronomie comme Jean-Jacques Rousseau garde un œil sur les douceurs de la table qu'il considère dans sa rigueur protestante non comme un adjuvant, mais comme un substitut à la sexualité. Son *Emile* sublime son amour pour Sophie dans les goûters qu'ils prennent ensemble [9]. Certains détails nous laissent à penser que le poète philosophe était tellement inhibé sexuellement qu'il érotisait tous les aspects de son rapport à la nourriture, non seulement dans ses œuvres, mais aussi dans la réalité. Il raconte qu'il lui suffisait d'imaginer qu'il était l'une des cerises que la jeune fille désirée cachait dans son décolleté pour atteindre l'extase. Rousseau aimait le lait et détestait la viande, c'est très symptomatique.

L'ambiguïté du lait et de la viande

Traditionnellement, pour les psychologues, le lait du sein maternel est un objet transitionnel classique entre les activités alimentaires et érotiques. Dès 1962, Fellini, le maître de l'allégorie en matière de nourriture et de sexualité, développait ce thème dans un épisode du film *Boccace 70*. Le Dr Antonio est troublé par l'image tentatrice d'Anita Ekberg invitant sur des affiches publicitaires à boire du lait. N'obtenant pas le retrait de l'affiche par voie légale, Antonio la couvre d'encre. En vain. Non seulement la pluie efface toute trace de son geste mais Anita s'anime, descend de son affiche et fait suffoquer Antonio en le serrant amoureusement entre ses deux seins, tel un King Kong en jupon. Submergé par la volupté, Antonio décide de l'assassiner. Il n'est pas pour autant libéré de son obsession. Retrouvé délirant sous la fameuse affiche, on lui passe la camisole de force. Il finit à l'asile.

Fellini n'est pas le seul à avoir mis en scène la métaphore du lait. Dans *La Chair*, le film de Marco Ferreri, Francesca abandonne quelques heures son amant paralysé pour rendre visite à sa voisine qui vient d'accoucher de jumelles. A peine remise d'un avortement, notre héroïne allaite l'une des deux petites filles avec beaucoup de sensualité. Cependant, comme le dit le titre, le film de Ferreri traite surtout de cet autre objet transitionnel par excellence qu'est la chair. Francesca revient d'Inde et elle donne des conférences sur la mystique orientale. Dans son milieu marginal, elle rencontre Paolo, un artiste de cabaret hypocondriaque et séparé de sa femme, à qui elle fera découvrir de nouveaux horizons. Dès la première rencontre, le thème de la gourmandise s'insinue entre les deux personnages : Francesca engloutit tous les croissants du bar en buvant un capuccino. L'épisode n'est qu'un prélude à d'autres gourmandises gastro-érotiques. Mais lorsqu'ils veulent faire l'amour, Paolo se révèle impuissant. Qu'à cela ne tienne, dit-il, deux biftecks saignants suffiront à le remettre en forme. Ils se rendent au supermarché pour acheter la viande dans une scène qui marque le passage de l'érotisme à la gastronomie. Plus Paolo a envie de viande, moins son corps réagit aux sollicitations de Francesca. Tout au moins jusqu'à ce que celle-ci le soumette à une espèce de séance de magie orientale. Elle lui recouvre les jambes et le ventre d'une couverture rouge pour condenser toute son énergie sur son sexe, immédiatement saisi par une immense érection. Peu importe à Francesca que son amant se retrouve paralysé dans cet état : elle l'utilise quand bon lui semble comme on fait un tour de manège. Elle met son repas sur le ventre de Paolo et mange en le chevauchant. Alors que Paolo a besoin d'un entonnoir pour boire son café, elle s'exclame : « Comme c'est beau de manger et de faire l'amour ! » Au bout de quelque temps, la paralysie disparaît. Les deux amants fêtent la « guérison » par un dîner. De nouveau la viande est présentée comme un mets ambigu. « Un rosbif sans sauce, c'est nu et obscène », dit-il. Ce à quoi elle répond : « Tu en parles comme d'une femme. »

La viande apparaît aussi dans de nombreux tableaux de Rembrandt et elle a inspiré des romans très érotiques. Dans *Le Boucher*, d'Alina Reyes, la romancière espagnole traite du fantasme que déclenche le couteau du boucher planté avec adresse dans la viande crue et sanguinolente [10]. La métaphore est banale, mais le génie de la romancière réside dans le fait qu'elle va au-delà et qu'elle entre au royaume du sadomasochisme. Elle s'imagine pendue à deux crochets de fer comme une pièce de bœuf. Des goûts et des couleurs...

Les ambiguïtés de l'oralité

Les fonctions et les significations psychologiques de la bouche sont infinies : d'après Gérard Apfeldorfer, la nourriture est le « joker » du psychanalyste qui peut toujours compter sur la polyvalence symbolique de cette carte pour avancer toutes sortes d'interprétations [11]. Dans l'histoire d'Adam et Eve déjà, la nourriture est interdite et associée à la pulsion transgressive. Dans le cas de « L'Homme aux loups », nom donné à l'un des patients les plus célèbres de Freud, la peur d'être mangé cache la peur d'être châtré [12]. Pour le psychanalyste Karl Abraham, le refus de nourriture symbolise le refus de la mère [13]. Ce à quoi Ferenczi réplique qu'en réalité, c'est la peur de l'inceste qui se cache derrière celle de la nourriture, ou la terreur irrationnelle d'être enceinte après un rapport oral [14]. Et comme il n'existe pas de réponse toute faite, il ne reste au thérapeute avisé qu'à traiter les désordres alimentaires au cas par cas.

Dans la littérature psychanalytique classique, ces désordres sont associés à une fixation orale trop développée, dont l'intensité finit par briser les mécanismes de contrôle du Moi. La thérapie ou la simple évolution favorable du cas permettent aux patients de s'adonner à la sexualité génitale, ce qui résout en même temps les problèmes alimentaires. Publié en 1905 par Freud qui considérait que ce cas était non seulement symbolique du traitement des désordres alimentaires mais aussi de l'évolution de sa méthode psychanalytique, « le cas Dora » est emblématique : la jeune fille, âgée de dix-huit ans, issue d'une famille aisée, souffre de crises d'asthme, d'aphasie et de dégoût pour la nourriture. Le père de Dora raconte à Freud que, depuis sa petite enfance, la jeune fille manifeste son caractère difficile par un comportement qu'on peut assimiler à des symptômes hystériques. Mais l'événement déclenchant s'est produit à l'âge de seize ans lorsqu'elle a accusé un ami de la famille d'avoir cherché à la séduire. Monsieur K., qui passait alors des vacances avec les parents de Dora avait nié.

L'analyse a permis à Freud de démontrer que Dora n'était pas une mythomane. A l'âge de quatorze ans, elle avait effectivement été importunée par Monsieur K. qui, après lui avoir demandé de l'attendre dans un magasin, avait fermé les persiennes, l'avait attirée à lui et embrassée sur la bouche. C'est de cet épisode classique d'abus sexuel, explique Freud, qu'était né le dégoût de Dora : en un significatif mécanisme de défense, elle avait à la fois déplacé l'excitation sexuelle vers le haut (au niveau de la bouche) et refoulé l'épisode en le transformant en une sensation de dégoût. Mais Freud ne s'en est pas tenu là, il a aussi réussi à expliquer l'aphasie de Dora en la mettant en relation avec le rapport œdipien qu'elle avait avec son père. On a en effet pu démontrer qu'ayant eu une relation avec la femme de Monsieur K., le père avait créé un classique triangle œdipien qui avait favorisé le déchaînement de la jalousie de sa fille envers cette femme. « Jalousie », c'était précisément le mot que Dora ne pouvait prononcer et qui, plus généralement, l'empêchait de parler.

Il y a donc une équivalence symbolique claire entre les fonctions masticatoires, phonatoires et érogènes de la bouche [15]. Et c'est aussi de la bouche que naît la confusion initiale entre contenant et contenu, entre sein-biberon et bouche, confusion qui se clarifie par la suite dans le processus de maturation individuelle quand l'enfant comprend qu'il s'agit de choses différentes [16]. Comme sont différentes la conscience d'après la naissance et la non-conscience du ventre maternel. Mais c'est uniquement dans la relation empathique avec la mère que se développe le processus rythmique vers la conquête de l'autonomie, qui permet de parcourir le chemin vers l'individuation sans sentiment d'abandon ou de suffocation. On veut la juste dose d'affection, ni trop, ni trop peu, c'est ce qu'affirment de nombreux auteurs comme Donald Winnicott, Margaret Mahler et Daniel Stern [17].

Une très bonne connaissance de sa géographie corporelle aide à l'évolution favorable de ce processus de maturation [18]. La nostalgie pour le sein maternel, qui peut persister même après l'allaitement, est ainsi transférée sur les objets que le petit enfant met dans sa bouche. Et quand on remarque qu'au moment douloureux de la poussée des dents l'enfant met ses doigts dans la bouche, il faudrait toujours prêter attention à la signification psychologique de ce geste et aux effets qu'il peut avoir ultérieurement sur d'éventuelles pathologies de l'alimentation. Sucer son pouce, par exemple, est souvent un signe de propension à la boulimie. Et ça se complique encore quand l'apprentissage de la géographie des orifices anatomiques se bloque ou reste confus. Quand, par exemple, le sein devenu pouce se rapproche symboliquement de l'organe masculin, on est presque toujours face à deux destins contradictoires : dans le cas où le pénis est le prolongement du bon sein, les rapports oro-génitaux seront vécus comme agréables et le liquide séminal sera assimilé au lait de la mère (pour les hommes, c'est le vagin avec ses petites et grandes lèvres qui sera assimilé à la bouche). Mais si le sein maternel est vécu négativement, le pénis sera un intrus et le liquide séminal pourra être assimilé à l'urine (pour les hommes la valeur érogène des lèvres passera au second plan par rapport à la fonction castratrice des dents).

La bouche qui peut fixer des comportements sexuels au stade sadique-oral peut aussi être la cause de nombreuses pathologies alimentaires. Dans le cas de Dora, par exemple, le dégoût pour la nourriture était lié à son analogie symbolique, avec l'intrusion du baiser de Monsieur K. Le fantasme de la fécondation orale (dont parle Ferenczi) permet d'expliquer certaines formes d'anorexie juvénile [19]. Et la boulimie peut aussi, comme nous le verrons plus loin, signaler un insatiable besoin d'affection ou encore la pulsion de détruire la partie adverse en la dévorant. Le cannibalisme amoureux est plus fréquent qu'on ne le pense.

La faim

Généralités sur le phénomène

Nous l'avons tous éprouvée dans notre vie, mais les scientifiques n'ont pas encore réussi à établir s'il s'agit d'une pulsion innée ou d'une sensation façonnée par l'éducation. Parmi les théories récentes, nous retiendrons celle de Hilde Bruch, selon laquelle il s'agirait d'une déficience fonctionnelle (non organique) touchant les mécanismes de la perception et de la reconnaissance du besoin [20]. Une chose est sûre : de nombreux désordres alimentaires naissent de l'incapacité de se mettre en phase avec sa faim. Voici quelques-uns des mécanismes psychologiques qui peuvent s'exprimer par le fait de trop manger :

- le besoin d'affection,
- l'agressivité refoulée,
- la recherche d'une alternative aux rapports sexuels,
- le refus de la sexualité,
- le désir d'identité masculine (« l'envie du pénis » freudienne),
- le désir d'enfant.

Comme nous l'avons vu pour la bouche, l'alimentation prend une infinie variété de significations symboliques, parfois contradictoires : pour certains, manger procure un sentiment d'omnipotence illusoire, pour d'autres ce serait le moyen de se protéger des responsabilités de la vie d'adulte. Puisque l'alimentation est un phénomène relationnel, elle peut aussi exprimer aux autres quelque chose de soi : elle peut être signe de dépendance ou d'agressivité et de défi envers les parents. Il arrive souvent qu'une émotion qui n'a rien à voir avec la nourriture se déplace en un besoin de manger : combien de fois la dépression et l'angoisse ne se sont-elles pas transformées en faim ? Derrière le mot faim se cachent au moins trois idées différentes :

– la faim en tant qu'*état physiologique* : la carence nutritive due à un manque de nourriture prolongé;
– la faim en tant qu'*expérience psychologique* : les émotions qu'éprouvent ceux qui sont privés de nourriture;
– la faim en tant qu'*expression forte de l'appétit* : ce sont les expériences gustatives normales qui précèdent le repas proprement dit.

La faim prend-elle naissance dans l'estomac ou dans le cerveau ? Il est probable que les deux organes participent à la création du stimulus, mais comment ? Voilà qui n'est pas encore clair. Si la colecistochinine (CCN), puissant inhibiteur de la faim, a une activité périphérique, la faim chez les animaux, surtout en période de rut, est bloquée par un neuropeptide central, l'oxitocine [21].

La faim de Pinocchio

Ce n'est pas un hasard si les contes sont peuplés de personnages qui souffrent de troubles de l'alimentation les plus divers. Dans *Pinocchio*, par exemple, les périodes de jeûne et les festins se suivent à un rythme tel qu'il est difficile de ne pas y voir le miroir d'un malaise de la société [22].

> Gepetto qui n'avait compris qu'une seule chose de ce discours confus, à savoir que la marionnette se sentait mourir de faim, sortit trois poires de sa poche et lui dit en les lui donnant : « J'avais apporté ces poires pour mon déjeuner mais je te les donne volontiers, mange-les et qu'elles te profitent. »

Pinocchio fait le difficile, il voudrait que Gepetto lui épluche les poires, mais la faim finit par l'emporter :

> Il commença à mâcher et fit un peu la moue au début, mais très vite il les engloutit l'une après l'autre avec la peau et il avala même le trognon. Quand il eut fini de manger, il se tapota le ventre avec contentement et dit avec jubilation : « Ah ! maintenant je me sens mieux. »

La faim, une faim sans limites, est également le sujet principal de l'épisode du dîner à l'auberge du *Homard rouge*. Sentant de terribles douleurs à l'estomac, le Chat ne peut en effet avaler que trente-cinq rougets à la sauce tomate et quatre assiettes de tripes à la parmesane. Alors que le Renard, auquel le docteur a ordonné un régime draconien, doit se contenter d'un misérable lièvre suivi de quelques perdrix, lapins, grenouilles, lézards et de raisin. Alors que les méchants de l'histoire se gavent avec goinfrerie, les gentils ne mangent que parce qu'ils ont faim. La règle est la même dans *Peter Pan* où le crocodile, insatiable après avoir avalé la main du capitaine Crochet, suit son bateau dans l'espoir de le manger tout entier. Et si on pardonne à Obélix d'être aussi gros et d'engloutir autant de sangliers, c'est simplement parce qu'il nous est sympathique et qu'il a une force prodigieuse.

Les comédies italiennes regorgent aussi d'« accros » à la nourriture : des personnages comme Toto dans *Misère et noblesse* de Mario Mattoli ou Capanelle dans *Le Pigeon* sont le reflet de l'engouement national pour la nourriture, exactement comme les gourmands des contes aident les enfants à exorciser leurs problèmes alimentaires.

Besoin et désir, faim et appétit

La différence entre goinfrerie et appétit n'est pas toujours très nette. Dans le domaine sexuel, on fait souvent la confusion entre agapes et petites dégustations d'érotisme raffiné.

C'est par exemple le cas de Louis. Ce grand séducteur est un hôte exquis. Il reçoit très souvent, donne dîner sur dîner. Pour cela il se lève de bonne heure et travaille toute la journée. Il commence par le marché, puis il passe à la cuisine, essaie toujours de nouveaux plats, et dans un crescendo tout wagnérien d'excitation et d'anxiété, il met le couvert. En amour aussi, il lui faut essayer, faire des expériences, sans cesse recommencer, accumuler. Toujours plus, toujours plus souvent.

S'il était un plat, Louis serait un gâteau recouvert d'un glaçage, le sucre glace représentant le raffinement dont il fait preuve dans sa façon de recevoir et de faire la cour. La partie du dessous, un amalgame pas assez cuit, pas encore solidifié, représenterait la barbarie primaire de ceux qui ne sont animés que par le besoin, jamais par le désir. Louis consomme les thérapeutes et les thérapies avec une égale avidité : *New Age, Gestalt,* méditation transcendantale et *rolfing* n'ont plus de secret pour lui, mais ne lui ont pas non plus apporté de solution. Il essaye de se consoler avec la musique, la littérature et la nourriture. Lorsque les invités sont partis, Louis recommence à manger en secret dans sa cuisine d'énormes quantités de nourriture. Il en a honte, autant que lorsqu'il se masturbait pendant son adolescence. Il continue pourtant et, pour expier, il se fait prescrire un régime par un médecin. Il « consomme » aussi beaucoup de femmes mais il n'arrive à passer de la passion à l'amour véritable qu'avec très peu d'entre elles. De nature passive, Louis n'est excité que par les transgressions : pour ranimer son désir, la passion étant par définition éphémère, il lui faut sans cesse trouver une nouvelle partenaire. C'est la raison de son goût pour les expériences gastro-érotiques, qui vont de l'usage du beurre comme dans *Le Dernier Tango à Paris* à des rêves de bananes qu'on introduit ici ou là. Un jour, après avoir ligoté une amie au lit d'une chambre d'hôtel, il a commandé le petit déjeuner et proposé au garçon, très embarrassé, de profiter librement de la situation.

Quand le lien devient pornographique

Dans son roman *Ligeros libertajes sabáticos*, la jeune romancière espagnole Mercedes Abad va si loin qu'on se demande si les perversions qu'elle décrit ne sont pas qu'un habile moyen de faire parler de son livre [23]... C'est du moins ce qu'insinue la critique. Ce reproche est-il justifié ? prenons par exemple la scène dans laquelle le journaliste Bernard Bey raconte l'étrange relation qui unit Dolorès Gorgolia à son amant Barnabé lors d'un réveillon déguisé.

> Au signe d'approbation de Dolorès, que j'avais l'habitude d'appeller Lola dans l'intimité, je m'enfilai tout doucement dans le chou à la crème. D'abord je bougeai timidement, comme en attente : c'était une sensation totalement inconnue. Puis je continuai de m'enfiler jusqu'à ce que je me sente complètement enveloppé par le gâteau. C'était confortable. Mon pénis devint très dur. Lola aussi était excitée : son sexe me faisait des grimaces, mais je préférai me plonger dans cette sensation moelleuse et je continuai de me frotter contre la pâte jusqu'à ce que l'extrémité de ma verge transperce le chou, coiffé d'une petite couche de crème... Lola s'approcha joueuse, langoureuse et lascive, essayant de contenir les envies de sa vulve. Absorbé par la pénétration du chou au point d'en oublier Dolorès, j'acceptai néanmoins le jeu... J'ignore pourquoi je m'étais engagé dans ce jeu dont je me sens maintenant coupable...
>
> Peut-être était-ce pour pousser Lola à désirer mon pénis avec frénésie, à moins que ce ne soit pour prolonger le plaisir délicieusement banal de la copulation... Dolorès sentit probablement que j'étais proche du frisson final, car elle essaya de m'attraper, mais je ne me

souviens plus comment. Peut-être voulait-elle s'emparer de mon pénis, mais celui-ci refusait d'abandonner le nid qui l'abritait si douillettement en lui donnant du plaisir... Je continuai à assaillir le gâteau magique de ma verge, jusqu'à ce qu'un plaisir convulsif m'aveugle en une prodigieuse extase. Quand je rouvris les yeux, le chou gisait par terre...

Je léchai cette bouillie, et à force de baisers et de coups de langue sur le sol, il ne resta plus trace de mon succulent festin. Je me sentis alors comme une mante religieuse ayant dévoré son amant après le coït... Je me dis que c'était une baise différente, une baise mémorable, un morceau d'anthologie...

Bien sûr Lola ne veut pas être en reste dans cette recherche d'acrobatie érotico-alimentaire et comme elle est déçue de commencer l'année sans sexe, elle tente de se rattraper à sa façon et saisit ce qui lui tombe sous la main :

Elle s'empara de la bouteille de champagne bouchée et enveloppée de son capuchon d'or et l'introduisit dans son sexe chaud et humide qui apprécia immédiatement la visite. Sa vulve bougeait sans pudeur sur le col de la bouteille, l'aspirant en partie... Aveuglée et enflammée par le plaisir, Lola continua à jouer avec la bouteille, l'aspirant et l'expulsant avec les mouvements de son sexe. Elle n'avait pas encore atteint le paroxisme quand quelque chose de très étrange se produisit en elle. On entendit un bruit sourd, comme un éclatement étouffé. Brusquement Lola ouvrit grand les yeux... Une petite flaque de liquide rouge se forma sur le sol. Lola tomba par terre, la bouteille roula... Totalement paralysé de terreur, je me rendis compte que Lola était morte et que le bouchon de la bouteille avait disparu...

Les autres nouvelles de ce recueil de littérature érotique sont aussi empreintes de vulgarité et d'impudence, et si elles nous font sourire, elles ne nous fournissent pas d'autre morale que celle de la prudence : la nourriture peut être nocive même lorsqu'on l'utilise à des fins sexuelles. Sir Adolph, par exemple, un autre personnage du livre, aime les rapports oraux mais seulement après avoir enfilé son sexe dans une figue bien mûre. Voici comment se termine son histoire : « Quelques mois plus tard, Adolph et moi nous nous unîmes par le mariage. Aujourd'hui, deux ans après, l'unique ombre à notre mariage est la constante menace d'une grave indigestion. » Si on va au-delà de l'humour facile, on trouve dans ce livre l'illustration parfaite de ce que Freud appelle les « perversions polymorphes » : des pulsions partielles telles que le voyeurisme, l'exhibitionnisme, le fétichisme ou le sadomasochisme deviennent prépondérantes et font qu'un chou à la crème ou une bouteille de champagne finissent par être plus attrayants que le corps aimé.

Les analogies symboliques

Il arrive que la nourriture remplace la sexualité. C'est le cas de ceux qui se goinfrent de Nutella ou, comme Nani Moretti dans ses films, se bourrent de gâteaux pour compenser un « manque affectif » et de tous ceux qui souffrent de boulimie compensatoire. L'inverse, c'est-à-dire l'usage du sexe à la place de la nourriture ou nymphomanie, est moins fréquent. La majorité des gens, qui ne tombe dans aucun de ces deux extrêmes, s'exprime avec autant d'intensité par la nourriture et par le sexe.

Pour comprendre cette similitude de comportement à table et au lit, il faut nous reporter aux stades du développement affectif décrits par Freud : le stade oral, le stade anal, le stade œdipien, etc. On remarque alors que les personnalités voraces le sont aussi bien à table qu'au lit, que les personnalités abandonniques remplissent leur vide affectif en utilisant les deux pulsions et que les personnalités impulsives le sont en toutes circonstances. Cette contamination symbolique est d'ailleurs à la base de superstitions bien enracinées laissant croire, par exemple, qu'en mangeant de la viande de singe on devient malin, qu'un civet de lapin rend froussard et le poisson intelligent (en fait, les produits de la mer contiennent très peu de phosphore). Et ne dit-on pas d'une personne agressive qu'elle a mangé du lion ?

Pour comprendre le genre de relation que nous entretenons avec l'érotisme et l'alimentation, on peut établir une typologie de la personnalité, comme celle de Jung. Une revue de médecine psychosomatique, récemment publiée, attribue à chacun des quatre éléments naturels (le feu, l'air, l'eau et la terre) une personnalité et des comportements alimentaires et sexuels [24].

Le type Feu

Personnalité charismatique, il aime prendre constamment de nouvelles initiatives. Actif et brillant, il peut devenir irascible s'il fait des excès.

Au lit. Son mot d'ordre est « tout de suite »; ses crises d'activité sexuelle alternent avec des périodes d'indifférence totale. Enclin aux rapports multiples, le type Feu est toujours très attentif aux répercussions de sa vie sentimentale sur son image sociale.

A table. Il mange n'importe comment et n'importe quand. Il se faufile à la cuisine et goûte ce qu'il y trouve, même si ça n'est pas complètement cuit. Il aime les saveurs fortes et les aliments hypernutritifs qu'il mange parfois debout.

Le type Air

Eclectique et inconstant. Il aime jouir d'une complète liberté de mouvement, comme l'élément dont il tire son nom. Il tolère mal les engagements. Son mot d'ordre : « Tout est relatif ».

Au lit. Il change constamment de partenaires. Tel un papillon, il aime butiner de fleur en fleur et reprend son vol dès qu'il sent l'odeur de liens affectifs trop contraignants. Par amour de la liberté il change d'amis comme de chemise et s'embarque volontiers dans toutes sortes d'aventures. C'est pourquoi on l'accuse souvent d'être opportuniste et de ne pas avoir de morale.

A table. Il sait ce qu'il mange. Si vous avez envie d'expérimenter une nouvelle recette ou si vous cherchez un restaurant exotique, remettez-vous en à lui : les saveurs nouvelles et les mélanges hardis l'intéressent beaucoup même si on ne peut pas toujours le compter au nombre des gastronomes.

Le type Eau

Insaisissable, d'humeur changeante et malléable. A la manière de l'eau qui s'adapte au lit du fleuve, il modifie son comportement au fil des situations. Perméable comme une éponge à l'humeur de ceux qui l'entoure, il est un peu trop influençable. Ou, comme disent ses détracteurs, « caméléonesque ».

Au lit. Aimable, doux et parfaitement capable d'interpréter les désirs et les attentes de ses partenaires. C'est la raison pour laquelle il se montre un amant ou une maîtresse parfait : il sait jouir à la fois de son plaisir et de celui de l'autre.

A table. Au restaurant, son mot d'ordre : « Je prendrai comme toi ». Souple et accommodant, il se contente de ce qu'il y a. C'est par ailleurs un hôte exquis qui sait accorder avec sagesse les mets et les invités. Son objectif est d'atteindre l'harmonie en toutes circonstances.

Le type Terre

Intransigeant mais constructif, ses deux caractéristiques principales sont la méticulosité et la stabilité. Rationnel, il s'efforce toujours d'être objectif, s'en tenant aux faits au lieu de se laisser aller à l'émotivité.

Au lit. Peu attiré par les aventures faciles, il cherche des rapports de couple sur la base de sentiments solides. Pour lui plaire, ni poèmes ni lettres d'amour. Il n'aime pas offrir de fleurs, il préfère les objets utiles. Peu actif dans les préliminaires, il aime en revanche que le rapport dure longtemps.

A table. « On ne vieillit pas à table », pense-t-il. Il peut passer des heures en situation conviviale quand la nourriture est à la hauteur de la compagnie.

En résumé, certaines particularités du comportement de quelqu'un à table peuvent expliquer son comportement au lit. Celui qui mange à toute allure est souvent un éjaculateur précoce, contrairement à celui qui savoure lentement. Ceux qui abordent méthodiquement leur assiette approcheront probablement le corps de l'autre de la même façon.

Ce genre d'observation fut reprise un jour par un présentateur du journal télévisé qui me posa la question : « Peut-on comprendre comment une personne se comporte au lit en observant sa façon de manger ? » Pour y répondre, quelques questions ambiguës avaient été posées aux téléspectateurs :

– Mangez-vous à heure fixe ou seulement quand vous avez faim ?

– Combien de fois par jour ?

– Préférez-vous manger vite ou même debout ?

– Préférez-vous manger à table ou au lit ?

– Aimez-vous les sauces ?

– Préférez-vous cuisiner vous-même ou laisser l'initiative aux autres ?

– Préférez-vous la cuisine naturelle ou la cuisine élaborée ?

– Eprouvez-vous plus de plaisir à manger seul ou en compagnie ?

– Avez-vous l'habitude de mettre plusieurs aliments dans la même assiette ?

– Préférez-vous utiliser les mains ou des couverts ?
– Utilisez-vous davantage les dents ou la langue ?
– Mangeriez-vous les yeux fermés ?
– Après le repas êtes-vous gai ou triste ?

Quant à ceux qui penseraient que ce test n'a pas de double sens, ils pourront toujours se reporter à la Bible : « Comme un voyageur altéré, elle [la sexualité] ouvre la bouche, elle boit de toutes les eaux qu'elle rencontre, elle va au-devant de toute fornication et offre son corps à l'impureté [25]. »

IV

Le couple et la nourriture

Les plus belles histoires d'amour commencent parfois par une affinité alimentaire; l'accord érotique et l'intimité des sentiments viennent ensuite. Lorsque la bonne chère n'est qu'une étape du processus de séduction, la sexualité peut aussi s'exprimer par des métaphores alimentaires : « Tu me ravales au niveau du bifteck », se lamente Rachel, l'héroïne du roman de Michel Tournier *Le Roi des aulnes* [1]; Pour son partenaire « l'assimilation de l'amour à l'acte alimentaire n'a rien d'avilissant, puisque aussi bien c'est à une pareille assimilation que recourent nombre de religions et la chrétienté au premier chef avec l'Eucharistie.... La femme est puissance, l'homme est acte ». Rachel n'est pas du tout d'accord : « Tu n'es pas un amant, tu es un ogre. » La viande est l'expression du caractère viscéral de l'érotisme, elle sert à canaliser le pessimisme naturel; la métaphore qui rapproche ce couple dans son expérience commune de goinfrerie annonce des conflits ultérieurs au lit. Cette espèce de « boulimie sexuelle » apparaît aussi lors de certaines thérapies de couple.

Quand Roland s'est présenté dans mon cabinet pour un problème d'éjaculation précoce, nous étions bien loin de nous douter que nous nous engagions dans quatre années de thérapie. Au début, nous pensions à une dynamique classique : il voulait faire l'amour, vite, quand ça lui plaisait et autant de fois qu'il en avait envie; sa femme Maryse, excédée, simulait des douleurs liées à la pénétration. La boulimie sexuelle de Roland, comme tous les cas de cette nature, cachait des problèmes plus profonds, et ce chez les deux membres du couple.

Maryse est une femme d'une rare beauté, mais elle a un besoin constant d'être rassurée sur son physique : plaire et séduire lui servent à compenser son manque de confiance en elle. Le comportement de Roland, qui ne la prend même plus dans ses bras, la met donc dans un état de prostration intense : elle ne se sent plus aimée, elle se sent utilisée. Roland semble avoir du mal à admettre qu'en matière de rapports amoureux, quantité n'est pas synonyme de qualité. En fait, son trouble ne provient pas d'une excitation incontrôlable, mais d'un mélange d'énervement et de colère qui, mal exprimés, ne lui permettent d'atteindre la satisfaction que dans l'urgence.

Roland est aussi impulsif dans sa sexualité qu'il est vif en affaires. Ce financier est considéré par ses collègues comme l'un des meilleurs négociateurs de la place grâce à une intuition et une combativité hors du commun. C'est d'ailleurs cela qui a séduit Maryse. Elle voue une admiration sans bornes aux « gagneurs » et à ceux qui réussissent vite. Au cours de la thérapie on découvre que le père de Maryse, officier de marine, menait une vie on ne peut plus instable, fréquentant assidûment les casinos et courtisant les femmes sans relâche et qu'il avait connu bien des revers de fortune. Par contraste, elle avait cherché la sécurité. L'argent et la force de caractère de Roland semblaient en mesure de la lui offrir. Mais quelques années plus tard, le château de cartes s'était effondré et pas seulement dans la chambre à coucher : au bureau, Roland a commencé à subir des humiliations, il a contracté des dettes. Il a d'abord réagi en augmentant sa consommation de tabac, fumant cigarette sur cigarette. Puis, il s'est mis à manger avec la même voracité. Et c'est ainsi qu'il est entré dans la catégorie A de Rosenmann, celle des sujets risquant l'infarctus. Infarctus qui le frappe un an après les premiers signes de dégradation de son style de vie.

A quelque chose malheur est bon : le repos forcé de sa convalescence permet à Roland de repenser à sa vie et à son rythme. Au cours de la thérapie, on analyse la figure de Siddharta, le héros du roman de Herman Hesse, qui cherche le bonheur dans les bras des femmes et des religions et finit par le trouver dans son nouveau métier de passeur du fleuve et dans la méditation sur la rive [2]. La tranquillité de la convalescence de Roland permet aussi à Maryse de retrouver le temps de son propre désir et, contre l'avis des médecins, ils font l'amour en cachette.

L'harmonie du couple a été rétablie lorsque chacun a été en mesure de reconnaître que l'autre était différent et que ce besoin de fusion exprimé par Roland de façon dévorante et par Maryse de manière plus régressive et dépendante n'était pas de l'amour mais de la destruction.

Il suffit de peu de chose pour qu'une passion se transforme en parodie. Dans son film *Hot Shots*, Jim Abrahams s'amuse à tourner en dérision l'érotisme rebattu de *Neuf Semaines et demie.* Le nombril de Valeria Golino devient une plaque chauffante pour faire cuire des œufs au bacon pendant que, dans un *crescendo* de passion, elle croque avec volupté un grain de raisin, puis une fraise et enfin une pizza napolitaine...

Beaucoup de couples font de la nourriture leur véritable point d'entente. Ce genre d'union pourrait avoir comme slogan : « Un plat nommé désir ». Dans sa *Physiologie du goût*, Brillat-Savarin évoque l'influence de la gastronomie sur le bonheur conjugal : « Deux époux gourmands ont, au moins une fois par jour, une occasion agréable de se réunir ; car même ceux qui font lit à part (et il y en a un grand nombre) mangent du moins à la même table ; ils ont un sujet de conversation toujours renaissant ; ils parlent non seulement de ce qu'ils mangent, mais encore de ce qu'ils ont mangé, de ce qu'ils mangeront, de ce qu'ils ont observé chez les autres, des plats à la mode, des inventions nouvelles, etc [3]. » Plus cynique, Nora Ephron pense que tôt ou tard la cuisine finit toujours par remplacer l'intimité dans un couple : « Faire la cuisine était devenu un moyen de te dire que je t'aime... puis le moyen le plus facile pour te dire que je t'aime... et enfin le seul moyen de te dire que je t'aime [4]. »

Le lien entre nourriture et érotisme semble donc varier selon les différentes étapes du rapport amoureux. Comment mange-t-on avant, pendant et après l'amour ?

Nourriture et préliminaires

La manière dont la table a été dressée, le contexte et l'atmosphère du repas contribuent plus que tout à anticiper les joies et à nourrir les fantasmes de l'érotisme à suivre. Dans *Les Sorcières d'Eastwick*, après avoir transformé les commères en sorcières Jack Nicholson demande à Alexandra, sa voisine de table, de deviner la taille de son pénis. Cela lui permet de s'immiscer dans son imagination érotique. Il lui suffira ensuite de couper une pomme en pensant à Alexandra pour que celle-ci se sente à son tour transpercée. Cette évocation, et les équivalences symboliques entre celui qui mange et ce qui est mangé, est digne de la meilleure tradition vaudou. D'ordinaire, bien sûr, les allusions restent plus délicates...

En littérature aussi, la table est souvent l'antichambre de la sexualité. Dans *Le Plaisir,* de Gabriele d'Annunzio, la nourriture en tant que telle est considérée comme un dérivé de l'érotisme, lui-même subordonné au raffinement de l'ambiance dans laquelle se consomme l'acte amoureux.

D'Annunzio se sert des repas pour ajouter la touche de réalisme nécessaire à la construction symbolique de son décor [5]. Ainsi, lorsque Maria Ferres veut séduire Andrea, elle fait d'une tasse de thé sa comparse providentielle et coquine : « Maria versa la boisson dans la tasse et elle la lui offrit avec un sourire mystérieux. » Mais au moment où Andrea refuse et demande une gorgée de thé directement de la bouche de Maria, le breuvage n'est plus qu'un accessoire insignifiant à en juger par l'intensité de la phrase de Maria : « Tu m'as bue jusqu'à l'âme, je me sens toute vide. »

Dans *Bel-Ami*, de Guy de Maupassant, la nourriture est une aide à la séduction [6]. Publié en 1885, ce roman nous fournit une chronique incisive d'un cas très moderne d'arrivisme, celui de Georges Duroy, journaliste provincial qui exploite ses succès féminins et les opportunités que lui offre son métier pour approcher la haute finance et conquérir le beau monde de la Troisième République. La technique est évidente dans le récit de l'une des premières conquêtes de Georges. Il commence par jouer avec la petite Laurine pour séduire sa mère, Clotilde de Marelle, avant d'abattre ses cartes lors d'un dîner à quatre. Dans la description de la scène, Maupassant utilise tous les moyens narratifs pour anticiper le moment de la séduction proprement dite :

> Une table carrée, de quatre couverts, étalait sa nappe blanche si luisante qu'elle semblait vernie; et les verres, l'argenterie, le réchaud brillaient gaiement sous la flamme de douze bougies portées par deux hauts candélabres... Les huîtres d'Ostende furent apportées, mignonnes et grasses, semblables à de petites oreilles enfermées en des coquilles, et fondant entre le palais et la langue ainsi que des bonbons salés. Puis après le potage, on servit une truite rose comme de la chair de jeune fille; et les convives commencèrent à causer.

Plus tard on entre dans le vif du sujet :

> Et comme la première entrée n'arrivait pas, ils buvaient de temps en temps une gorgée de champagne en grignotant des croûtes arrachées sur le dos des petits pains ronds. Et la pensée de l'amour, lente et envahissante, entrait en eux, enivrait peu à peu leur âme, comme le vin clair, tombé goutte à goutte en leur gorge, échauffait leur sang et troublait leur esprit... On avait apporté le rôti, des perdreaux flanqués de cailles, puis des petits pois, puis une terrine de foies gras, accompagnée d'une salade aux feuilles dentelées, emplissant comme une mousse verte un grand saladier en forme de cuvette... Ils avaient mangé de tout cela sans y goûter, sans s'en douter, uniquement préoccupés de ce qu'ils disaient, plongés dans un bain d'amour.

Alors que les deux autres invités, les époux Forestier, se retirent un moment, Georges convainc Mme de Marelle de déjeuner avec lui le lendemain. Il la raccompagne chez elle, puis rentre chez lui :

> Et [il] se mit à marcher devant lui, d'un pas rapide et triomphant, le cœur débordant de joie. Il en tenait une, enfin, une femme mariée! une femme du monde! du vrai monde! du monde parisien! Comme ça avait été facile et inattendu!

Le reste de l'histoire est de la même veine, d'une modernité saisissante. George continue de se conduire en mufle et en intrigant. Sa boulimie de sexe et d'argent et son attitude profanatrice cachent sans doute une peur panique de la mort. Mme de Marelle est le stéréotype de l'épouse frustrée qui cherche dans les bras d'un amant une compensation au manque d'intérêt de son mari mais n'y trouve que d'éphémères parcelles de bonheur.

Manger pendant

Cela vous paraît étrange ? C'est pourtant très fréquent. Prenons le film *Lune de fiel*. L'héroïne se fait étaler de la crème sur les seins, puis elle se fait lécher par son partenaire. Il est en train de se raser, elle arrive et lui propose de le faire à sa place, puis elle le coupe pour lui sucer le sang. L'histoire des deux amants commence par un jeu sadomasochiste, puis le jeu s'estompe et fait place à un sinistre ton sérieux qui disparaît lui aussi, laissant s'installer le ridicule.

Dans son roman, Nora Ephron utilise la nourriture pour décrire les différentes étapes de la relation d'un couple [7]. Dès la première nuit, Rachel tente de s'attacher Marco, son mari, par la gourmandise, en le bourrant de spaghettis. Lorsqu'elle découvre qu'il la trompe avec sa meilleure amie, elle lui lance une tarte au citron à la figure et commente : « J'aurais mieux fait de prendre une tarte aux myrtilles, comme ça sa veste neuve aurait été définitivement tachée. » D'après Rachel, qui écrit des livres de cuisine, les trois phases de l'amour correspondent à trois manières de préparer les pommes de terre : Les pommes de terre croustillantes, façon *rösti* suisse, conviennent parfaitement à la première phase de l'état amoureux. Puis quand le partenaire annonce qu'il est temps de se mettre au régime, autrement dit qu'il faut bannir les pommes de terre de la table, on ne pourra manquer d'interpréter la déclaration comme le signe du commencement de la fin. Et quand précisément l'amour prend fin, suivez toujours les conseils de l'auteur : « Je ne peux pas ne pas préparer de pommes de terre ; il n'y a rien de meilleur que de se mettre au lit avec une assiette de purée brûlante sur laquelle on fait fondre un morceau de beurre. » Eh oui ! les pommes de terre aussi ont une fonction consolatrice.

Humour et lune de miel

Nourriture et érotisme se trouvent souvent associés dans des histoires de lune de miel, dont le nom évoque déjà la douceur du palais. En voici quelques exemples.

– C'est l'histoire d'un couple en voyage de noces à Las Vegas. Ils assistent tout excités au numéro d'un clown qui casse des noix avec son pénis. Pour leurs trente ans de mariage, ils retournent dans la ville des jeux. Le clown est toujours là, il est ridé et il a des cheveux blancs, il fait toujours son spectacle, mais il a remplacé les noix par des noix de coco. Lorsqu'on lui demande pourquoi, il répond : « Vous savez ce que c'est; avec l'âge on y voit moins bien... »

– Le matin suivant leur nuit de noces, un mari demande à sa jeune épouse : « Chérie, qu'est-ce que tu prends pour le petit déjeuner ? » Elle répond : « Tu sais très bien ce que je prends! » Et lui de répliquer : « Je sais, je sais, mais il faut bien manger de temps en temps! »

– Un jeune mari en voyage de noces se voit servir une feuille de salade sur une grande assiette en guise de petit déjeuner. Sa femme commente : « C'était pour savoir si tu te comportais aussi comme un lapin à table... »

– Le lendemain de leur nuit de noces, le mari se tourne vers sa femme, avec un long regard déçu : « Ah, si au moins tu savais faire la cuisine!... »

– Joseph, impuissant, a été jugé incurable par tous les médecins. Dernier espoir : les aphrodisiaques. Sur les conseils de ses amis, il se rend chez un boulanger dont le pain est célèbre pour ses vertus aphrodisiaques. « Donnez-moi cinq kilos de pain », demande Joseph. Le boulanger, abasourdi, s'écrie : « Mais... il va durcir! » Et Joseph de rétorquer : « Alors donnez-m'en dix! »

Si la nourriture est souvent prétexte à ce genre de blagues un peu coquines, il est plus rare qu'on attribue au sexe une fonction alimentaire. Citons tout de même les *Contes immoraux* de Petrus Borel où les carottes ont le pouvoir de faire naître des enfants aux cheveux roux [8]... Même un auteur sérieux comme Legman, qui tente de dissuader ses lecteurs de croire à l'existence de produits aphrodisiaques, ne renonce pas à glisser la répartie suivante dans la bouche d'une femme inconsolable pendant son voyage de noces : « Je lui ai fait manger une douzaine d'huîtres mais il n'y en a que deux qui ont marché [9]... » Dans d'autres situations la réplique est cruelle : « Tu me réchauffes le cœur », dit à table la femme au décolleté provoquant en se penchant vers son petit mari. Et lui cynique : « Ote ton sein de la soupe. »

Il arrive aussi que la nourriture et le sexe soient utilisés pour infliger une punition [10]. Un mari, déçu par sa femme qui refuse de s'occuper de la maison et plus encore de la cuisine, décide de l'épuiser par une indigestion de rapports sexuels jusqu'à ce que mort s'ensuive, un peu comme dans *La Grande Bouffe*. Un vendredi soir en rentrant du travail, il s'arrête au restaurant, commande, pour se mettre en forme, deux énormes biftecks et un litre de vin, puis il se précipite chez lui, saute sur sa femme et lui fait l'amour sans interruption jusqu'au lundi matin. Il retourne alors (non sans une certaine fatigue) au bureau, laissant sa femme inanimée sur le lit. Lorsqu'il rentre chez lui le soir, fourbu mais soulagé, il trouve la maison parfaitement propre et rangée : le sol a été lavé, les rideaux ont été changés. Dans la cuisine, sa femme, vêtue uniquement de talons hauts et d'un petit tablier, est en train de préparer un dîner appétissant. A son mari stupéfait, elle répond : « Mais Chéri, tout travail mérite salaire! »

Manger après

En principe un bon mille-feuilles est toujours meilleur qu'une cigarette mais il ne faut pas généraliser, cela dépend de la fonction qu'on assigne à la nourriture : réparatrice ou consolatrice. Ce second aspect est constamment présent dans le roman de Jorge Amado *Dona Flor et ses deux maris* [11]. L'héroïne, Dona Flor, est une veuve plutôt consolable qui ne met pas très longtemps à se remettre de la disparition de Vadinho, son mufle de mari. Amoureux de bonne chère, de sexualité, et par-dessus tout du jeu, ce dernier a dilapidé tout l'argent de sa femme qui essaye de se renflouer en épousant le pharmacien du pays. Dona Flor a pourtant du mal à chasser la nostalgie qui l'envahit et elle se surprend à regretter la muflerie de son ex-époux, qui était plein de vie, comparé au terne conformisme du pharmacien. Elle revoit le défunt en train de manger et se lamente : « Plus jamais je ne connaîtrai le goût d'oignon cru de sa bouche ». Elle se voit même en train de lui préparer son plat préféré, les crabes au citron avec des frites, et elle fantasme sur la façon dont il va la remercier, comme lui seul savait le faire.

Lorsqu'on parle de repas après l'amour, il faut distinguer les couples qui ont une sexualité satisfaisante de ceux qui sont frustrés. On rencontre de plus en plus de cas de boulimie provoqués par un profond état d'*insatisfaction sexuelle.*

Depuis trois ans, Anne-Louise souffre de violentes crises de boulimie liées à son insatisfaction sexuelle et à son hostilité croissante envers les hommes. Elle a vingt-quatre ans, elle est jolie et elle donne l'image d'une jeune fille insouciante. Mais même avec Carlo, un jeune Italien qu'elle fréquente depuis six mois, tantôt d'un côté de la frontière, tantôt de l'autre (elle est de Menton, lui de San Remo), les choses ne s'améliorent pas. Elles auraient même plutôt tendance à empirer : non seulement Anne-Louise accuse Carlo d'être à l'origine de ses crises de boulimie, mais aussi de l'entraîner trop facilement dans des escalades érotiques. Il lui demande d'abord de faire un strip-tease puis de regarder avec lui des cassettes pornographiques pour stimuler son désir. Conclusion d'Anne-Louise : « Les hommes sont tous pareils. »

Je crois, au contraire que c'est elle qui projette son problème sur les autres, attribuant aux hommes qu'elle accuse une voracité qui est la sienne. Quant aux crises de boulimie qu'elle justifie comme une conséquence de son insatisfaction sexuelle, il me semble clair qu'il n'en est rien. Bien qu'elle haïsse les hommes, Anne-Louise nie farouchement avoir des tendances lesbiennes, prétend détester les féministes et espère n'avoir que des garçons quand elle aura des enfants. Refus, désir, idéalisation : quel problème se cache derrière sa relation avec les hommes ? Je lui demande de me parler de son père : il est mort quand elle avait cinq ans, complètement ivre, étouffé par la nourriture qu'il tentait d'ingurgiter. La fille, comme le père, recherche l'apaisement en dévorant, en *se remplissant*. Lui d'alcool, elle de nourriture et... d'amants dont elle cherche par tous les moyens à capturer l'énergie.

La cuisine, un atout cœur

La sexualité n'est pas la seule à profiter d'une bonne table, le cœur et les sentiments s'exaltent aussi devant la bonne chère. Dans *Le Festin de Babette*, le film tiré de la nouvelle de Karen Blixen, l'héroïne (Stéphane Audran) devient grâce à un dîner mémorable le catalyseur des sentiments bloqués par la pudeur dans une petite communauté nordique [12]. Babette, réfugiée politique, sert de domestique à deux sœurs, Martina et Philippa. Dans sa jeunesse, la première s'était éprise d'un lieutenant des hussards mais ce dernier, pour favoriser sa carrière, l'avait abandonnée pour épouser une dame de compagnie de la reine Sofia. Quant à Philippa qui a pourtant été aimée de son professeur de musique, Achille Papin, elle n'a jamais pu se décider et elle est arrivée vierge à la vieillesse. Babette, qui vient de gagner une coquette somme à la loterie, décide d'évoquer le bon temps où elle était chef dans un grand restaurant parisien en préparant un festin. Elle dépense tout son argent pour acheter les ingrédients et transgresse la règle de frugalité qui régit la communauté en faisant venir les aliments de Paris. Cependant, l'attention méticuleuse avec laquelle la table est dressée, l'empesage de la nappe et le menu composé de soupe à la tortue, de caviar, de cailles et de quelques bouteilles de clos vougeot encouragent tous les convives à évoquer les amours qui auraient pu être. Et ce qui a commencé comme une fête de la bonne chère se termine en une ode à l'amitié et à l'amour.

Enfin dans le *Décaméron* de Boccace la table ne prélude pas seulement à des rendez-vous grivois [13]. La neuvième nouvelle de la cinquième journée raconte l'histoire du noble et richissime Federigo degli Alberighi qui, déçu de ne pas être payé de retour par la femme qu'il aime, dilapide toute sa fortune. A tel point qu'il ne lui reste plus que son faucon adoré. Quand la femme tant désirée accepte enfin de se laisser inviter à déjeuner, il fait tuer son cher oiseau car il n'a rien d'autre à lui servir. Le malheureux ne sait pas que la jeune femme, veuve de fraîche date, n'a accepté ce repas que parce que son fils veut se faire offrir le faucon. Cependant, son invitée, émue par son histoire et sa générosité, acceptera de l'épouser. C'est ainsi que la table peut être le point de départ et (ou) l'aboutissement de très belles histoires d'amour.

V

Le cannibalisme amoureux

Le cannibalisme se pratique chez tous les peuples primitifs. Et même s'il revêt souvent une fonction symbolique, il est probable qu'il trouve son origine dans la recherche d'une compensation à une carence en protéines animales. Dans les tribus pré-incaïques, on mangeait les prisonniers après les avoir torturés. C'est en tout cas ce que racontent les premiers explorateurs chrétiens du début du XVIe siècle à qui nous devons le récit de quatre horribles nuits où plus de quatre-vingt mille prisonniers furent offerts en sacrifice aux divinités avant d'être dévorés par une population affamée.

Avec le temps, la fonction symbolique prenant le pas sur la fonction nutritive, le cannibalisme, qui n'était qu'un comportement, est devenu un mode de pensée. « Quelle tigresse ! » dit-on d'une partenaire vorace. Une autre, plus séduisante, est une « petite poulette bien appétissante » [1]... Les catholiques participent au mystère du corps et du sang du Christ en mangeant l'hostie. Les peuples primitifs pensent plus prosaïquement qu'en mangeant une personne ils peuvent s'en approprier les qualités. C'est ce qui est arrivé au Dr Livingstone, le célèbre explorateur : après sa mort, ses deux plus fidèles serviteurs ont mangé ses organes pour essayer de récupérer sa force et son courage [2].

Mais alors : « Comment l'homme peut-il vivre dans une

société sans cesse à la recherche de moyens toujours plus perfectionnés pour produire des masses de cadavres sur les champs de bataille et considérer ensuite que ses semblables sont bons à tuer mais pas bons à manger ? » s'interroge l'anthropologue Martin Harris [3]. Il semble évident que les règles sociales permettent plus facilement de faire pénitence après une mauvaise action que de contrôler l'agressivité durant l'action. Il suffit de relire *L'Iliade* pour se convaincre qu'il est plus facile d'organiser des funérailles que d'arrêter les guerres.

Les plaisirs de la chair

Pour Claude Lévi-Strauss, il existe un lien précis entre les règles du mariage et les interdits alimentaires ; de là découlerait la profonde analogie entre faire l'amour et se nourrir [4]. D'après lui, cela justifierait l'abondance de métaphores culinaires pour parler du sexe et expliquerait pourquoi, dans ces expressions, c'est presque toujours l'homme qui tient le rôle de celui qui mange et la femme le rôle de ce qui est mangé. On dit bien d'un coureur de jupons qu'il « aime la chair fraîche » et d'une belle femme que c'est un « beau morceau ». Si elle est moins gâtée par la nature, la « poule » sera traitée de « boudin ». Etre amoureux de quelqu'un, c'est aussi avoir envie de « croquer » la personne aimée, sans parler de la broche (symbole masculin) et de l'usage qu'on en fait quand on met la viande à rôtir (symbole féminin) [5]. Ou de la composante cannibale que nous évoquons inconsciemment chaque fois que nous disons : « Je vais te manger. » Par ce genre de phrases nous ne faisons rien d'autre que de réactiver les principes archaïques définissant les limites du Soi et le besoin plus ancien encore de se fondre dans l'autre. Le *Décaméron* de Boccace est parcouru d'un bout à l'autre par une légère envie cannibale[6]. On y offre même du cœur humain lors d'un repas : c'est celui de messer Guglielmo Guardastagno que le jaloux messer Guglielmo Rossiglione donne à manger à sa femme qui en aimait le propriétaire. Elle le déguste avec appétit croyant avoir du cœur de sanglier dans son assiette. Pis encore, elle donne à son sadique de mari (qui le lui demande) un avis gastronomique sur le plat. Vous savez maintenant où le réalisateur de *La Guerre des Roses* a puisé son inspiration. On aurait pu aussi tirer un film de cette nouvelle fantastique où Nastagio degli Onesti organise un banquet pour punir la fille de messer Paolo Traversaro qui l'a repoussé : « Il fit préparer un magnifique dîner puis fit mettre la table sous les pins. » La punition de la demoiselle est connue : il l'obligea à regarder le fantôme d'un cavalier noir poursuivre une femme et l'éventrer à coup d'épée.

L'histoire du Vénitien Currado Gian Figliazzi qui tue une grue et demande à son cuisinier de « la faire rôtir pour le dîner et de l'apprêter avec grand soin » est plus ironique. Le plat est tellement bon que Brunette, l'aimée de Chichibo, ne se contente pas d'une cuisse. Elle lui fait du chantage : « Si tu refuses, tu pourras toujours me demander ton amusette. » Il n'est pas bien sorcier de deviner de quoi il s'agit...

On peut aussi se « dévorer le cœur » par amour. Hélène, vingt ans à peine, pèse déjà douze kilos de trop. Elle vide les paquets de chips et les sachets de pop-corn à un rythme effréné. Elle est impulsive dans toutes ses activités. Elle ouvre ses paquets de cigarettes comme un enfant ses cadeaux de Noël, prend une cigarette avec la même impatience, l'allume avec fougue et la mordille quand elle la met dans sa bouche. En amour, elle ne peut avoir que des relations très brèves, quand elles ne sont pas purement imaginaires. Il faut dire qu'elle n'est pas aidée par son physique ingrat. Lorsqu'elle se résout à nous faire lire son journal intime, nous découvrons qu'elle est secrètement amoureuse du petit ami de sa sœur et que, comme elle l'écrit à plusieurs reprises, cela lui « dévore le cœur ».

Si, dans le cas d'Hélène, il ne s'agit bien évidemment que d'une image, le cannibalisme amoureux prend parfois des formes plus concrètes. Agnès, une autre de mes patientes, me raconte une scène à laquelle elle a assisté adolescente au cours d'une fête. Sa meilleure amie dansait un slow langoureux avec un garçon qui en a profité pour manger une de ses boucles d'oreilles en diamant et disparaître ! Encore plus étonnante cette manie des amoureux outre-Atlantique d'offrir à leur bien-aimée des slips comestibles. Ils sont bien pratiques, le seul inconvénient c'est qu'ils ne résistent pas à l'usure du temps !

Il existe une analogie précise entre certaines parties du corps. De même qu'il est facile de reconnaître l'axe pénis-sein, l'analogie entre bouche et vagin est évidente. Brillat-Savarin écrit : « Quant aux corps solides et savoureux il faut que les dents les divisent, que la salive et les autres fluides gustuels les imbibent et que la langue les presse contre le palais pour en exprimer le suc qui, pour lors suffisamment chargé de sapidité, est apprécié par les papilles dégustatrices, qui délivrent au corps ainsi trituré le passeport qui lui est nécessaire pour être admis dans l'estomac [7]. » Cette description détaillée de la fonction alimentaire de la bouche nous ramène à l'animalité de nos origines. Mais, comme en témoignent de nombreuses expressions, la bouche est également utilisée dans le sens de point d'entrée et de sortie : « les bouches du Rhône », « une bouche d'incendie », « la bouche d'un canon », « la bouche d'égout ».

Dans son *Essai sur la théorie de la sexualité,* Freud affirme que toutes les formes de contact avec les muqueuses de la bouche ont une grande valeur érogène, même quand il ne s'agit pas des parties génitales [8]. C'est en s'appuyant sur cette affirmation que le père de la psychanalyse fait naître le concept d'*organisation sexuelle précoce*, dite prégénitale. On peut donc étudier la personnalité de quelqu'un à partir du rapport qu'il entretient avec sa bouche. La voracité, par exemple, incarne le premier stade de l'évolution décrit par Freud, le stade sadique-oral. De la même manière, les personnalités prédatrices transforment en style de vie une fonction primitive comme celle de mordre. Les gourmands ont un rapport à la bouche tout aussi actif, mais moins agressif. D'autres établissent toutes leurs relations d'adultes avec la même passivité que celle avec laquelle ils prenaient le sein maternel. Leur vie sentimentale et sociale est plus subie qu'agie, ils laissent volontiers l'initiative à leur partenaire. Les femmes qui ne savent que recevoir passivement l'homme dans leur vagin, sans aucune participation active, appartiennent à cette catégorie.

Pour certains, l'utilisation de la bouche dans les activités sexuelles est une forme élargie de la masturbation, pour d'autres ce sont les préliminaires à une activité sexuelle complète. Mais comme nous l'avons vu, l'érotisme oral peut être sublimé dans la gastronomie ou, tout au moins, tiré dans cette direction à cause d'une impossibilité de choisir consciemment entre les deux formes d'expression. Il faut garder présent à l'esprit que le goût se développe de façon précoce pendant la vie intra-utérine. La bouche est ensuite le véhicule élémentaire des premiers contacts mère-enfant : selon certains spécialistes, c'est précisément dans cet espace transitionnel entre le sein et la bouche que s'organisent les conflits entre le Soi et le Non-Soi [9]. Chez les anorexiques, selon Noëlle Châtelet, la bouche et l'anus sont les seuls organes vivants d'un corps dont le reste est considéré comme un tube [10]. Mais alors que chez les personnalités délirantes la *confusion entre contenant et contenu* implique la conviction que c'est le *corps* (le contenant) qui est malade, les anorexiques, au contraire, pensent que c'est la *nourriture* (le contenu) qui est mauvaise et qu'en conséquence la bouche doit la refuser.

Comme la plupart des appareils hiérarchiques, le corps est organisé par notre imaginaire de façon verticale : tout ce qui se trouve sous le diaphragme est associé à des instincts primaires et aux besoins les plus triviaux, l'intelligence et la rationalité se situant au-dessus. Seule la bouche, *organe hors zone,* fait exception et finit par assumer un double rôle : d'un côté elle est au centre des instincts archaïques comme la voracité, de l'autre elle sert au langage, reflet de notre image sociale. C'est pourquoi certains amoureux timides n'osent souvent pas, au début, prendre des repas ensemble : manger, c'est mettre à nu le caractère viscéral de l'un des orifices primaires.

Nous avons parlé du *Décaméron* mais on trouve trace du cannibalisme dans toute la littérature. Dans *La Conscience de Zeno*, Italo Svevo écrit : « Je fis un rêve bizarre : j'embrassais Carla dans le cou et je commençais à la dévorer. Son cou était fait de telle sorte que les blessures que je lui infligeais avec une volupté enragée ne saignaient pas. Sa peau restait pâle et la légère courbure de son cou était intacte. Carla, abandonnée dans mes bras, ne semblait pas souffrir de mes morsures [11]. » Le rêve cannibale se répète plus loin quand un enfant rêve qu'il possède une femme blonde habillée de noir, avec de grands yeux bleus, des mains très blanches et de petits pieds chaussés de souliers à lacets, il ne la prend pas au sens sexuel du terme mais il la mange par petits morceaux de la tête aux pieds.

La Lolita de Nabokov suscite aussi chez son amant d'âge mûr des instincts carnivores : « Mon seul grief contre la nature était de ne pouvoir retourner Lo comme un gant pour appliquer ma bouche vorace sur sa jeune matrice, la nacre de son foie, son cœur inconnu, les grappes marines de ses poumons, ses reins délicatement jumelés [12]. » Mais celui qui a véritablement placé la nourriture à l'origine de la fantaisie sexuelle de ses personnages, c'est Italo Calvino dans les contes posthumes parus sous le titre *Sous le soleil jaguar*[13]. L'auteur se met dans le classique rôle masculin de celui qui mange, mais il a l'audace de se mettre aussi dans le rôle tant redouté par les hommes de celui qui est mangé par l'amante :

> « Tu ne manges pas ? », me demanda Olivia qui semblait uniquement concentrée sur le fait de savourer son plat et se révélait au contraire très attentive, comme d'habitude, alors que moi je restais absorbé en la regardant. Ce que j'étais en train d'imaginer, c'était la sensation de ses dents dans ma chair, et je sentais sa langue me soulever contre la voûte du palais, m'envelopper de salive puis me pousser sous la pointe de ses canines. J'étais assis là devant elle, mais il me semblait en même temps qu'une partie de moi, ou tout moi-même, était contenu dans sa bouche lacéré fibre après fibre. Et la situation n'était pas complètement passive car, tandis que j'étais mâché par elle, je me sentais aussi en train d'agir sur elle, je transmettais des sensations qui se transmettaient de ses papilles à tout son corps, c'était moi, me semblait-il, qui provoquais chacune de ses vibrations : c'était un rapport réciproque et complet qui nous impliquait et nous emportait.

Cette prédilection pour la nourriture, la vraie et l'imaginaire, ne plaît pas toujours à la femme du héros :

> Or ce rapport qui s'était établi entre nous exclusivement à travers la nourriture, au point qu'il ne se concrétisait dans d'autres images que dans celle d'un repas, ce rapport, que mes rêveries faisaient répondre aux désirs les plus profonds d'Olivia, en réalité ne lui plaisait pas du tout, et son agacement devait trouver à s'épancher au cours de ce même dîner.
>
> « Comme tu es ennuyeux et monotone », commença-t-elle à dire, en reprenant une de ses polémiques contre

mon tempérament peu communicatif et mon habitude de lui confier entièrement la tâche d'animer la conversation...

Mais plus Olivia traite mal son amant, plus il est enchaîné à ses fantasmes, de nature parfois gastronomique :

> Voilà, pensais-je, j'étais insipide, et la cuisine mexicaine avec toute son audace et son imagination était nécessaire pour qu'Olivia pût se nourrir de moi avec satisfaction, les saveurs les plus vives étaient le complément, voire le moyen de communication indispensable : comme un haut-parleur qui eût amplifié les sons, pour qu'Olivia pût s'alimenter de ma substance.
>
> « Il se peut très bien que je te semble insipide, protestai-je, mais il existe des gammes de saveurs plus discrètes et contenues que celle des piments, il existe des arômes subtils qu'il faut pouvoir saisir!
>
> – La cuisine est l'art de donner du relief aux saveurs par d'autres saveurs, répliqua Olivia, mais, si la matière première est fade, aucun condiment ne peut relever une saveur qui n'existe pas! »

Par chance pour le lecteur, la discussion ne dégénère pas en une banale scène de ménage, mais devient de plus en plus littéraire. Et quand le couple se remet à table le soir, le héros, après avoir été réprimandé comme d'habitude par sa maîtresse déçue, se laisse de nouveau aller à ses fantasmes :

> « Mais qu'est-ce que tu as ? Tu es étrange ce soir », dit Olivia à qui rien n'échappait jamais. Le plat qu'on nous avait servi s'appelait *gorditas pellizcadas con manteca,* littéralement « potelées pincées au beurre ». Je me concentrais pour dévorer en chacune de ces boulettes de viande toute la fragrance d'Olivia à travers une mastication voluptueuse, une extraction vampiresque de sucs vitaux...

Et voici la métamorphose par laquelle Calvino transforme son personnage de passif en grand dévoreur, avec la femme dans le rôle de la victime. Cela se passe à la fin du récit :

> Sous la pergola couverte de paille d'un restaurant au bord d'un fleuve où Olivia m'avait attendu, nos dents commencèrent à bouger lentement d'un même rythme, et nos regards se fixèrent l'un dans l'autre avec l'intensité propre aux serpents. Serpents plongés dans le supplice de s'avaler mutuellement, avec la conscience d'être à notre tour avalés par le serpent qui nous digère tous et nous assimile sans arrêt dans le processus d'ingestion et de digestion du cannibalisme universel qui donne son empreinte à tout rapport amoureux et qui annule les confins entre nos corps...

La fonction active et la fonction passive se rencontrent et se réconcilient dans cette image archaïque inspirée du serpent mythologique de la culture mexicaine, incarnation d'un éternel élan vital où les extrêmes du yin et du yang ne s'opposent pas mais se relancent dans un mouvement dynamique. C'est une image forte mais bien éloignée du caractère destructeur du chef d'œuvre du cinéma japonais, *L'Empire des sens*, autre histoire tragique de possession. Chez Italo Calvino, le rêve de la fusion laisse les deux personnages à la fois vainqueurs et vaincus. Dans le film de Nagisa Oshima, pour se sentir complètement pleine l'héroïne doit émasculer son compagnon pendant l'étreinte, de façon à pouvoir partir en gardant son pénis en elle.

Le fantasme du vagin denté apparaît bien plus souvent dans l'imaginaire masculin que dans l'imaginaire féminin. Les craintes masculines du pouvoir castrateur de l'organe génital féminin reflètent l'importance symbolique universelle de la voracité [14]. C'est justement parce qu'ils mangent le toit de massepain de la maison où ils se sont réfugiés que Hänsel et Gretel déchaînent les représailles les plus destructrices de la part de la sorcière, qui d'abord les emprisonne puis les engraisse pour les manger. Comme le remarque Bruno Bettelheim, le tissu affectif du conte s'appuie entièrement sur l'oralité primitive de l'enfant qui utilise dans tous ses rapports humains le seul modèle relationnel qu'il connaisse, le modèle alimentaire [15]. Dans l'enfance, il n'y a pas que les aliments qui passent par la bouche : il y a aussi les affects fondamentaux, le plaisir d'une douceur ou la colère d'une désillusion. Et l'histoire de Hänsel et Gretel doit son caractère universel à sa capacité d'exprimer des fantasmes archaïques, mais aussi au fait qu'elle propose un modèle pour grandir sans être obligé d'en passer par des rapports oraux destructeurs. C'est en effet grâce à leur astuce, et non à leurs émotions, que les deux héros trompent la sorcière, qui veut les mettre au four, en lui faisant tâter des os de poulet à la place de leurs doigts. C'est grâce à cette victoire, celle du cerveau sur le ventre et de l'intelligence sur la gourmandise, que les enfants qui lisent *Hänsel et Gretel* peuvent s'identifier aux deux héros.

Dans d'autres contes la fourberie et la voracité vont de pair. L'histoire du *Petit Chaperon rouge* se situe à la frontière entre érotisme et nourriture. Le conte commence et s'achève sous le signe de la gastronomie : dans la première scène le petit chaperon rouge apporte des galettes et un petit pot de beurre à sa grand-mère, dans la dernière toutes deux font en sorte de ne pas être mangées par le loup. « C'est pour mieux te manger », dit la bête au sommet de l'excitation. Et bien que la plupart des enfants connaissent la fin heureuse du conte, l'histoire du petit chaperon rouge leur fait peur et les excite pour au moins deux raisons : d'une part parce qu'être avalé vivant est un fantasme courant – on le trouve à l'origine des cas de claustrophobie (la peur des lieux clos) ou encore dans la peur, moins fréquente, d'être enterré vivant; être englouti par la terre est en effet la crainte plus ou moins manifeste de ceux qui expriment dans leur testament leur volonté d'être soumis à toutes sortes d'examens avant d'être enterrés : c'est ce dont il est question dans les films d'horreur – et d'autre part parce que *Le Petit Chaperon rouge* évoque les pulsions sexuelles. D'après Bettelheim, la couleur du chaperon symbolise les premières règles, signe du début de la féminité adulte. Ne dit-on pas d'une jeune fille qui a eu sa première expérience sexuelle qu'elle a « vu le loup » ? Cette allégorie est en filigrane de la fin morale du conte : si le petit chaperon rouge connaît tous ces avatars, c'est parce qu'au lieu d'aller directement chez sa grand-mère, elle vagabonde dans les bois et que, s'exposant ainsi aux ennuis, elle finit par être confrontée à la violence sexuelle du méchant loup, dangereux et fascinant comme beaucoup de mauvais garçons [16]. En somme, la pauvre petite ingénue paye cher ses premières curiosités sexuelles : elle finit tout droit dans la bouche d'un amant cruel : le grand méchant loup.

Le vampirisme sentimental

On connaît tous de ces égocentriques qui ne pensent qu'à eux et jettent les gens après les avoir utilisés. Ce sont ceux qui volent les idées : la petite phrase appropriée ou le brevet, et même les résultats d'une recherche scientifique. C'est avec la même adresse que ces gens séduisent les femmes de leurs amis (ou les maris de leurs amies). C'est aussi ce que font les dirigeants du Club Méditerranée qui offrent à leurs « gentils organisateurs » une vie de rêve et les rejettent après avoir vampirisé leur jeunesse à bas prix, les renvoyant brutalement à la vie réelle quand ils commencent à perdre leurs cheveux. Ce sont des « vampires », un peu comme ces *paparazzi* qui utilisent la sexualité pour faire du profit sur le dos des célébrités ou comme mon patient, le play-boy Gino, qui se nourrit du cœur de sa femme tout en dévorant les charmes de ses amies.

Gino est un « fils à papa » qui a choisi de vivre des revenus immobiliers dont il a hérité. Il passe ses journées à son club où, entre une partie de tennis et une compétition d'aviron, il trouve toujours le moyen de vivre quelque aventure érotique. Entendons-nous bien : une simple relation fugace et sans engagement. Les « choses sérieuses », il les réserve à sa femme, même s'il la laisse toujours à la maison où elle cultive son hypocondrie. Le tableau serait parfait si de parties de tennis en parties de jambes en l'air Gino n'avait atteint la soixantaine. Dans sa jeunesse, il avait été choqué de voir sa mère flirter avec d'autres hommes et, aujourd'hui, il n'est toujours pas libéré du traumatisme. Tout le malaise vient de là. Pourtant, malgré un diagnostic de *personnalité narcissique*, Gino vieillit plus heureux que sa femme et peut-être même mieux que sa fille. Pas plus que son père, cette dernière n'arrive à établir de relation sérieuse. Elle n'a que des aventures sans lendemain et les seules personnes dont elle se sente proche sont une famille amie et son thérapeute, qu'elle couvre de cadeaux. Sa générosité cache l'avidité propre à ceux qui ne savent que demander de l'affection, jamais en donner.

Il existe toujours une certaine réciprocité dans les rapports entre les vampires et leurs victimes; c'est d'ailleurs ce qui leur permet de supporter la situation. Un patron qui recherche des collaboratrices belles et sympathiques peut très bien tomber sur des femmes prêtes à tout pour évoluer. La situation ne devient problématique que s'il y a injustice.

La femme de Claude, un musicien d'une quarantaine d'années, souffrait d'une sclérose en plaques depuis cinq ans. Il s'était un peu détaché d'elle mais il restait par pitié et par amour pour son fils. Déprimé et frustré, il avait rencontré la compagne d'un de ses collègues, Muriel, une jeune femme de vingt-cinq ans, qui s'était très vite retrouvée au centre de ses préoccupations. Il l'avait courtisée avec ardeur : dîners, théâtre, week-ends, et cela s'était terminé au lit. Claude était tombé amoureux. Mais Muriel avait continué de fréquenter son ancien amant pendant quelque temps. Quand enfin elle s'était sentie sûre d'elle, elle avait emménagé chez Claude, divorcé depuis peu. *Happy end* ? Absolument pas. Ce fut au contraire le début d'un nouveau chapitre d'une histoire absurde. Muriel avait alors dévoilé sa voracité, ne cessant de lui réclamer de faire l'amour et, se contrôlant trop pour atteindre l'orgasme, l'obligeant à des séances érotiques qui l'épuisaient et dont elle sortait toujours insatisfaite. Incapable d'admettre sa part de responsabilité, Muriel accusait Claude d'avoir un sexe trop courbé, d'être vieux et ennuyeux.

Claude arrive dans mon bureau au moment où il comprend que, malgré toute sa bonne volonté, il ne pourra jamais satisfaire Muriel. Il voudrait entreprendre une thérapie de couple, mais elle refuse de l'accompagner. Elle l'assaille de reproches, vampirise peu à peu toute son énergie, exigeant une attention exclusive. Progressivement, par le biais de la thérapie, Claude comprend qu'il a peur de cette figure maternelle trop possessive. Au bout de six mois, il est prêt à quitter Muriel.

Mais il se trouve qu'à ce moment-là, c'est justement elle qui n'est pas prête. Elle casse les assiettes, menace de se suicider, déclare qu'elle ne peut pas vivre sans Claude. Elle fait encore une fois retomber la faute sur lui. Bien qu'impressionné par cette violence, il se rend compte qu'il est soumis à un chantage affectif et confirme son intention de la quitter.

De même qu'elle avait eu du mal à se séparer de son ancien amant, Muriel ne peut pas se séparer de Claude. Elle souffre d'une véritable *angoisse de séparation* qui réactive des mécanismes archaïques l'obligeant à ne manifester son affection que par l'oralité.

Le cannibalisme amoureux est souvent au service de l'érotisme, dans une éternelle alternance de rencontres, de conflits et de séparations. Muriel n'est pas encore prête pour une vie sentimentale qui tienne aussi compte des désirs de l'autre. En d'autres termes et en guise de conclusion, il vaut mieux que le cannibalisme amoureux reste un fantasme.

VI

Erotisme et gastronomie

La règle du ventre

« La règle du ventre » : c'est le sens éthymologique du mot gastronomie qui vient du grec *gaster* (estomac, ventre) et *nomos* (règle). Le terme a été utilisé pour la première fois en 1623 dans un ouvrage français. C'est encore un Français qui, deux siècles plus tard, nous donne les définitions les plus plaisantes de cette science. En compulsant çà et là le livre du maître gastronome Anthelme Brillat-Savarin, nous en avons relevé quelques-unes [1] :

« Gastéréa est la dixième muse; elle préside aux jouissances du goût. »

« La gastronomie est la connaissance raisonnée de tout ce qui a rapport à l'homme, en tant qu'il se nourrit. »

« N'est pas gourmand qui veut; il est des infortunés que la nature a mal doués pour apprécier les saveurs... Les distraits, les bavards, les affairistes, les ambitieux et tous ceux qui veulent faire deux choses à la fois et qui ne mangent que pour se remplir... [Il est] une classe privilégiée qu'une prédestination appelle aux jouissances du goût... Ils font les convives les plus aimables, acceptent tout ce qu'on leur offre, mangent lentement et savourent avec réflexion. »

« Les animaux se repaissent, l'homme mange, l'homme d'esprit seul sait manger. »

« Le plaisir de la table est la sensation réfléchie qui naît de diverses circonstances de faits, de lieux, de choses et de personnes qui accompagnent le repas... Le plaisir de manger exige sinon la faim, au moins de l'appétit... Le plaisir de la table est particulier à l'espèce humaine, il suppose des soins antécédents pour les apprêts du repas, pour le choix du lieu et le rassemblement des convives... A la suite d'un repas bien entendu, le corps et l'âme jouissent d'un bien-être particulier. »

N'oublions pas que ces fragments de sagesse de Brillat-Savarin nous viennent du siècle dernier. Il est donc normal qu'un auteur moderne comme Noëlle Châtelet conteste ces principes et, plus généralement, la tendance à placer sur des terrains opposés diététique et gastronomie. Mais rares sont ceux qui réussissent à concilier les exigences de la médecine et celles du plaisir. Les nutritionnistes ont tort sur un point : ils font constamment la confusion entre les ingrédients et la cuisine elle-même. Lorsqu'ils ne parlent que de protéines et de vitamines, ils se comportent comme qui ne parlerait que de décibels ou de notes de musique pour donner son appréciation d'une symphonie. Par sa tendance à neutraliser les aliments, la diététique exerce sur les pulsions du corps une forme de contrôle social.

Jean-Jacques Rousseau, qui valorise le caractère positif de la nature car, selon lui, la vertu réside dans la simplicité, le travail manuel et la pauvreté, se situe aux antipodes des idées de Brillat-Savarin. Naturellement bon, l'Homme doit éviter tout ce qui est artificiel : manger est un impératif pour survivre, non un plaisir [2]. Gare à ceux qui commettent le péché de gourmandise, généralement des sédentaires se nourrissant de façon compliquée, artificielle et malsaine, alors que le voyageur se nourrit de bonne façon d'aliments simples, sains et naturels. L'*Emile* de Rousseau vit de laitages et boit l'eau des sources. Il déclare ne pas connaître de meilleure cuisine qu'un repas fait de laitages, d'œufs, d'herbes, de fromage, de pain noir et de vin. Dans *Les Confessions* Rousseau affirme qu'il lui suffit de poires, de fromage, de gressins et de quelques verres de vin pour être le plus heureux des hommes.

D'après les psychanalystes l'aversion de Rousseau pour la viande pourrait s'expliquer par un problème d'inhibition de l'agressivité. Rousseau disait détester la viande parce qu'elle est sujette à la putréfaction; le seul aliment miraculeux à ses yeux était le lait, le reste n'était que corruption. Le philosophe arrivait à cette conclusion en s'appuyant sur l'observation du comportement des enfants. Il encourageait d'ailleurs les éducateurs à ne pas dénaturer leur santé et leur caractère en les rendant carnivores. Rousseau voyait chez les enfants une propension naturelle au végétarisme. Pour lui, la cruauté n'est qu'une conséquence de l'ingestion de viande et c'est parce qu'ils boivent du sang que les malfaiteurs s'adonnent au crime. Affirmation qui nous fait doucement glisser vers le syllogisme : les carnivores sont des guerriers, les végétariens des pacifistes. L'histoire nous a tristement enseigné que cette équation est erronée : Adolf Hitler était végétarien [3].

Qui sait si la gastronomie ne signifiait pas pour Rousseau la transgression des règles de modération et de frugalité recommandées par une certaine philosophie protestante ? Comme une sorte de libertinage auquel il faudrait opposer parcimonie et modération. Le philosophe a fini par créer une nouvelle idéologie dogmatique à l'instar de certains écologistes axiomatiques.

Le goût

Les adultes ont la bouche entièrement tapissée de papilles gustatives : on en compte environ dix mille, classées par catégorie de goût, sur la langue, sur le palais et jusque sur les amygdales. Nous sentons le sucré sur la pointe de la langue, l'amertume au fond et l'acidité sur les côtés. Le salé est diffusé sur toute la superficie avec une légère concentration dans la partie antérieure de la bouche. Chaque catégorie de papille, chaque emplacement de ces papilles dans la bouche a un rôle spécifique : on perçoit l'amertume au fond de la langue afin de déclencher, en cas de besoin, le haut le cœur qui fait vomir. Et si nous léchons les glaces, c'est parce que les papilles gustatives du sucré se trouvent au bout de notre langue. Chaque papille est composée d'une cinquantaine de cellules gustatives dont la fonction est de transmettre au cerveau non seulement les informations relatives au goût mais aussi à la douleur; c'est tout du moins ce qu'on vient de découvrir en étudiant les réactions des gens qui mangent une cuisine très épicée.

Les papilles gustatives sont une chose que nous avons en commun avec les animaux. Il n'y a pas que les hommes qui soient gourmands, les chats, les chevaux et les vaches (qui aiment le sucre beaucoup plus que nous) aussi. Cela dit, ils ne sont pas tous gourmands de la même manière. Les enfants aiment plus les sucreries que les adultes parce qu'ils ont dans la bouche un nombre de papilles gustatives nettement supérieur. Les recherches de deux scientifiques allemands du XIXe siècle, Georg Meissner et Rudolf Wagner, ont mis en lumière que les papilles se dégradent à la fois à brève et à longue échéance : elles se désquament et sont reconstituées par notre organisme en l'espace d'une semaine, mais elles perdent peu à peu leur efficacité avec l'âge. Ce qui va à l'encontre du lieu commun qui veut qu'en vieillissant on ait de plus en plus tendance à remplacer l'érotisme par la gastronomie ou qu'on ne puisse pas goûter pleinement un grand bordeaux avant l'âge de trente-cinq ans. Notons que, dans la bouche, les papilles sont placées au point d'entrée du corps mais aussi à l'endroit où prennent naissance nos besoins affectifs et alimentaires.

Il faut tenir compte de la relation entre le goût et les autres sens tels que l'ouïe et l'odorat – ce dernier en particulier. En effet le goût et l'odorat se partagent les conduits d'aération. Diane Ackerman les compare à des colocataires qui savent toujours ce que mangent leurs voisins [4]. Car nous sentons également l'odeur de ce que nous avons dans la bouche. Les odeurs frappent les sens plus vite que les saveurs. Lorsqu'on est enrhumé et qu'on a le nez bouché, il arrive qu'on perde le goût. L'ouïe et la vue participent aussi à l'élaboration du goût. Les Japonais le savent depuis toujours et une grande partie de leur art de la gastronomie réside dans la présentation des plats (leur conception de l'érotisme est également beaucoup fondée sur l'esthétique). Certains sociologues de l'alimentation européens, de ceux qui travaillent pour les grands groupes alimentaires, se sont récemment penchés sur cette idée. On ne met pas un nouveau produit alimentaire sur le marché sans lui avoir fait subir un test dit de *texture* : on teste la consistance de l'aliment et le son qui en découle : le croquant de certaines chips ou biscuits d'apéritif est considéré aujourd'hui comme un facteur d'attraction au moins aussi important que leur goût. Tout cela n'est pas nouveau. Ne dit-on pas que les frites croustillent que le rôti crépite ?

Les bébés sont capables de percevoir la différence entre le sucré et l'amer avant même leur naissance. Lorsqu'on introduit une substance au goût désagréable dans le liquide amniotique, le bébé fait une grimace qu'on peut observer dans le ventre de la mère grâce à l'échographie. Gérard Apfeldorfer, spécialiste de la question, affirme que dès la naissance il est possible d'observer une sensibilité aux différences dans le domaine olfacto-gustatif [5]. Autrement dit on naît gastronome mais on le devient difficilement. Et s'il est vrai que l'éducation est utile dans ce domaine, elle l'est moins qu'on ne le croit. Certains enfants savent depuis leur plus jeune âge choisir ce qu'ils aiment manger et ce qu'ils n'aiment pas, alors que d'autres semblent n'obéir à aucun autre critère que la faim et la satiété. Ils continuent de se conduire de la même façon lorsqu'ils sont adultes. Signalons enfin qu'il existe une échelle du goût, l'échelle Le Magnen graduée de 1 à 500, qui mesure la capacité à percevoir le raffinement des aliments [6].

Les liturgies de la table

La signification allégorique de la nourriture serait le signe de deux tendances parallèles de l'histoire de notre civilisation [7]. La première, qui cherche à faire perdre à la nourriture son caractère matériel au nom de la spiritualité, apparaît avec évidence dans certaines expressions de saint Mathieu qui parle de « faim » et de « soif » de justice. La seconde, au contraire, considère la nourriture comme un signe de richesse : l'écrivain latin Varron, repris par Aulu-Gelle, nous cite le paon de Samos, la poule sauvage de Phrygie, le chevreau d'Ambracie, le petit thon de Chalcédoine, la murène de Tartesso, les huîtres de Tarente, l'esturgeon de Rhodes, les noix de Thasos, les dattes d'Egypte et les glands d'Espagne.

Le repas en tant que symbole d'un statut social n'est donc pas une invention récente. Elio Lampridio, historien de l'empire romain, décrit le raffinement de la mise en scène dans les banquets de l'empereur Antoine Héliogabale :

> Pendant les banquets d'été il faisait étalage de ses différentes vaisselles de couleurs : un jour la verte en cristal transparent, le lendemain la bleu clair, il en changeait tous les jours. Il utilisait des marmites et des saladiers en argent pour les entrées... Il introduisit l'usage des vins parfumés à la menthe ou à d'autres essences... Il avait voué sa vie à la recherche de plaisirs toujours nou-

> veaux... Il faisait couvrir les tricliniums de roses... Pour imiter Apicius et parce qu'il avait entendu dire que ces nourritures protégeaient de l'épilepsie, il mangeait des pattes de chameau, des crêtes arrachées sur la tête des poules vivantes et des langues de paon et de rossignol.

Dans une de ses nouvelles, Flaubert nous parle d'un autre excellent banquet, celui de Hérode Antipas, évoquant « d'immenses corbeilles de viandes, de fruits, de légumes, des antilopes et des cigognes, de larges poissons couleur d'azur, des raisins, des pastèques, des grenades [8]... » Mais le « mets » le plus rare de ce dîner était bien la tête de saint Jean Baptiste offerte à Salomé sur un plateau...

Au nombre des tables célèbres qui méritent de figurer dans l'Histoire, citons aussi celle de Dominique Grimani, le patriarche d'Aquilée, fils d'un doge ami du pape Jules II et de Laurent de Médicis : il avait coutume de servir neuf plats à ses repas et le bouquet final était constitué de gâteaux d'où s'envolaient des oiseaux quand on les coupait [9]. A cette époque la gourmandise n'était plus un péché capital, elle avait repris son rôle de maîtresse des plaisirs. L'Histoire a même des martyrs morts au nom de la bonne chère : Vatel, le majordome du prince de Condé, cousin du roi Louis XIV, est passé à la postérité pour s'être donné la mort d'un coup d'épée en 1671, tant il était désolé de ne pas avoir reçu à temps la marée fraîche de Boulogne pour un banquet [10].

Par la suite les banquets dans les châteaux ont alterné avec les repas liturgiques dans les monastères. Les festins de l'Antiquité ressemblaient davantage à des rites barbares où s'amoncelait la nourriture qu'à une gastronomie raffinée [11]. La gastronomie est née lorsque l'homme, ses besoins primaires satisfaits, a commencé de codifier scientifiquement les goûts en un système social lui permettant d'échanger des informations et des produits alimentaires. Elaboration intellectuelle et créative, la gastronomie est considérée par les historiens – qui cachent mal leur misogynie – comme une science masculine à laquelle on oppose la cuisine traditionnelle rustique, considérée comme plus typiquement féminine et rattachée à la tradition orale.

Synergie gastro-érotique

Même si, à première vue, le rapport entre l'érotisme et l'alimentation paraît évident (comme en témoignent 80 % des personnes interrogées dans le cadre d'un récent sondage sur le sujet), ce ne sont pas toujours ceux qui se montrent les plus raffinés à table qui le sont au lit et inversement. Pour Enrico Guagnini, directeur de l'élégante revue italienne *Gran gourmet*, il existe une catégorie de gastronomes misogynes pour lesquels la présence d'une femme à table est absolument inconcevable. « Le parfum des femmes interfère avec celui de la nourriture et leurs ongles faits détruisent l'harmonie de la table » dit-on carrément dans ces cercles restreints [12]. On ajoute qu'on ne devient gastronome que lorsque le plaisir de la convivialité cède la place aux délices d'un repas en solitaire...

Je n'ai, à vrai dire, pas beaucoup fréquenté les dîners organisés par les académies de cuisine, mais je ne suis jamais tombé sur ce genre de « bonne fourchette », bien au contraire. A table, comme en musique, un concerto de bon goût est fait de plusieurs mouvements : anticipation, expérience, conversation et souvenirs partagés. Voilà ce qu'est la gastronomie : musique et liturgie ! C'est autre chose que l'« érotisme gastronomique », même pratiqué avec raffinement.

Une fois encore la littérature va nous aider à approfondir le lien entre alimentation et érotisme. La réponse que Manuel Vàsquez Montalbàn nous donne dans ses *Recettes immorales* est on ne peut plus claire : il existe un rapport inéluctable entre le plaisir de manger et celui de faire l'amour [13]. Quand la chimie de la cuisine et la chimie des convives se rencontrent, manger en compagnie devient, en soi, un aphrodisiaque puissant. Et on peut associer une invitation à partager un repas à une invitation à partager un lit. L'auteur va plus loin et se hasarde à quelques associations. Il soutient par exemple qu'il serait tout à fait inconvenant de proposer une tranche d'échine panée aux pommes à une partenaire blonde et que ce serait encore pire de l'associer à du foie de volaille gratiné aux épinards. Voici quelques autres recettes plus ou moins sérieuses extraites du catalogue gastro-érotique de Montalbàn.

Fleurs de courge frites

Au cas où le rouquin serait femelle, un panama s'avère indispensable : les fleurs frites devront pendre de ses larges bords, des oreilles et des seins, et le convive devra les cueillir entre ses lèvres avant de les savourer avec délicatesse, en évitant autant que possible le bruit que provoquent d'ordinaire les tendances croustillantes de la fleur en friture.

Bavaroise « Perfect love »

La malice de cette variante de sucrerie à base d'œuf figé lui vient du clou de girofle, épice mythique à laquelle toutes les propriétés ou presque ont été attribuées, en raison de sa nature de clou inutile. Eva Braun faisait des bavaroises à Hitler et ils les savouraient en silence pour ne pas se distraire des bombardements... La bavaroise est un dessert domestique pour familles nombreuses et se prête par conséquent à un érotisme de fin de repas qui peut commencer par la jambe rétractile sous la nappe et se poursuivre par une de ces siestes sanguines et ponctuées de pinsons dont les couples un peu gros célèbrent les extras sexuels. Quiconque aura vu un couple de gros faire l'amour en gardera une vision du monde à jamais harmonieuse, comme si le monde donnait raison à ceux qui pensent qu'il est bien fait. La sueur de la bavaroise est douce, et elle dessine, au creux des replis de chair superflue, une ombre huileuse; les pupilles dilatées embrassent tout ce qu'elles voient dans la pénombre, tandis que sur les lèvres affleurent des promesses d'éternité.

Poulpe à la crétoise

A Mykonos on attribue au poulpe des propriétés de mise en train sexuelle qu'il conviendrait peut-être mieux d'attribuer au soleil ou à d'autres ingrédients ambiants, encore que dans la recette du poulpe à la crétoise qui nous occupe le fenouil sauvage et le vin rouge composent une proposition pécheresse que le palais délecte. Entendons que le palais est à même d'analyser les codes de saveur et il est conscient que fenouil et vin rouge veulent dire : « excite-moi et laisse faire. »

Revenons à Calvino et à son recueil de contes posthumes, *Sous le soleil jaguar* [14]. Car l'histoire de cet Italien et de son amie Olivia qui entreprennent un voyage au Mexique est un exemple éclatant de « polysensualité », autrement dit d'une sensualité dont les sens s'éveillent les uns après les autres et qui s'élargit à l'environnement.

> Il y avait un défi dans l'air, dans cet air sec et raréfié de deux mille mètres d'altitude : l'ancien défi, entre les civilisations de l'Amérique et de l'Espagne, dans l'art de flatter les sens par d'hallucinantes séductions et de l'architecture, ce défi s'étendait à la cuisine... la cuisine de la nouvelle civilisation hispano-indienne était devenue, elle aussi, un champ de bataille entre la férocité agressive des anciens dieux du haut plateau et la sinueuse surabondance de la religion baroque... Les lèvres d'Olivia au beau milieu de la mastication hési-

taient sur le point de s'arrêter, sans pourtant que s'interrompe tout à fait la continuité du mouvement, qui se ralentissait comme pour ne pas laisser s'éloigner un écho intérieur, tandis que son regard se figeait en une attention qui n'avait pas d'objet apparent, presque en alerte. C'était une concentration particulière du visage, que j'avais observée chez elle au cours des repas depuis que nous avions commencé notre voyage au Mexique ; une tension dont je suivais la propagation des lèvres aux narines, tantôt dilatées, tantôt contractées... En réalité, au contraire, le désir qu'exprimait toute sa personne était de me communiquer ce qu'elle ressentait : de communiquer avec moi à travers des saveurs, ou de communiquer avec les saveurs à travers un double système de papilles, le sien et le mien.

La sensualité de l'érotisme et celle de la table se mêlent constamment dans ce récit du plus pur Calvino. Mais à la différence de ce qui arrive dans d'autres romans, par exemple dans *Bel-Ami*, la cuisine n'est pas l'antichambre de la chambre à coucher : le courant érotique reste dans le domaine culinaire, ainsi que Calvino le souligne lui-même :

Les premiers jours, je m'attendais à ce que l'excitation croissante du palais se communiquât rapidement à tous nos sens. Je me trompais : cette cuisine était certainement aphrodisiaque, mais en elle-même et pour elle-même... c'est-à-dire qu'elle stimulait des désirs qui cherchaient des satisfactions uniquement dans le domaine des sensations qui les avaient fait naître...

L'avis des experts

Pour beaucoup de gens, ce qui se passe à la cuisine et dans la chambre à coucher sont des arts qu'il faut cultiver et pratiquer presque avec révérence. Nous ne parlons pas du repas de midi frugal à un comptoir de café quelconque, ni de l'acte sexuel sans sentiment, instinct pur et simple considéré comme une fin en soi.

Nous avons interrogé des amateurs de bonne chère sur ce lien entre nourriture et sexualité, ancré dans l'imaginaire collectif. Pour Jacques Le Divellec, chef du restaurant du même nom assidûment fréquenté par François Mitterrand, « la cuisine et la chambre à coucher sont très proches l'une de l'autre car la gastronomie et la sexualité sont toutes les deux une joie de vivre. Elle ont en outre ceci de commun que la cuisine ne peut pas se faire n'importe comment, et l'amour non plus... » Pour Franco Marenghi, le président de l'Académie italienne de cuisine, « la sexualité et la nourriture sont complémentaires. La nourriture est souvent l'entremetteuse du sexe et vice et versa. » « Le sexe et la nourriture impliquent tous deux de la gourmandise, de la passion et du désir », ajoute un membre de cette même académie. Giuseppe Tomé, secrétaire général de l'Académie internationale de gastronomie, donne son explication : « Les deux appétits, l'appétit sexuel et l'appétit pour la nourriture, ne sont rien d'autre que la représentation physique de deux instincts, leur sublimation. » Le comte Nuvoletti, président de l'Académie internationale de gastronomie, précise : « L'homme peut se permettre certains excès en matière d'érotisme, ça n'a jamais fait de tort à l'amour; en revanche, pour la nourriture il faut observer une certaine mesure. »

La plupart des gens estiment que les gourmands sont plus appétissants que les autres sur le plan sexuel. Pour Elisabeth de Meurville, critique gastronomique, « c'est évident, et la morphologie des gourmands est souvent très " sexuelle " : bouche pulpeuse, rondeurs... » Franco Marenghi acquiesce : « Oui, c'est presque toujours vrai. On voit bien que les gourmands sont gourmands de tout, ils sont à la recherche de nouvelles sensations, de nouvelles expériences. » Comme le soutient Giovanni Nuvoletti, la gourmandise serait d'une certaine manière essentielle pour être soi-même appétissant : « quelqu'un qui n'a jamais faim m'ennuie », ajoute-t-il. Jacques Le Divellec se veut plus précis : « Celui qui n'a pas d'appétit, qui se désintéresse, je ne dis pas en gourmand mais en *gourmet* de la bonne cuisine, ne sait jouir de la vie dans aucun des deux domaines. Le gourmet, au contraire, est raffiné, délicat, donc plus attrayant. J'insiste sur la différence fondamentale pour moi entre le gourmand et le gourmet. Je compare volontiers le gourmand à celui qu'à la chasse on appelle un « viandeur » : loin d'attirer, il est mis à l'index. Eh bien, de même qu'à la chasse on ne tue pas pour le plaisir de tuer, à table on ne mange pas pour bâfrer et on ne fait pas l'amour uniquement pour le sexe. Le gourmand se jette sans retenue sur l'objet de sa convoitise, le gourmet, lui, fait tout avec raffinement et, sachant apprécier il est lui-même apprécié. »

Si la nourriture et la sexualité participent toutes les deux à la recherche du plaisir, peuvent-elles être rivales ? Pour Elisabeth de Meurville, sexualité et nourriture sont à la fois complices : « La sexualité (pratiquée) ouvre l'appétit et certains aliments attisent, dit-on, les facultés sexuelles... » et rivales : « ...mais quand on voit certains messieurs bedonnants qui se disent gastronomes, alors elles semblent plutôt incompatibles. » Pour Giuseppe Tomé, il ne saurait être question de rivalité. Tout au contraire : « La nourriture et la sexualité sont totalement complices. Je crois que la nourriture joue un grand rôle dans la séduction, ainsi que dans la socialisation. » « De toute façon, partout dans le monde le sexe et la nourriture sont complices », confirme Franco Marenghi. D'autre part, comme le spécifie le comte Nuvoletti, « personne ne peut nier la complicité qui existe quand on partage un repas dans l'attente de l'extase amoureuse. Mon idéal, conclut-il, c'est Horace qui conduit Trimalcion sur les conseils de Pétrone. » Sexe et nourriture seraient donc complices dans l'accomplissement du plaisir. Oui, mais... Car il y a un mais : méfions-nous des excès ! « Quand il y a abus de l'un et de l'autre, explique Jacques Le Divellec, ce sont des rivaux. Mais quand les deux sont vécus de façon délicate, ils peuvent être complices. L'abus des deux se contrarie, mais la nuance des deux c'est le mariage. Tout est une question de mesure. » Il est vrai qu'après un repas trop riche, quitte à aller au lit, c'est plutôt pour une bonne sieste... Claude Terrail, propriétaire du prestigieux restaurant La Tour d'Argent, met aussi en garde ceux qui comptent sur un bon dîner pour éveiller l'érotisme et terminer la soirée de façon intime : « Méfiez-vous des cuisines un peu lourdes, des friandises trop sucrées. Et de l'alcool, bien sûr. J'avoue que les soupers " fins " que l'on démarre par quelques whiskies m'inspirent la plus expresse méfiance [15]. » Comme Jacques Le Divellec, il prône la mesure : « Prenez garde aux " éblouisseurs " qui flattent les narines et déçoivent le palais, aux excitants qui font le désir impatient, mais fugace. Je n'aime pas la cuisine ou la main qui chatouillent. » Moralité : en cuisine comme en amour, il ne faut pas trop en faire : « Les charmes qu'on veut avoir gâtent, au dîner comme après, les charmes que l'on a. »

Prenons la peine d'approfondir la relation qui existe entre sexualité et nourriture. Pour l'amour comme pour la cuisine, on évoque le désir, le plaisir, donc la sensualité. Mais la cuisine, la table et le lit font-ils appel aux mêmes sens ? Pour Marenghi le goût, fondamental pour la cuisine, l'est aussi au lit ; mais, à table, il faut ajouter la vue et l'ouïe. « Je ne sais pas s'il existe un sens commun à la cuisine, à la table et au lit, répond Nuvoletti. Je dirais en tout cas que le toucher n'est pas le dernier sens à s'allier avec le goût. A table, le mélange ingénu évocateur d'extase amoureuse est un vieux stratagème. » Selon Giuseppe Tomé, « il est important que les cinq sens soient tous en éveil. L'ouïe aussi a son importance : le bruit des pommes de terre qui rissolent dans le beurre est quelque chose d'inoubliable. » « En cuisine, explique Jacques Le Divellec, la première dégustation qui existait au temps des rois, c'était l'odorat. Louis XVIII se faisait toujours apporter devant lui des petits pots fermés avec de la pâte et demandait à ce qu'on les ouvre devant lui de façon à ce qu'il puisse humer. Ensuite, c'est la vue, puis, bien entendu, le palais. En amour, c'est d'abord la vue, puis le toucher. »

Certains aliments sont-ils plutôt féminins et d'autres plutôt masculins ? « Oui, je pense que certains aliments ont un sexe », confirme Franco Marenghi. Par exemple, le poisson est plus apprécié par la gent féminine, alors que la viande l'est plus par les hommes. On dit aussi que le vin rouge est masculin, le vin blanc féminin, les fruits masculins, les légumes verts féminins. Les exemples sont nombreux : disons que les saveurs fortes sont toujours plus typiquement masculines. » Ce que confirme Jacques Le Divellec : « Les femmes recherchent les choses plus délicates, plus douces (mais pas forcément sucrées), tandis que les hommes vont plus vers des plats épicés, plus forts en goût. Et, contrairement à ce qu'on pourrait croire, les femmes ne détestent pas les abats : les ris d'agneau, par exemple, s'ils sont bien préparés, sont des petites choses très délicates. Mais, bien sûr, pour ce qui est des femmes, je peux dire que chez moi elles choisissent un poisson à 98 %. » Giuseppe Tomé, lui, distingue le sexe des aliments plus particulièrement selon leur forme. « Et l'utilisation aussi est importante, ajoute-t-il. L'homme se nourrit, la femme joue avec la nourriture. » Selon Giovanni Nuvoletti, les femmes sont plus sensibles à certains attraits « comme l'aspect et même la forme d'une assiette. » Elisabeth de Meurville, elle, ne fait aucune distinction : « Non, dans la mesure où chaque homme est un peu femme et chaque femme est un peu homme. Mais je connais plus d'hommes que de femmes qui courent après le cassoulet... »

A propos de sexe, la gastronomie ne serait-elle pas un peu misogyne ? « Certainement, oui, accuse Elisabeth de Meurville. Mais les femmes s'en fichent et les vraies gourmandes n'en ont que faire ! » « Bien sûr qu'elle est misogyne ! renchérit Tomé. Comme l'ont été la plupart des arts. Cependant quand on pense que l'homme l'utilise pour séduire, alors sa misogynie tend à s'estomper. » Pour Franco Marenghi, « la gastronomie n'est pas complètement misogyne. Je dirais qu'elle est sans aucun doute masculine, mais qu'elle ne pourrait pas survivre sans l'apport des femmes. On peut déterminer deux rôles distincts : en cuisine, la femme est porteuse de tradition, l'homme apporte la rationalité. » « Il est vrai, reconnaît Jacques Le Divellec, que pendant de nombreuses années la femme n'était pas tellement dans les cuisines, à part quelques exceptions, comme la mère Blanc, qui ont marqué leur temps. C'est vrai qu'à l'époque, les chefs pensaient qu'introduire une femme dans leur cuisine – un endroit où, bien entendu, on ne peut pas se permettre de faire autre chose que de la cuisine... – cela ne faisait pas sérieux, c'eût été introduire de la frivolité dans un lieu sacré. Et il faut bien reconnaître que, les chefs prenant peu de commises, on n'a pas toujours donné aux femmes la possibilité d'apprendre dans nos cuisines. Pour ma part, j'ai à peu près toujours eu une femme dans ma cuisine, et je pense que cela réalise un équilibre. »

A quelle sphère se rattache plus particulièrement la gastronomie : à la sphère sociale, au domaine convivial ou à l'érotisme ? « Je pense, répond Marenghi, que la gastronomie sert à transmettre les traditions, à mettre en valeur certaines qualités humaines, dont précisément le plaisir de la table. Je crois que la culture de la cuisine amène forcément une certaine civilité autour de la table, et que le plaisir de se mettre à table en compagnie de quelques amis consolide l'amitié : c'est tout cela qui constitue la gastronomie. La fonction de la bonne chère est sociale principalement, la gastronomie se situe à un niveau légèrement supérieur. » Pour Nuvoletti, la fonction de la gastronomie est surtout sociale : « On a toujours mis des gens autour d'une table pour célébrer les grands moments de la vie : on se réunit pour les mariages ou pour les traités de paix, les guerres ne se sont jamais faites à table. » Tomé va à l'encontre de cette déclaration : « L'art de la cuisine a plutôt une fonction érogène ou, tout au plus, conviviale. Se mettre à table pour traiter des affaires veut dire qu'on se place sur le plan convivial. Le faire avec une dame signifie qu'on occupe le terrain de l'érotisme. En réalité, la véritable fonction de la gastronomie est de rendre civil et raffiné l'instinct de nutrition. » Jacques Le Divellec a une vision différente : « Si l'on remonte dans le temps, à l'origine, la gastronomie appartenait à la sphère religieuse. Ce sont les religions qui ont forgé des règles d'alimentation qui sont devenues des principes et des obligations. » Enfin, ironise Elisabeth de Meurville, n'omettons pas la sphère économique et la sphère politique : « Le plat préféré des communistes est le Bourguignon tandis que le RPR vote pour le gigot ! »

Une chose est certaine en tous cas : les réponses que nous avons récoltées jusqu'à maintenant ont apparemment creusé un véritable gouffre entre la vision que les gastronomes ont de la table et celle que nous en donnent les nutritionnistes dont la vocation d'efficacité est sans aucun doute plus austère. Ces derniers sont-ils amis ou ennemis des gastronomes ? Franco Marenghi : « Je pense que les rapports entre gastronomes et nutritionnistes sont surtout conflictuels. Car le nutritionniste a un modèle alimentaire différent. Son intérêt va au régime ou à la conservation des aliments. Il s'intéresse aux conflits avec la nourriture, pas au plaisir qu'on éprouve lorsqu'on s'en approche. Le gastronome, lui, aime la qualité de la nourriture, pas la quantité. Le nutritionniste est en guerre contre la nourriture, le gastronome entretient des rapports sereins avec elle. » « Je discute beaucoup avec les nutritionnistes, dit Tomé. Nous tombons d'accord sur les principes, mais nous sommes en profond désaccord lorsque nous allons jusqu'au bout de nos choix respectifs. » Pour Nuvoletti, « s'ils sont de bonne foi, les uns et les autres doivent marcher de front. D'ailleurs, il serait stupide de manger sans penser aussi à vivre bien. Et inversement, que ceux qui pensent à bien se nourrir ignorent les plaisirs de la table. » Pour Le Divellec, tout dépend de ce qu'on entend par nutritionnistes : « A mon avis, gastronomes et nutritionnistes ne sont pas ennemis quand ils conservent les mêmes denrées. Tant que les nutritionnistes jouent sur les doses (30 % de beurre frais au lieu de 60 %, par exemple), ils ne sont pas nos ennemis. Mais quand ils commencent à jouer avec des beurres allégés et autres produits traficotés de ce genre... Avec les produits de la mer, par exemple, je me suis aperçu qu'on peut faire une nourriture très diététique tout en faisant de la cuisine. Donc cuisine et diététique peuvent se marier. Mais de grâce, gardons nos produits et arrêtons avec ces matières grasses zéro ! Gardons le goût des vraies choses, quitte à en prendre moins... » S'ils ne sont pas toujours ennemis des gastronomes, les nutritionnistes peuvent en revanche porter atteinte à l'érotisme, ce qui rejoint l'idée que les gourmands seraient plus « appétissants » que les autres. C'est ce que nous pouvons en conclure avec Claude Terrail : « Si vous vous éprenez d'une femme belle, un peu trop attentive à sa taille de guêpe et qui entend maintenir sa sveltesse au prix d'un régime inflexible : la biscotte sans sel, le lait caillé à la bulgare, le germe de blé égyptien, le tilleul-menthe et, les jours de bombance, un filet de blanc de poulet, alors je n'ai qu'un conseil à vous donner : mariez-la à son médecin, et consolez-vous au champagne ! »

Revenons au cœur de l'enquête. Si la gastronomie est étroitement apparentée à l'érotisme, les chefs et les gastronomes sont-ils aussi des experts en matière de cuisine aphrodisiaque ? « Sûrement pas ! répond Elisabeth de Meurville, étant donné que la cuisine aphrodisiaque, jusqu'à preuve du contraire, reste un mythe. De plus, les gastronomes et cuisiniers ne sont pas censés être experts en sexologie. » Franco Marenghi n'est pas tout à fait d'accord : « Certains voudraient bien s'y intéresser. D'autres en suivent les préceptes. La cuisine aphrodisiaque existe, ce n'est pas une simple illusion, même si elle a une forte composante psychologique. Lorsqu'on s'assied à une table où l'on sait que sera servi un repas aphrodisiaque, il faut faire un effort intellectuel pour se préparer à le déguster en bonne compagnie. On peut dire que la nourriture aphrodisiaque peut être un atout supplémentaire dans le choix d'un menu raffiné. Mais il faut signaler qu'un vrai gastronome n'a pas d'intérêt particulier pour la cuisine aphrodisiaque. » Jacques Le Divellec est aussi de cet avis : « Bien sûr, on sait bien ce qui est censé être aphrodisiaque... C'est vrai que lorsqu'on met sur une carte " ... au gingembre ", cela oriente le choix de certaines personnes. Mais ce ne sont en général pas des gourmets... » Les aphrodisiaques seraient donc plutôt dans la tête que dans l'assiette. Ce que confirme Claude Terrail : « Je me flatte d'avoir, il y a quinze ans, au retour d'un voyage à Saint-Domingue, introduit, pour la première fois dans la tradition culinaire française, le poivre vert. Judicieusement mélangé à une farce fine, il donne au caneton d'exquises résonances, souvenirs de climats lointains et légendaires, promesses d'aventures nouvelles... J'accorde une importance certaine aux épices, moins pour leurs effets biologiques supposés que pour leur pouvoir d'inciter au rêve, à l'aventure, à tous les ailleurs. La cuisine érotique est, comme toute autre, une cuisine des cinq sens : on est prié d'apporter soi-même le sixième, et son esprit. L'aphrodisiaque le plus efficace est dans le regard, non dans la chose regardée et, ma foi, piment pour piment, mettez-le plutôt dans la conversation. »

Les épices auraient donc le pouvoir d'inciter au rêve. Eh bien, justement, de quoi rêvent-ils, les gastronomes ? A la fin de ce long voyage à l'intérieur de la relation entre nourriture et érotisme, nous nous sommes permis une dernière question, un peu plus personnelle : leurs rêves sont-ils davantage peuplés d'images culinaires ou d'images érotiques ? Marenghi ne marque aucune hésitation : « Indubitablement, je fais plus souvent des rêves érotiques. Il y en a même un qui revient souvent. Je marche seul sur une plage déserte ; je rencontre une merveilleuse sirène et elle se jette à l'eau. Il se peut que ce soit aussi un besoin de boire, de boire l'amour, peut-être une soif de champagne, puisque nous nous jetons dans l'écume, comme dans de la mousse de champagne. Oui, c'est un rêve que je fais souvent. » Pas une seconde d'hésitation non plus chez Elisabeth de Meurville : « Erotiques, bien sûr ! Finalement, un miroton ne peut pas lutter avec Robert Redford... » Rêves culinaires ou rêves érotiques ? « Les deux ! », répond Jacques Le Divellec qui n'en dira pas plus... Nous terminerons sur l'amour, la cuisine et les rêves avec Claude Terrail : « Pour moi, Eros est d'abord le dieu du rêve et de la chance. On a les rêves que l'on peut, et les voluptés qu'on mérite ! »

DEUXIÈME PARTIE

Plaisirs de la table et plaisirs de l'amour

Une enquête auprès des Français

C'est l'observation de cas de boulimie, d'anorexie et d'obésité qui a fait naître l'idée d'une enquête sur les comportements des Français à table et en amour. Car il est souvent difficile, dans ces pathologies, de faire la distinction entre les problèmes d'ordre alimentaire et ceux liés à la sexualité. Les troubles alimentaires et sexuels se superposent et on a bien du mal à établir des rapports de cause à effet entre les deux. Les trois points suivants qui, malgré les apparences, ne sont pas contradictoires, se retrouvent dans toute l'expérience clinique :

– l'absence de satisfaction sexuelle conduit à la boulimie;

– la pathologie alimentaire se manifeste avant les troubles sexuels;

– les réponses sexuelles et les habitudes alimentaires naissent d'une même fixation précoce (dite « orale ») de la personnalité, qui engendre à la fois des difficultés alimentaires et des problèmes sexuels : on parle alors, selon les cas, d'anorexie sexuelle et/ou alimentaire, ou de boulimie sexuelle et/ou alimentaire.

L'expérience de la clinique nous a conduits à nous demander s'il n'était pas possible d'inscrire les problèmes posés par ces pathologies dans un cadre plus large. Partant de la méthaphore freudienne selon laquelle la névrose agit comme une loupe qui grossit des caractéristiques présentes en chacun de nous, nous avons entrepris une étude sur les comportements alimentaires et érotiques des Français et sur les liens entre ces deux mondes nourrissant notre vie quotidienne. Nous avons déjà vu qu'il existe une relation sur le plan linguistique : on dit d'une femme qu'elle est « appétissante », d'un amoureux qu'il « dévore » de baisers sa bien-aimée après l'avoir « mangée » des yeux... Il y a même un conte de Grimm où l'on recommande de choisir une femme d'après sa façon de se comporter à table : si elle coupe le fromage trop près de la croûte, elle est avare de ses sentiments; si, au contraire, elle coupe dans la matière grasse, elle est dépensière [1] !

Les liens entre Eros et alimentation sont évidents depuis le plus jeune âge. Les petits enfants sont fascinés par le ventre de leur mère, à la fois lieu de digestion et lieu de « production » des bébés. De même, la cuisine exerce sur eux une étrange fascination. Il est d'ailleurs bien connu des pédopsychiatres qu'un manque d'intérêt pour ces deux lieux dans l'imaginaire de l'enfant peut être le signe d'une psychopathologie à venir. Le ventre et la cuisine sont des lieux magiques, de même que la bouche, espace à la symbolique tridimensionnelle puisqu'elle est à la fois lieu de passage de la nourriture et du langage et zone érogène.

Oscar Wilde, connu pour ses amours homosexuelles et transgressives, fut le premier à mettre en lumière une complicité entre sexualité et alimentation par leur tendance commune à nous faire enfreindre la loi : les grands plaisirs de la vie, disait l'écrivain, sont immoraux ou illégaux, ou bien ils font grossir [2]. Les organisateurs de banquets orgiaques savaient déjà que la nourriture alliée au vin affaiblit la raison et mène à la transgression sexuelle. Et c'est bien dans le but de garder une maîtrise de ses pulsions que nourriture et sexualité se retrouvent associées dans les pratiques de pénitence de toutes les ascèses. Ce lien entre alimentation et sexualité est aussi présent dans le processus de séduction : on dîne aux chandelles lorsqu'on espère terminer la soirée de façon plus intime.

Une dernière confirmation de ce lien nous est fournie par les cas d'anorexie juvénile : certaines adolescentes cessent de se nourrir jusqu'au jour où elles trouvent leur équilibre sentimental. Au début du siècle, on pensait que l'anorexie était une forme d'anémie appelée « chlorose » dont étaient affectées les jeunes filles pâles et souffreteuses. On disait qu'il leur manquait l'hormone de la félicité, qui se trouvait en abondance dans le liquide séminal masculin! D'où la conclusion que le mariage les avait fait « refleurir ». Aujourd'hui, on dit plutôt que le mariage est la tombe de l'amour... Les temps ont bien changé.

Nous avons déjà évoqué les fonctions non alimentaires de l'alimentation (FNAA) en soulignant leur symétrie par rapport aux fonctions non sexuelles de la sexualité (FNSS). Autrement dit, le sexe et la nourriture remplissent des fonctions qui vont bien au-delà des simples besoins physiologiques. Ils peuvent être utilisés comme somnifères, antidépresseurs, tranquillisants, moyens de communication ou instruments de pouvoir, ou encore comme symboles d'un statut social.

Voici donc les prémisses méthodologiques sur lesquelles s'est appuyée notre recherche. Nous y confronterons la nourriture et la sexualité selon six variables :

La séduction. Quelle est l'importance respective de la nourriture et de la sexualité dans le processus de la séduction ? Leurs effets sont-ils cumulatifs ou exclusifs ? Quel est celui qui se manifeste le premier ?

Le plaisir. Qu'est-ce qui donne le plus de satisfaction : la bonne table ou la vie sexuelle ? S'agit-il de plaisirs différents ?

Sont-ils cumulables ? Dans laquelle de ces deux activités préfère-t-on faire des transgressions, et où l'usage des bonnes manières est-il le plus important ? Et qu'en est-il des prétendus aphrodisiaques alimentaires ?

La socialisation. Dans la vie sociale, parle-t-on davantage de nourriture ou de sexe ? En parle-t-on plus avec ses amis, en famille ou à l'intérieur du couple ? Fait-on plus de confidences à table ou au lit ?

L'intimité du couple. Qu'est-ce qui est le plus important au début de la relation amoureuse, puis dans la vie du couple qui dure : la nourriture ou le sexe ? Quels sont les sens qui priment à table et au lit ? Dans quel domaine préfère-t-on être surpris ? Nourriture et sexualité sont-elles complices ou rivales dans la recherche du bonheur ?

L'identité. Comment le masculin et le féminin se définissent-ils à table et au lit ? Qui doit prendre l'initiative ? Pourquoi certains aliments sont-ils catalogués comme masculins ou féminins ? Y a-t-il vraiment une différence entre la viande blanche (féminine) et la viande rouge (masculine), entre le champagne (féminin) et la bière (masculine) ? Quelle est l'influence de ces catégorisations sur les choix alimentaires ?

La santé. Depuis deux décennies et jusqu'à l'arrivée de l'épidémie de sida, la censure s'exerçait plutôt sur les excès de table que sur les excès sexuels. Malgré tout, la plupart des gens restent surtout préoccupés par un excès de poids et se sentent donc concernés par les régimes. L'industrie du thermalisme (avec la thalassothérapie), de l'esthétique et de la diététique n'a jamais été aussi florissante. Pourquoi se met-on au régime ? Pour des raisons de santé ? Pour plaire ? Pour se plaire ? D'une manière plus générale, quels sont les liens entre plaisir et santé ?

Cette enquête, réalisée par l'IFOP au mois de décembre 1994, a été menée auprès d'un échantillon représentatif de la population française de 1 574 personnes (méthode des quotas). Ont été pris en compte les critères suivants : sexe, âge, catégorie professionnelle, région, milieu rural ou urbain. Nous commenterons surtout les réponses des interviewés selon l'âge et le sexe, ces deux variables s'étant révélées les plus intéressantes. Les autres variables, catégorie professionnelle et répartition géographique, ne seront mentionnées que lorsqu'elles se sont avérées significatives.

Questions générales

Pour nous mettre en appétit, nous avons posé cinq questions d'ordre général illustrant les nombreuses facettes du lien entre nourriture et érotisme.

MONTRE-MOI COMMENT TU MANGES, JE TE DIRAI COMMENT TU AIMES. La première compare le comportement à table et au lit : *Peut-on imaginer comment une personne se comporte au lit en observant sa manière de manger ou de se tenir à table ?*

Contrairement à ce que nous pensions, la façon de manger ne semble pas constituer un test gastro-érotique très fiable : ils ne sont que 27 % à plébisciter ce test *(tableau 1)*. Pourtant, selon le principe de l'analogie des comportements dans les différents aspects de la vie quotidienne, une personne qui se montre rapide dans sa façon de manger devrait être tout aussi rapide ailleurs. Il peut être intéressant de rappeler ici que 80 % des éjaculateurs précoces mangent vite, parlent vite et marchent vite. De même, la personne très méticuleuse qui sépare soigneusement les aliments dans son assiette et coupe sa viande en petits carrés mettra le même soin, en se déshabillant, à poser ses vêtements un à un sur la chaise, séparant consciencieusement son pantalon de sa chemise et alignant ses chaussures au pied du lit. Ainsi le mari d'une de mes

Tableau 1. Est-il facile ou difficile d'imaginer comment une personne se comporte au lit en observant sa manière de manger et de se tenir à table ?

Base 100 %	Facile	Difficile	NSP *
Ensemble	**27**	52	21
Sexe			
Hommes	29	53	18
Femmes	25	52	23
Age			
15-24	25	55	20
25-34	30	57	13
35-49	**34**	50	16
50-64	24	53	23
65 et plus	**18**	46	36
Profession du chef de famille			
Agriculteurs	27	57	16
Artisans et commerçants	**38**	50	12
Professions libérales, cadres supérieurs	35	45	20
Professions intermédiaires	30	57	13
Employés	26	54	20
Ouvriers	25	57	18
Retraités, inactifs	21	49	30
Catégorie d'agglomération			
Moins de 2 000 habitants	27	54	19
2 000 à 20 000	22	53	25
20 000 à 100 000	21	55	24
100 000 et plus	21	55	24
Agglomération parisienne	**45**	42	13

* NSP : ne se prononce pas.

patientes faisait tout avec une méticulosité excessive : lorsqu'il avait enfin fini de ranger ses affaires et terminé ses ablutions à la salle de bains, elle était déjà en train de dormir... Enfin, et dans la même logique, la façon de se tenir à table, le fait d'avoir de bonnes manières devrait laisser prévoir un comportement analogue entre les draps. Ces trois commentaires pour dire que, pour ma part, je n'aurais pas donné la même réponse à cette question que la majorité des Français : selon moi, il est assez aisé d'imaginer comment une personne se comporte au lit en observant sa manière de manger ou de se tenir à table.

En procédant à un découpage plus détaillé par tranche d'âge, il apparaît que les trente-cinq cinquante ans sont les plus convaincus de la justesse de ce « test » gastro-érotique (34 %). Après soixante-cinq ans, en revanche, on retrouve des pourcentages très bas (18 %), comme si le manque général d'intérêt des plus âgés pour la sexualité (que cette classe d'âge a montré tout au long de l'enquête) les rendait aussi peu curieux de ces indices « appétissants » à table.

En ce qui concerne les catégories professionnelles et la répartition géographique, par rapport à la moyenne de 27 %, les artisans et commerçants répondent « facile » à 38 %, et les Parisiens à 45 %. Cela confirme ce qui est apparu tout au long de ce sondage, à savoir que la catégorie des artisans et des commerçants est la plus curieuse et la plus créative dans le domaine gastro-érotique, l'emportant sur les professions libérales, les ouvriers et les agriculteurs. De même, les habitants de la région parisienne donnent en général des réponses plus « sexy » que ceux des autres régions.

AMOUR ET APPÉTIT. Voyons à présent comment réagissent les Français à des questions plus précises, par exemple, en ce qui concerne *le lien entre leur état amoureux (amour fou ou malheureux) et leur appétit.*

Le tableau comparatif *(tableau 2)* fait ressortir une évidente différence d'appétit selon l'état d'âme. Etre amoureux en état de grâce éveille tous les sens, augmentant donc l'appétit d'une majorité de personnes (39 %), surtout chez les hommes (44 %). Les réponses des femmes sont plus nuancées : si une majorité a bien l'appétit qui augmente (35 %), une sur quatre perd l'appétit quand elle est amoureuse et elles sont 21 % (pour seulement 13 % chez les hommes) à manger davantage en cas de déboire amoureux. Boulimie nerveuse ?

L'état malheureux coupe l'appétit à la moitié des Français. Le chagrin d'amour serait-il donc le régime idéal ? Chez les jeunes de moins de trente-cinq ans, l'estomac se montre particulièrement boudeur en cas d'amour malheureux (56 %).

Du côté des catégories professionnelles, notons la sensibilité de l'estomac des professions libérales et cadres supérieurs à qui l'amour fou fait perdre l'appétit à 31 % (pour une moyenne de 22 % *). Chez les agriculteurs et les ouvriers, en revanche, les grands amoureux ont aussi un solide coup de fourchette (51 % contre une moyenne nationale de 39 %). Heureux ou malheureux en amour, il semble que les agriculteurs perdent rarement l'appétit. Ces données semblent porter un coup à l'idéologie romantique du coup de foudre et elles confirment les avis d'un sociologue comme Kaufmann qui, sur la base d'une investigation sociologique, nous montre que l'amour aveugle est en réalité prévisible [3].

APRÈS L'AMOUR. *Et après l'amour, que se passe-t-il ?* Les plus nombreux sont ceux qui s'endorment (27 %), en particulier les plus de trente-cinq ans (33 %) *(tableau 3)*. Les plus jeunes préfèrent griller une petite cigarette, comme un quart des hommes. Pendant ce temps, beaucoup de femmes prennent un bain ou une douche. L'intérêt pour la nourriture après l'amour n'arrive qu'en quatrième position : 8 % se désal-

* Voir tableau A, p. 275.

Tableau 2. Lorsque vous êtes amoureux fou,
est-ce que cela vous coupe l'appétit ou cela vous donne de l'appétit ?
Et lorsque vous êtes malheureux en amour ?

	Base 100 %	Coupe l'appétit	Donne de l'appétit	Autant l'un que l'autre	Ni l'un ni l'autre	NSP
AMOUR FOU	**Ensemble**	22	**39**	5	25	9
	Sexe					
	Hommes	17	**44**	6	25	8
	Femmes	**26**	35	4	25	10
	Age					
	Moins de 35 ans	31	42	5	18	4
	35 ans et plus	16	38	5	29	12
AMOUR MALHEUREUX	**Ensemble**	**49**	17	4	22	8
	Sexe					
	Hommes	49	13	4	26	8
	Femmes	49	**21**	3	18	9
	Age					
	Moins de 35 ans	**56**	23	4	13	4
	35 ans et plus	45	14	3	27	11

Tableau 3. **Que faites-vous après l'amour ?**

Base 100 %	Vous vous endormez	Vous fumez une cigarette	Vous prenez une douche ou un bain	Vous vous désaltérez	Vous grignotez quelquechose	Vous écoutez de la musique	Vous vous rhabillez	Vous faites un bon repas	Vous regardez la télévision	NSP
Ensemble	**27**	19	14	8	6	3	2	2	1	18
Sexe										
Hommes	25	**25**	10	10	7	4	2	2	1	14
Femmes	29	14	**16**	6	5	3	3	1	1	22
Age										
15-24	14	**31**	15	8	6	6	2	2	1	15
25-34	21	26	20	9	9	4	2	3	1	5
35-49	30	23	15	12	6	3	2	–	1	8
50-64	41	9	13	5	4	2	2	1	1	22
65 et plus	30	6	3	4	3	1	4	1	1	47
Catégorie d'agglomération										
Moins de 2 000 habitants	**36**	16	9	9	4	2	3	2	–	19
2 000 à 20 000	25	20	18	6	6	2	2	2	1	18
20 000 à 100 000	28	23	11	11	5	1	2	1	–	18
100 000 et plus	25	18	13	6	6	4	4	1	2	21
Agglomération parisienne	20	**24**	18	8	**9**	**6**	1	1	–	13

tèrent, 6 % « grignotent quelque chose », et seulement 2 % « font un bon repas ». Un pourcentage négligeable écoute de la musique, regarde la télévision ou... se rhabille ! Enfin, la répartition régionale montre qu'à Paris on fume et on mange davantage, tandis que, à la campagne, on s'endort !

ECRIT D'AMOUR OU RECETTE DE CUISINE ? Après cette expérience, un autre test projectif a permis d'évaluer les préférences gastro-érotiques dans l'imaginaire des Français. *Si vous deviez choisir,* avons-nous demandé, *préféreriez-vous que votre nom soit associé à un plat réputé ou à une histoire d'amour célèbre ?*

C'est la solution « romantique » qui l'emporte, à 42 %, surtout chez les femmes (47 %) et chez les jeunes qui seraient donc encore très romantiques quoi qu'on en dise *(tableau 4)*[4]. 27 % des Français sans distinction d'âge ni de sexe ont en

Tableau 4. Si vous deviez choisir, préfèreriez-vous que votre nom soit associé...

Base 100 %	A un écrit d'amour célèbre	A un plat célèbre	Ni à l'un ni à l'autre	Aux deux	NSP
Ensemble	**42**	**27**	23	4	4
Sexe					
Hommes	37	28	27	3	5
Femmes	47	26	19	5	3
Age					
Moins de 35 ans	**51**	24	20	2	3
35 ans et plus	37	29	24	5	5

revanche exprimé une sympathie pour la poire Belle-Hélène et la coquille Saint-Jacques. Les Italiens, romantiques invétérés, avaient opté à 80 % pour l'œuvre amoureuse !

Apprendre à aimer. La cinquième et dernière question d'ordre général était sans doute plus difficile et plus ambiguë : *Est-il plus facile d'éduquer le goût (éducation alimentaire) ou l'érotisme (éducation sexuelle)* ?

L'éducation du goût l'emporte haut la main sans différence d'âge ni de sexe dans un rapport de 6 à 1 par rapport à l'éducation de l'érotisme *(tableau 5)*. Pourtant, si vous

Tableau 5. **Selon vous, est-il plus facile d'éduquer le goût ou la sexualité ?**

Base 100 %	Eduquer le goût	Eduquer la sexualité	Autant l'un que l'autre	NSP
Ensemble	**58**	9	19	14
Sexe				
Hommes	55	10	20	15
Femmes	60	7	19	14
Age				
Moins de 35 ans	57	12	20	11
35 ans et plus	58	6	19	**17**

interrogez les gastronomes, et surtout les œnologues, ils vous diront tous qu'il faut des années pour améliorer l'aptitude à reconnaître les vins. Le projet de Jacques Puisais, œnologue et fondateur d'un Institut du goût à Tours, rejoint celui de nombreux grands chefs de cuisine qui s'attachent à mettre en application un programme d'éveil du goût destiné aux petits écoliers : dégustation comparative de pains et pâtisseries, apprentissage des saveurs et des arômes, identification des fruits, etc. On peut comprendre, bien sûr, que les associations de parents d'élèves ne soient pas tout à fait d'accord pour qu'un programme similaire éduque la sexualité de leurs bambins... A Paris, le rectorat encourage la multiplication des « ateliers du goût » dans les écoles pour les élèves de neuf à onze ans et ce sont désormais les enfants qui, de retour à la maison, tentent d'éduquer leurs parents.

Il semble donc qu'il ne soit pas si facile d'éduquer le goût, contrairement à ce qu'en pense une majorité. En revanche, le « déséduquer » paraît plus aisé. Un médecin a mené l'expérience suivante : il a fait boire des jus de fruit à des patients qui devaient tous subir peu après une chimiothérapie entraînant inévitablement des nausées. Cette association en l'espace de quelques jours entre chimiothérapie et jus de fruit a induit un réflexe conditionné négatif, à tel point que la majorité des personnes ont par la suite exprimé un dégoût pour ce type de boissons. Et dans la vie courante, du banal rhume qui bouche le nez aux médicaments qui altèrent le goût, les ennemis du goût sont nombreux.

Pour ma part, en tant que responsable d'une division de sexologie qui reçoit chaque année plus de dix mille patients, je ne partage pas l'avis des Français : je pense qu'il est plus facile d'éduquer l'érotisme que le goût. Ceci pour une simple raison : l'érotisme se passe en général à deux et le rôle de l'autre peut amener des changements spectaculaires chez une personne auparavant « incompétente » sur le plan érotique. Ceux qui ont eu plusieurs partenaires peuvent confirmer le pouvoir revigorant d'un nouveau partenaire sur l'éveil ou le développement d'un érotisme jusque-là sans fantaisie ou assoupi.

Les armes de la séduction

Dans *La Qualité des sentiments*, j'argumente longuement sur les mystères de l'attraction qui, parfois, commence à table, en tout cas en Italie où nombre de maris avaient plébiscité les femmes sachant préparer les pâtes au *peperoncino*! Pour analyser le rôle de la séduction, nous avons abordé trois thèmes : gourmandise et séduction, l'image du corps et les talents culinaires.

GOURMANDISE ET SÉDUCTION. *Les gourmands sont-ils plus séduisants ?*

Pour les deux tiers des Français (58 %), les gourmands n'ont pas à s'en faire : ils et elles sont séduisants *(tableau 6)*! Et ce sans distinction de sexe ni d'âge. En revanche, ces 58 % tombent à seulement 37 % chez les agriculteurs. Existerait-il un surmoi rural en faveur de la frugalité ? Signalons enfin que la gourmandise n'est pas non plus un atout de séduction dans les petites agglomérations de moins de vingt mille habitants où vivent probablement les agriculteurs.

L'IMAGE DU CORPS. *Sommes-nous plutôt attirés par les minces ou les rond(e)s ?*

L'analyse comparative des préférences fait ressortir une grande nouveauté : ce sont surtout les femmes (à 62 %, tous âges confondus) qui désirent des partenaires minces *(tableau 7)*! Alors qu'ils sont 50 % à rechercher les minces, 31 % préférant les rondes. Chez les hommes, les préférences varient nettement avec l'âge : plus ils avancent en âge, plus ils choisissent des femmes rondes, sans doute en accord avec leur propre surpoids. Chez les hommes de plus de trente-cinq ans, les rondes font quasiment jeu égal avec les minces (37 % contre 40 %). Encore plus significatif : chez les moins de vingt-cinq ans, 72 % des hommes préfèrent les minces alors

Tableau 6. Une personne gourmande est-elle séduisante ?

Base : 100 %	Très séduisante	Assez séduisante	**Total séduisante**	Pas très séduisante	Pas séduisante du tout	**Total pas séduisante**	NSP
Ensemble	13	45	***58***	22	7	***29***	13
Sexe							
Hommes	11	49	*60*	20	7	*27*	13
Femmes	14	41	*55*	23	8	*31*	14
Age							
Moins de 35 ans	12	48	*60*	23	8	*31*	9
35 ans et plus	13	43	*56*	21	7	*28*	16
Profession du chef de famille							
Agriculteurs	10	27	***37***	**38**	4	***42***	21
Artisans et commerçants	15	53	*68*	14	6	*20*	12
Professions libérales, cadres supérieurs	15	42	*57*	20	9	*29*	14
Professions intermédiaires	17	40	*57*	23	8	*31*	12
Employés	11	50	*61*	21	3	*24*	15
Ouvriers	11	45	*56*	24	10	*34*	10
Retraités, inactifs	11	46	*57*	19	7	*26*	17
Catégorie d'agglomération							
Moins de 2 000 habitants	8	45	*53*	25	9	*34*	13
2 000 à 20 000	10	38	*48*	27	10	*37*	15
20 000 à 100 000	19	46	*65*	18	8	*26*	9
100 000 et plus	12	46	*58*	19	5	*24*	10
Agglomération parisienne	**19**	47	*66*	19	7	*26*	8

Tableau 7. Etes-vous plutôt attiré(e) par les personnes minces ou rondes ?

	Base 100 %	Plutôt minces	Plutôt rond(e)s	NSP
HOMMES	**Ensemble**	50	31	19
	Age			
	15-24	72	16	12
	25 à 34 ans	56	28	16
	Moins de 35 ans	*64*	*22*	*14*
	35 à 49 ans	49	36	15
	50 à 64 ans	40	32	28
	65 et plus	27	45	28
	Plus de 35 ans	*40*	*37*	*23*
FEMMES	**Ensemble**	**62**	**18**	**20**
	Age			
	Moins de 25 ans	77	15	8
	25 à 34 ans	66	16	18
	Moins de 35 ans	*71*	*16*	*13*
	35 à 49 ans	65	15	20
	50 à 64 ans	58	27	15
	65 et plus	48	17	35
	Plus de 35 ans	*58*	*19*	*23*

qu'après soixante-cinq ans, ils ne sont plus que 27 %. De même, 71 % des femmes de moins de vingt-cinq ans préfèrent les minces et semblent repousser catégoriquement les hommes « enveloppés ». La plus grande tolérance ne vient pas des femmes âgées, mais des cinquante-soixante ans, c'est-à-dire autour de la ménopause, période pendant laquelle elles-mêmes doivent souvent lutter contre les kilos superflus.

Seule exception dans ce panorama prominceur : les hommes du Sud-Ouest qui semblent éprouver une certaine sympathie pour les rondes *. La faute au cassoulet ou au foie gras?

LES TALENTS CULINAIRES. La question a été scindée en deux : une pour les hommes, une pour les femmes.

Nous avons d'abord demandé aux hommes quelle est, selon eux, *la femme qui retient le plus un mari au foyer : celle qui fait très bien l'amour ou celle qui fait très bien la cuisine.*

Les réponses vont décevoir les sexologues et ravir les gastronomes : la femme qui fait très bien l'amour l'emporte, mais seulement à 24 % contre 19 % qui pensent que le cordon bleu a plus d'atouts *(tableau 8)*! Bien sûr, la majorité se prononce en faveur du cumul de ces deux qualités. Plus l'âge augmente, plus on choisit la cuisine. Chez les retraités, ils sont 28 % à désigner le cordon bleu. Plus surprenant : les femmes qui font très bien l'amour sont plus appréciées par les hommes entre trente-cinq et cinquante ans que par leurs cadets. Chez les jeunes, on parle beaucoup d'amour, on fait beaucoup l'amour (notre étude le confirme), mais en terme de qualité et de raffinement érotique, c'est la génération des trente-cinq cinquante ans qui semble la plus exigeante.

Les professions libérales et les cadres supérieurs, bénéficiant peut-être des services d'une cuisinière-femme de ménage, semblent moins rechercher le cordon bleu (3 %) et préféreront une amante talentueuse. Les plus intéressés par cette dernière sont, là encore, après les professions intermédiaires, les commerçants et les artisans (29 %), catégorie professionnelle de loin la plus inventive et curieuse en amour. Nous pouvons donc émettre l'hypothèse qu'un artisan ou un commerçant entre quarante et cinquante ans représente un bon investissement pour l'érotisme français.

* Voir tableau B, p. 276.

Tableau 8. Aux hommes exclusivement :
quel est le type de femme qui retient le plus un mari au foyer ?

Base 100 %	Une femme qui fait très bien l'amour	Une femme qui fait très bien la cuisine	Autant l'une que l'autre	Ni l'une ni l'autre	NSP
Ensemble	**24**	**19**	48	3	6
Age					
15-24	25	16	44	4	11
25-34	28	14	54	3	1
35-49	**31**	12	48	4	5
50-64	18	19	52	4	7
65 et plus	14	**36**	43	2	5
Profession du chef de famille					
Agriculteurs	22	**31**	47	–	–
Artisans et commerçants	**29**	17	43	4	7
Professions libérales, cadres supérieurs	25	**3**	62	4	6
Professions intermédiaires	**30**	10	51	3	6
Employés	18	11	57	12	2
Ouvriers	28	19	47	1	5
Retraités, inactifs	17	**28**	44	4	7
Région					
Nord-Est	21	21	48	2	8
Nord-Ouest	25	24	42	5	4
Sud-Ouest	13	16	66	–	5
Sud-Est	24	16	49	4	7
Région parisienne	**30**	13	48	6	3

Cet érotisme prend également le pas sur la gastronomie en région parisienne, et nombre d'autres réponses à notre enquête viennent nous confirmer cette singularité parisienne. Les agriculteurs eux aussi se distinguent : ils sont les seuls à préférer le cordon bleu (31 %) à l'amante talentueuse (22 %) !

Nous avons ensuite demandé aux femmes *comment elles trouvent les hommes qui font bien la cuisine.*

La réponse est presque un plébiscite : 85 % répondent « très attrayants » (43 %) ou « assez attrayants » (42 %) *(tableau 9)* ! Pour plusieurs d'entre elles, « ce n'est peut-être pas le critère numéro un, mais il est certainement important en complément d'autres qualités ». Ce sont surtout les femmes de moins de vingt-cinq ans qui donnent les réponses les plus positives et les plus enthousiastes ; pour 53 % d'entre elles, les hommes cordons bleus sont « très attrayants ». 91 % des

Tableau 9. Aux femmes exclusivement :
trouvez-vous attrayant un homme qui fait bien la cuisine ?

Base 100 %	**Total attrayant**	Très attrayant	Assez attrayant	**Total pas attrayant**	Peu attrayant	Pas attrayant du tout	NSP
Ensemble (Femmes)	***85***	**43**	**42**	*7*	5	2	8
Age							
15-24	*88*	**53**	35	*8*	7	1	4
25-34	*88*	45	43	*5*	4	1	7
35-49	***91***	40	51	*6*	6	–	3
50-64	*85*	45	40	*4*	4	–	11
65 et plus	*71*	34	37	*12*	5	7	17

trente-cinq cinquante ans les jugent globalement attrayants : elles attendent peut-être davantage d'un mari qu'il les aide à la cuisine et ne les oblige pas à accomplir un énième devoir conjugal... Quelle que soit la raison, cette question, comme les précédentes, semble confirmer que la nourriture, comme la sexualité, n'est pas un simple besoin physiologique, mais bien un mode relationnel dans lequel se joue l'attraction du couple.

Le plaisir

Nous vivons des temps contradictoires. D'un côté sonnent les trompettes des excès de consommation qui nous invitent à avoir toujours plus : plus de débordements en amour, plus de raffinement dans la nourriture, obtenir plus et tout de suite. En même temps roulent les tambours néo-ascétiques qui appellent à la modération contre tout excès de gourmandise et de luxure : la nouvelle frugalité se nourrit d'anathèmes contre la sexualité (par peur du sida) et contre les sucres et le cholestérol (par peur pour nos artères). Coincés entre ces deux excès, nous tendons à oublier parfois que nourriture et sexualité font partie des plaisirs naturels de la vie et à les reléguer dans le ghetto des transgressions, quitte à les fréquenter souvent et volontiers.

Pour obtenir du plaisir, qu'il soit sensuel ou gastronomique, un ou plusieurs sens peuvent être mis en jeu. Nous avons voulu étudier les plus importants dans le déclenchement du plaisir alimentaire d'une part, et dans celui de la satisfaction érotique d'autre part.

Les sens en jeu. En cuisine tout comme en amour, voir, goûter, toucher et sentir entrent en jeu pour mettre en appétit. Nous avons voulu savoir quels étaient *les sens les plus importants à table et en amour ?*

En amour, on privilégie le toucher et, accessoirement, la vue, au détriment du goût et de l'odorat *(tableau 10)*. A table,

Tableau 10. Voir, goûter, toucher et sentir : pour vous mettre en appétit à table, qu'est-ce qui est le plus important pour vous ? Et pour vous mettre en appétit en amour ?

	Base 100 %	Voir	Goûter	Toucher	Sentir	NSP
A TABLE	**Ensemble**	24	**31**	3	**36**	6
	Hommes	25	31	3	36	5
	Femmes	23	31	4	35	7
	Age					
	Moins de 35 ans	26	30	3	37	4
	35 ans et plus	23	32	3	35	7
EN AMOUR	**Ensemble**	**28**	9	**40**	6	17
	Hommes	**35**	9	41	5	10
	Femmes	22	9	39	6	24
	Age					
	Moins de 35 ans	30	11	43	6	10
	35 ans et plus	28	8	37	5	22

c'est le phénomène inverse : le parfum et le goût arrivent au premier plan, suivis par la vue et, bien plus loin, par le toucher. On ne note pas de grande différence entre hommes et femmes ni selon l'âge. Seule exception, les hommes qui ont une prédilection pour l'érotisme visuel (35 % contre seulement 22 % de femmes), ce qui ne constitue pas en soi une révélation.

Repas au lit ou amour à la cuisine ? Dans le sondage italien, nous avions posé deux questions séparées : Aimez-vous manger au lit et aimez-vous faire l'amour à la cuisine ? Les réponses avaient été intéressantes, mais pas assez précises : une majorité de femmes et de personnes âgées aimaient manger au lit alors que les hommes les plus jeunes plébiscitaient l'amour à la cuisine. Dans le sondage français, nous avons formulé différemment ces deux questions en une seule : *Si on vous demandait de choisir, préféreriez-vous prendre un repas au lit ou faire l'amour à la cuisine ?*

Entre les deux, le choix semble difficile *(tableau 11)* :

Tableau 11. Préférez-vous faire l'amour à la cuisine ou prendre un repas au lit ?

Base 100 %	Prendre un repas au lit	Faire l'amour à la cuisine	Autant l'un que l'autre	Ni l'un ni l'autre	NSP
Ensemble	**30**	**30**	11	21	8
Sexe					
Hommes	19	**44**	12	18	7
Femmes	**40**	17	10	24	9
Age					
15-24	35	36	11	11	7
25-34	30	**39**	14	14	3
35-49	26	37	11	20	6
50-64	31	23	9	27	10
65 et plus	27	**11**	10	37	15

autant d'interviewés choisissent l'une que l'autre de ces situations (30 %) et un Français sur cinq (21 %) reste réticent au mélange des genres (« ni l'un ni l'autre »). Cependant, des différences existent selon le sexe et l'âge : les femmes céderaient plus volontiers au repas au lit (40 %) alors que les hommes choisissent l'amour à la cuisine (44 %), ainsi que les moins de trente-cinq ans. Pourquoi cette différence ? D'abord l'hypothèse méthodologique commune à toutes les enquêtes sociologiques qui réduit systématiquement les réponses masculines de 10 % et augmente les réponses féminines d'autant. Ceci parce que les hommes pêchent par vantardise et les femmes par pudeur vis-à-vis de l'intervieweur. Malgré cela les différences demeurent et nous laissent à penser que si l'on prend un échantillon représentatif de toute la France, l'intérêt (et le plaisir) de la femme reste encore plus attaché à la nourriture et celui de l'homme à la sexualité. Enfin, et c'est peut-être l'explication la plus plausible, pour beaucoup de femmes la cuisine est un lieu de travail, un espace où se joue une sorte de devoir conjugal plutôt qu'un geste de plaisir. En revanche, pour beaucoup d'hommes la cuisine, au moins dans leurs fantasmes, est un lieu de transgression. Combien de films et de comédies de boulevard illustrent la scène de l'homme rentrant à la maison, qui, émoustillé par le parfum d'un plat qui mijote, part à l'assaut de son épouse affairée aux fourneaux !

L'âge des adeptes de l'amour à la cuisine mérite aussi un commentaire : ainsi le pourcentage des plus de soixante-cinq ans tombe de 30 % à 11 % (peut-être l'arthrose et la hauteur du lave-vaisselle ne font-ils pas très bon ménage...). Les vrais accros de l'amour à la cuisine ne se situent pas non plus parmi les plus jeunes, mais dans la catégorie des vingt-cinq à trente-cinq ans, suivie de celle des trente-cinq cinquante ans : ceux qui ont dépassé la « grande bouffe » sexuelle et sont à la recherche de variations sur le thème.

Tableau 12. Vous arrive-t-il de manger sans en avoir envie ?

Base 100 %	Oui	Non	NSP
Ensemble	**47**	51	2
Sexe			
Hommes	**44**	54	2
Femmes	**50**	48	2
Age			
Moins de 35 ans	**56**	43	1
35 ans et plus	42	**56**	2

Tableau 13. Vous arrive-t-il de faire l'amour sans en avoir envie ?

Base 100 %	Oui	Non	NSP
Ensemble	**20**	68	12
Sexe			
Hommes	**18**	73	9
Femmes	22	63	15
Age			
Moins de 35 ans	20	72	8
35 ans et plus	20	66	14

MANGE-T-ON ET FAIT-ON L'AMOUR PAR PLAISIR ? Nous arrive-t-il de *manger sans en avoir envie et de faire l'amour sans en avoir envie ? Et si oui, pour quelle raison ?*

L'analyse comparée montre que près de la moitié des Français (47 %) mangent sans en avoir envie *(tableau 12)*, alors que 20 % d'entre eux font l'amour sans en avoir envie *(tableau 13)*. Examinons les deux questions séparément. Manger sans en avoir envie est plus fréquent chez les femmes (50 % contre 44 %). Chez les moins de vingt-cinq ans, le pourcentage de ceux qui mangent sans en avoir envie atteint 56 %, un chiffre largement suffisant pour nous inquiéter et expliquer la grande fréquence clinique de la boulimie nerveuse chez les jeunes femmes.

Les raisons invoquées par les femmes sont aussi inquiétantes *(tableau 14)*. Si, au moins, elles mangeaient par nécessité ou par gourmandise... Mais non, elles mangent par ennui (27 %), par déprime (11 %) ou sous l'effet du stress (14 %). Dans tous les cas, elles dépassent les hommes qui, en revanche, lorsqu'ils mangent sans envie, le font par habitude (41 %), « parce que c'est l'heure », une tendance qui s'accentue avec l'âge, ce qui confirme l'importance des habitudes alimentaires et explique les difficultés qu'ils rencontrent quand la maladie leur impose d'en changer. Cette réponse banale (« par habitude ») est l'apanage des hommes qui semblent vivre d'une manière moins sensorielle les différentes difficultés de la vie. Ainsi, quand la femme se laisse aller à la déprime, l'homme boit, et quand elle craque sous le coup d'un stress, l'homme passe à l'acte. Chez les hommes qui mangent par habitude, on retrouve le même mécanisme. La seule catégorie qui se distingue est celle des professions libérales dans laquelle beaucoup mangent par stress alors que peu le font par ennui. Peut-être sont-ils trop occupés pour s'ennuyer *...

* Voir tableau C, p. 277.

Tableau 14. **Pour quelle raison vous arrive-t-il de manger sans en avoir envie ?**

Base 100 %	Par habitude	Par ennui	Pour faire plaisir à l'autre	A cause du stress	Par déprime	Par gourmandise	Par nécessité	Autre	NSP
Ensemble	**35**	24	14	12	8	3	2	1	11
Sexe									
Hommes	**41**	20	14	10	4	4	3	3	1
Femmes	29	**27**	13	**14**	**11**	3	2	–	1
Age									
Moins de 35 ans	29	26	13	13	10	5	2	1	1
35 ans et plus	**39**	22	15	11	7	2	3	1	–

En conclusion, il semble qu'une frange non négligeable de la population française remette en question le plaisir de la table. Mais qu'en est-il des plaisirs du lit ?

Ce sont plutôt les femmes qui font l'amour sans en avoir envie (22 % contre 18 % des hommes). Mais si les Français(es) font l'amour sans envie, ils et elles le font dans leur écrasante majorité (80 %) « pour faire plaisir à l'autre », dont 84 % de femmes et un peu moins d'hommes (74 %) chez lesquels un pourcentage non négligeable le fait « par habitude » (15 % pour seulement 6 % de femmes) *(tableau 15)*. Une réponse

Tableau 15. Pour quelle raison vous arrive-t-il de faire l'amour sans en avoir envie ?

Base 100 %	Pour faire plaisir à l'autre	Par habitude	A cause du stress	Par déprime	Par ennui	Autre raison	NSP
Ensemble	**80**	10	6	3	1	–	–
Sexe							
Hommes	74	**15**	7	2	1	1	–
Femmes	**84**	6	5	4	1	–	–
Age							
Moins de 35 ans	75	11	6	7	1	–	–
35 ans et plus	83	9	6	1	1	–	–

plutôt encourageante puisqu'elle montre que la plupart des gens, lorsqu'ils font l'amour sans envie, le font pour maintenir de bonnes relations au sein du couple.

La socialisation

Dès l'aube de l'humanité, la nourriture et la sexualité ont fait l'objet de rituels qui ont représenté les prémices de la cohabitation civilisée. Il nous a donc paru logique de vérifier dans quelle mesure nourriture et sexualité participent au processus de socialisation. Trois thèmes ont été abordés : « parler d'amour, parler de cuisine », « voyage érotique ou excursion gastronomique » et « Avant l'amour... ».

PARLER D'AMOUR, PARLER DE CUISINE, QUAND ET AVEC QUI ? Nous avons demandé aux Français *dans quelle situation ils préfèrent parler d'amour ou de cuisine.*

On parle plutôt d'amour entre intimes et en couple *(tableau 16)*. On parle des deux pendant les loisirs et on parle

Tableau 16. Dans chacune de ces occasions, parlez-vous plutôt d'amour ou plutôt de cuisine ?

Base 100 %	Plutôt d'amour	Plutôt de cuisine	Autant l'un que l'autre	Ni l'un ni l'autre	NSP
Occasions					
Entre amis intimes	**34**	20	24	17	5
Dans une réunion plutôt chic ou mondaine	9	**24**	8	46	13
Au travail	17	**24**	11	37	11
En couple	**37**	14	27	14	8
Pendant les loisirs	23	20	23	28	6

plutôt de cuisine lors d'une réunion mondaine et au bureau. Dans l'ensemble, les réponses correspondent à ce que nous attendions, mais la répartition selon les sexes fait apparaître des différences significatives *(tableaux 17 et 18)*.

Chez les hommes, quelle que soit la situation, les discussions portent plus sur l'amour que sur la cuisine, sauf dans

Tableau 17. On parle plutôt d'amour...

Base 100 %	Entre amis intimes	Dans une réunion plutôt chic ou mondaine	Au travail	En couple	Pendant les loisirs
Ensemble	34	9	17	37	23
Sexe					
Hommes	41	13	**25**	40	29
Femmes	27	7	10	**34**	17
Age					
Moins de 35 ans	**51**	14	24	53	35
35 ans et plus	24	7	13	28	16

Tableau 18. On parle plutôt de cuisine...

Base 100 %	Entre amis intimes	Dans une réunion plutôt chic ou mondaine	Au travail	En couple	Pendant les loisirs
Ensemble	20	24	24	14	20
Sexe					
Hommes	13	**18**	16	16	14
Femmes	26	29	**31**	13	26
Age					
Moins de 35 ans	12	27	25	10	16
35 ans et plus	**25**	22	24	17	23

les réunions mondaines où, s'ils parlent toujours plus d'amour que les femmes (13 % contre 7 %), ils discutent tout de même davantage cuisine (18 %). Et les femmes ? En couple elles parlent d'amour. Entre amies intimes, elles parlent autant d'amour que de cuisine. Mais en « société », c'est le thème de la cuisine qui domine, surtout sur le lieu de travail. Cette dernière donnée est originale, car elle remet en question le vieux stéréotype des femmes au travail qui passent leur temps à raconter leurs histoires sentimentales. En réalité, ce sont bel et bien les *hommes* qui parlent plutôt d'amour au bureau (25 % pour seulement 10 % de femmes), alors que deux fois plus de femmes que d'hommes y parlent de cuisine (31 % contre 16 %).

EVASION ÉROTIQUE OU GASTRONOMIQUE ? Nourriture et sexualité comme but de voyage. *Part-on pour une destination lointaine pour goûter une autre cuisine ou découvrir d'autres façons de faire l'amour ?*

Pour éviter la variable « couple », nous avons limité ce test projectif à l'éventualité d'un voyage en célibataire. Les Français plébiscitent la cuisine exotique : 35 % contre 19 % *(tableau 19)*. Un créneau sur lequel devraient se pencher les agences de voyage ! Du moins en ce qui concerne la clientèle féminine. Car la différence entre les sexes est ici très significative. Si les femmes choisissent à 43 % « la découverte d'une autre cuisine » (contre un timide 9 % pour « d'autres façons de faire l'amour »), les hommes sont très partagés et sont même un petit peu plus nombreux à opter pour un voyage à des fins érotiques (29 % contre 28 % pour la gastronomie). Le stéréotype du mâle chasseur, même à l'étranger, a encore bien du mal à s'effriter. Bien sûr, chez les retraités de plus de soixante-cinq ans, les finalités érotiques deviennent minimes (7 %), alors que la recherche de bonnes tables dépasse toutes les autres tranches d'âge (41 %). Parmi les catégories profes

Tableau 19. **Si vous deviez choisir entre les deux raisons suivantes de partir en voyage seul(e) pour une destination lointaine, laquelle choisiriez-vous ?**

Base 100 %	Pour découvrir une autre cuisine	Pour découvrir d'autres façons de faire l'amour	Autant l'un que l'autre	Ni l'un ni l'autre	NSP
Ensemble	**35**	19	14	27	5
Sexe					
Hommes	28	**29**	18	21	4
Femmes	**43**	9	9	33	6
Age					
15-24	33	23	14	24	6
25-34	35	21	18	25	1
35-49	32	21	15	29	3
50-64	36	21	11	26	6
65 et plus	**41**	**7**	8	32	12
Profession du chef de famille					
Agriculteurs	40	17	17	26	–
Artisans et commerçants	27	**29**	19	19	6
Professions libérales, cadres supérieiurs	25	21	14	38	2
Professions intermédiaires	34	17	17	31	1
Employés	32	24	19	23	2
Ouvriers	40	22	14	20	4
Retraités, inactifs	38	**12**	8	32	10

sionnelles, les artisans et les commerçants restent encore et toujours les plus curieux : ils sont les seuls à être plus nombreux à privilégier l'évasion érotique (29 % contre 27 % pour la cuisine).

Mais il n'est pas toujours besoin de voyages lointains et exotiques pour inciter à l'amour.

AVANT L'AMOUR. *Pour préparer une soirée d'amour, choisit-on plutôt le repas en tête à tête, une promenade romantique ou un spectacle ?*

Même si les femmes et les plus jeunes sont toujours sensibles à la promenade romantique, c'est de loin le repas en tête à tête qui l'emporte, surtout chez les plus de trente-cinq ans *(tableau 20)*. Le spectacle (cinéma, théâtre ou concert) a

Tableau 20. Avant une soirée d'amour, parmi les choses suivantes, quelle est celle que vous désirez faire ?

Base 100 %	Repas en tête à tête	Promenade romantique	Spectacle	NSP
Ensemble	**48**	19	21	12
Sexe				
Hommes	51	17	22	10
Femmes	46	**21**	19	14
Age				
Moins de 35 ans	45	**22**	**26**	7
35 ans et plus	**50**	18	17	15
Région				
Nord-Est	47	23	16	14
Nord-Ouest	49	19	19	13
Sud-Ouest	54	15	24	7
Sud-Est	48	19	18	15
Région parisienne	44	17	**31**	8

les faveurs des plus jeunes, et plus particulièrement en région parisienne. Ceci est peut-être lié aux habitudes des Parisiens et à la plus grande disponibilité des salles de spectacles. Pour une meilleure compréhension entre les sexes, peut-être pourrait-on suggérer aux hommes davantage de promenades romantiques (ce qui aurait aussi une valeur diététique certaine) et rappeler aux femmes qu'on n'accepte pas innocemment une invitation à dîner en tête à tête...

L'intimité à table et au lit

L'intimité implique au moins cinq dimensions : spirituelle, intellectuelle, affective, corporelle et sexuelle. Mais parmi les deux domaines qui nous intéressent, quel est le plus propice aux confidences ? Et où préfère-t-on les surprises et les transgressions ? Enfin, dans l'intimité, où attache-t-on le plus d'importance aux bonnes manières et aux conventions ? A table ou au lit ?

LE TEMPS DES CONFIDENCES. *Si vous avez quelque chose de très personnel à dire à votre conjoint, quel moment choisirez-vous ?*

C'est sur l'oreiller que les Français préfèrent communiquer les choses les plus intimes (47 %), alors qu'ils semblent nettement négliger la table comme lieu de confidences (22 %) *(tableau 21)*. Pourtant, si les confidences sur l'oreiller l'emportent chez les jeunes de moins de trente-cinq ans (59 %), les plus âgés apprécient l'intimité d'un repas. Il reste que le lit serait donc le lieu le plus propice au dialogue et à la confidence. Ceci peut s'expliquer par la recherche de la plus grand intimité possible : au lit, en principe, on n'est que deux... A table, ce n'est pas toujours le cas. En outre, à table,

Tableau 21. **Si vous avez quelquechose de très personnel à dire à votre conjoint, quel moment choisissez-vous ?**

Base 100 %	A table entre la poire et le fromage	Au lit sur l'oreiller	L'un ou l'autre	Ni l'un ni l'autre	NSP
Ensemble	22	**47**	9	15	7
Sexe					
Hommes	21	49	9	14	7
Femmes	24	46	8	15	7
Age					
Moins de 35 ans	15	**59**	7	15	4
35 ans et plus	**26**	41	10	15	8

même s'il s'agit d'un dîner aux chandelles, il faut affronter le regard de l'autre. Au lit, la lumière éteinte favorise les confidences délicates, et les caresses aident au pardon!

Les surprises. Continuant de nous pencher sur l'importance respective de l'intimité à table et au lit, nous nous sommes demandés *si les gens préféraient les surprises en cuisine ou en amour.* Ceci, bien sûr, s'ils avaient à choisir.

Les Français semblent friands de surprises *(tableau 22).* Ils préfèrent nettement les surprises en amour (38 %), suivies des surprises combinées (« autant l'un que l'autre », 25 %). Les surprises culinaires soulèvent moins d'enthousiasme. Peut-être pense-t-on davantage, dans ce domaine, à de mauvaises surprises qu'à de bonnes... Les jeunes préfèrent nettement les surprises au lit (52 %), alors qu'après cinquante ans ils se laissent davantage séduire par les surprises à table, tout comme les plus de soixante-cinq ans (41 %).

Tableau 22. Préférez-vous être surpris à table ou en amour ?

Base 100 %	Surpris à table	Surpris en amour	Autant l'un que l'autre	Ni l'un ni l'autre	NSP
Ensemble	23	**38**	**25**	6	8
Sexe					
Hommes	19	40	29	6	6
Femmes	26	36	21	7	10
Age					
15-24	17	**52**	16	6	9
25-34	13	**52**	29	4	2
35-49	16	47	28	4	5
50-64	30	24	29	9	8
65 et plus	**41**	11	19	12	17

Tableau 23. Est-il plus important d'avoir des bonnes manières à table ou en amour ?

Base 100 %	A table	En amour	Ni l'un ni l'autre	Dans les deux cas	NSP
Ensemble	**43**	8	4	40	5
Hommes	39	**11**	4	41	5
Femmes	**47**	6	3	39	5
Age					
Moins de 35 ans	42	12	5	38	3
35 ans et plus	44	6	3	41	6

SAVOIR-VIVRE. Les Français semblent donc plus conventionnels à table qu'au lit. A la question : *Est-il plus important d'avoir des « bonnes manières » à table ou en amour*, cinq fois plus de Français répondent « à table » *(tableau 23)*. Ce sont plutôt les hommes qui pensent, qu'en amour aussi, il faut avoir de bonnes manières et respecter certaines conventions. La majorité des femmes, en revanche, pense qu'en amour le respect des conventions peut constituer un obstacle à l'érotisme.

Pour nous distraire un peu sans trop nous éloigner de notre enquête, je me permets un petit aparté sur les bonnes manières. Les bonnes manières à table sont d'origine récente. Chez les Grecs, les convives des banquets princiers recevaient de l'eau parfumée pour les ablutions des mains et des pieds et au moment du festin se paraient de guirlandes et de fleurs [4]. Les habitudes des Romains font, en revanche, reculer les bonnes manières. Lors des orgies romaines, le moins qu'on puisse dire est que la tenue laisse à désirer. On rote, on éructe, on lâche toutes sortes de bruits quand on ne vomit pas sur les mosaïques du sol ou sur les étoffes précieuses du lit.

Six siècles plus tard, c'est un religieux, saint Benoît, qui commence à mettre de l'ordre en demandant aux moines d'arriver à l'heure, de se laver les mains, de manger sans faire le moindre bruit et boire « à la façon des colombes » en tenant leur coupe des deux mains et en gardant le silence. Le moine essuiera son couteau sur le pain et non sur la nappe [5]. Ces règles n'ont guère d'écho chez les laïques ni dans la noblesse. Les seigneurs médiévaux offrent des repas pantagruéliques auxquels le public plébéen assiste affamé, espérant ramasser quelques miettes. Ce n'est que vers la fin du XIVe siècle que le verre fait son apparition à table et que le couteau sert à couper, et non seulement à piquer.

Vers 1530, Erasme suggère de ne pas utiliser son couteau comme cure-dents ni d'essuyer ses doigts sales sur ses vêtements. A l'époque, les Florentins sont en avance sur les Français et en 1558, Mgr Giovanni Della Casa édicte un fameux manuel dans lequel on donne les instructions encore valables aujourd'hui. C'est d'ailleurs Mazarin qui apporte de son Italie natale les « mazarines », ancêtres des assiettes creuses dont l'emploi entraîne celui de la cuiller. La fourchette est introduite bien plus tardivement et au temps de Louis XIV elle est interdite dans les banquets par le roi lui-même. Sa mère, Anne d'Autriche, n'hésite pas à utiliser les mains pour porter la nourriture à la bouche. Les autres ornements élégants, tels que l'argenterie ou la porcelaine, apparaissent plus tard, au XVIIIe siècle, et c'est aussi à cette époque que se généralise l'usage de la fourchette.

Un sondage publié dans l'*Echo des savanes* en février 1993 montre néanmoins que les bonnes manières à table ne sont pas encore entrées dans tous les ménages français. De nos jours, 3 % des Français avouent se moucher dans une serviette au restaurant, 16 % lisent à table et 36 % ne voient pas d'inconvénient à parler la bouche pleine ! L'importance des bonnes manières, soulignée par notre enquête, reste pour certains Français plus un vœu pieu qu'une réalité quotidienne...

Sexualité, nourriture et identité

Lorsque nous avons demandé d'indiquer les mets ou boissons plutôt « masculins » ou « féminins », c'était dans l'intention de recueillir un avis subjectif à valeur de test projectif. Néanmoins, leurs caractéristiques prétendument masculines ou féminines, de même que leur éventuel pouvoir aphrodisiaque, peuvent déterminer, de manière inconsciente ou inavouée, l'achat des aliments ou leur choix au restaurant.

MASCULIN OU FÉMININ ? Nous avons d'abord proposé à chaque interviewé une liste de seize aliments (boissons comprises) en lui demandant, pour chacun d'eux, *s'il symbolisait plutôt la virilité ou plutôt la féminité.*

Les réponses sont conformes aux stéréotypes que nous imaginions (*tableau 24*). Sont masculins le whisky, la bière, le

Tableau 24. Ces aliments symbolisent-ils plutôt la virilité ou la féminité ?

Base 100 %	Plutôt la virilité	Plutôt la féminité	Autant l'un que l'autre	Ni l'un ni l'autre	NSP
Aliments					
Le whisky	**76**	3	9	7	5
La bière	**73**	5	9	9	4
Le vin rouge	**71**	3	14	8	4
Le gibier	66	3	15	11	5
Les fromages corsés	59	6	14	15	6
Les viandes rouges	54	5	24	12	5
Le coq au vin	50	6	24	13	7
Le vin rosé	19	49	17	10	5
Les pâtes	17	22	**32**	**22**	7
Les crustacés	15	25	36	17	7
Le champagne	14	41	34	7	4
Les pâtisseries	5	**62**	19	10	4
Le lait	5	56	17	17	5
Les yaourts	3	**60**	17	15	5
Les salades	3	56	23	13	5
L'eau minérale	2	**60**	17	16	5

vin rouge, le gibier, le fromage corsé, les viandes rouges et le coq au vin. Sont féminins les pâtisseries, les yaourts, l'eau minérale, le lait et la salade. Jouissent d'une certaine ambiguïté les pâtes, les crustacés et le champagne, auxquels on a attribué des symbolismes multiples (« autant l'un que l'autre »), même si, quitte à choisir, ces aliments sont plutôt féminins (surtout le champagne : à 41 % « féminin » contre 14 % « masculin »).

En conclusion, on peut dire qu'au top de la virilité se détachent les boissons alcoolisées suivies des plats « forts ». En ce qui concerne la féminité, c'est plutôt la douceur qui prime. Quand à l'aliment le plus « asexué », la palme revient sans conteste aux pâtes.

ET QUAND LA FEMME PREND L'INITIATIVE ? Plus intéressante, la question suivante est à la fois indice de modernité et d'identité de rôle : nous avons demandé aux Français *s'ils trouvent naturel qu'une femme prenne des initiatives à table* (en les invitant à dîner, par exemple) *et en amour*.

Plus des deux tiers des Français trouvent naturel qu'une femme puisse prendre l'initiative d'une invitation à dîner *(tableau 25)* et le pourcentage est encore plus élevé face à l'éventualité que la femme prenne des initiatives au lit *(tableau 26)*. Le temps des rôles stéréotypés incarnés par le guerrier et la ménagère semble donc révolu. Seule exception : les soixante-cinq ans et plus, pour lesquels la réponse est inférieure à 50 % pour l'initiative féminine, que ce soit à table ou au lit. Pas de différence notable en revanche entre hommes et femmes en ce qui concerne l'invitation à dîner, contrairement à l'initiative au lit : cette dernière est plus souvent souhaitée par les hommes que par les femmes (79 % contre 65 %). Parmi les jeunes, les plus ouverts dans ce domaine ne sont pas, comme on aurait pu le croire, les moins de vingt-cinq ans, mais ceux de vingt-cinq à trente-cinq ans, suivis de leur aînés, jusqu'à cinquante ans. Les vingt-cinq cinquante ans constitueraient donc la catégorie la plus progressiste alors que les moins de vingt-cinq ans et les plus de soixante-cinq, pour des raisons différentes, restent prudents à l'égard de l'émancipation féminine.

Tableau 25. Est-ce naturel qu'une femme invite un homme à dîner ?

Base 100 %	**Total naturel**	Très naturel	Assez naturel	**Total pas naturel**	Assez peu naturel	Pas naturel du tout	NSP
Ensemble	***67***	28	39	*28*	16	12	5
Sexe							
Hommes	*69*	**31**	*38*	27	17	*10*	4
Femmes	*65*	24	41	*30*	16	14	5
Age							
15-24	*77*	38	39	*20*	14	6	3
25-34	*79*	34	45	*18*	12	6	3
35-49	*74*	34	40	*23*	14	9	3
50-64	*62*	19	43	*34*	18	16	4
65 et plus	***42***	11	31	*48*	24	24	10

Tableau 26. Est-ce naturel qu'une femme prenne des initiatives au lit ?

Base 100 %	**Total naturel**	Très naturel	Assez naturel	**Total pas naturel**	Assez peu naturel	Pas naturel du tout	NSP
Ensemble	*71*	34	37	*17*	11	6	2
Sexe							
Hommes	***79***	40	39	*13*	8	5	8
Femmes	*65*	28	37	*21*	13	8	14
Age							
15-24	*75*	40	35	*14*	10	4	11
25-34	*84*	43	41	*13*	10	3	3
35-49	*84*	44	40	*10*	7	3	6
50-64	*66*	24	42	*20*	13	7	14
65 et plus	***42***	14	28	*32*	17	15	26

Les aphrodisiaques. Enfin, bien sûr, on ne pouvait éviter la fameuse question des aphrodisiaques ! Dans la littérature, il apparaît qu'ils sont surtout prisés par les hommes. Qu'en est-il aujourd'hui ? *Les gens croient-ils aux vertus aphrodisiaques de certains aliments comme la cannelle, le piment, la truffe ou le gingembre ?*

Un tiers des Français croient aux vertus aphrodisiaques de certains aliments, mais plus de la moitié (52 %) répondent négativement *(tableau 27)*. Les hommes y croient toujours

Tableau 27. Pensez-vous que certains aliments ont des vertus aphrodisiaques ?

Base 100 %	Oui	Non	NSP
Ensemble	**31**	**52**	17
Sexe			
Hommes	**34**	51	15
Femmes	29	54	17
Age			
15-24	29	55	16
25-34	**37**	52	11
35-49	**36**	47	17
50-64	27	58	15
65 et plus	**24**	53	23
Catégorie d'agglomération			
Moins de 2 000 habitants	**22**	57	21
2 000 à 20 000	32	46	22
20 000 à 100 000	33	55	12
100 000 et plus	28	56	16
Agglomération parisienne	**49**	44	7

plus que les femmes (34 % contre 29 %), en particulier entre vingt-cinq et cinquante ans. Les moins de vingt-cinq ans et les plus de soixante-cinq ne semblent guère s'intéresser aux aphrodisiaques. On s'y intéresse peu à la campagne (22 %) et beaucoup plus à Paris (49 %). Ce décalage est surprenant car il va à l'encontre d'une culture populaire qui utilisait les herbes, les tisanes et divers autres produits de la terre comme remèdes en tout genre.

Nourriture et sexualité au service de la santé

Certains comportements alimentaires pourraient-ils être déterminés par le souci de sa santé plutôt que par le plaisir ? Qu'en est-il des régimes ? Réduit-on plus facilement sa ration alimentaire ou la fréquence des rapports sexuels ? Et quel est l'impact d'un régime amincissant sur la vie érotique ? Trois questions ont été posées.

POURQUOI SE MET-ON AU RÉGIME ? *Seriez-vous prêt à faire un régime amincissant pour faire attention à votre santé, pour vous plaire à vous-même ou pour plaire aux autres ?*

La première raison est de la loin la santé (88 %), suivie par le besoin de se plaire à soi-même (73 %) *(tableau 28)*. Seulement 48 % feraient un régime amincissant pour plaire aux autres, un faible pourcentage pour une motivation peut-être plus difficilement avouable. Examinons ces trois réponses séparément.

Le régime pour raisons de santé est mentionné un peu plus souvent par les femmes, ce qui peut surprendre. La coquette Française serait-elle devenue hygiéniste avant tout ? Cette réponse va à l'encontre de l'avis de Claude Fischler, spécialiste français de l'alimentation, qui, dans la revue *Autrement*, rattache la nourriture chez la femme à Eros et à la séduction, et chez l'homme à Thanatos et aux méfaits du cholestérol [5].

Tableau 28. Si c'était nécessaire, seriez-vous prêt à faire un régime amincissant ?

Base 100 %	Pour votre santé			Pour vous faire plaisir à vous même			Pour plaire aux autres		
	Oui	Non	NSP	Oui	Non	NSP	Oui	Non	NSP
Ensemble	**88**	9	3	73	24	3	48	48	4
Sexe									
Hommes	87	10	3	62	**34**	4	41	**55**	4
Femmes	**90**	8	2	**83**	14	3	**55**	41	4
Age									
15-24	85	13	2	75	23	2	48	48	4
25-34	91	8	1	**81**	18	1	55	42	3
35-49	91	7	2	77	20	3	53	45	2
50-64	88	9	3	74	22	4	50	44	6
65 et plus	87	8	5	**54**	38	8	**31**	**62**	7

Les deux autres réponses (se plaire et plaire aux autres) sont en revanche l'apanage des femmes et des plus jeunes. Entre vingt-cinq et trente-cinq ans, une nette majorité associe régime et séduction.

D'une manière générale, si le régime amincissant est une contrainte à laquelle beaucoup de Français seraient prêts à se soumettre en cas de besoin, les motivations premières avouées ne sont pas du ressort de la séduction. Un résultat global qui devrait intéresser les nutritionnistes et les centres diététiques afin de développer des régimes plus personnalisés (les « psycho-régimes »), ce qui n'est pas encore toujours le cas.

LES RESTRICTIONS. *Si pour des raisons de santé, vous deviez vous restreindre sur le plan alimentaire ou sexuel, qu'est-ce qui vous serait le plus facile ?*

La majorité accepterait de se restreindre sur le plan alimentaire (45 %) alors que seulement 18 % se disent prêts à réduire la fréquence de leurs rapports sexuels *(tableau 29)*.

Tableau 29. Si pour des raisons de santé vous deviez vous restreindre sur l'un des deux points suivants, qu'est-ce qui pour vous serait le plus facile ?

Base 100 %	Réduire votre alimentation	Réduire la fréquence de vos rapports amoureux	Autant l'un que l'autre	Ni l'un ni l'autre	NSP
Ensemble	**45**	18	16	**12**	9
Sexe					
Hommes	48	14	16	14	8
Femmes	41	**21**	16	11	11
Age					
Moins de 35 ans	52	15	15	11	7
35 ans et plus	40	20	16	14	10

Sur ce dernier point, les femmes semblent mieux accepter de se priver au niveau sexuel (21 % pour 14 % chez les hommes). Notons que 12 % ne seraient prêts à réduire ni la nourriture ni la sexualité, même si c'était nécessaire à leur santé.

GARDER LA FORME. *Selon vous, pour être en forme, est-il plus important de manger équilibré ou de faire régulièrement l'amour ?*

Manger équilibré l'emporte de loin dans un rapport de 5 à

1 (55 % contre 10 %) (*tableau 30*). L'importance d'une nourriture équilibrée est surtout plébiscitée par les femmes (60 %)

Tableau 30. Le plus important pour être en forme.

Base 100 %	Manger équilibré	Faire régulièrement l'amour	Autant l'un que l'autre	Ni l'un ni l'autre	NSP
Ensemble	**55**	10	26	4	5
Sexe					
Hommes	50	**13**	29	3	5
Femmes	**60**	7	23	4	6
Age					
15-24	50	14	26	4	6
25-34	51	13	31	3	2
35-49	48	12	34	4	2
50-64	59	7	25	3	6
65 et plus	**70**	**2**	12	5	11

et les personnes âgées (70 %). Ce sont ces mêmes femmes gastrophiles qui sont en même temps sexophobes et considèrent que faire régulièrement l'amour n'est pas nécessaire pour entretenir sa forme. L'exigence moindre envers l'amour commence à trente-cinq ans. Notons que, pour se garder en forme, les hommes ne négligent pas l'amour pour autant : ils sont 13 % à le plébisciter alors que leurs compagnes ne sont que 7 %...

Education sexuelle ou alimentaire

Nous avons vu que les Français pensent qu'il est plus facile d'éduquer le goût que l'érotisme. Dans un but de prévention, nous avons voulu savoir s'ils privilégiaient l'éducation du premier au détriment du second : *dans l'éducation des enfants, qu'est-ce qui est le plus important : l'éducation alimentaire ou l'éducation sexuelle ?*

Pour près de la moitié des gens, sans différence de sexe ni d'âge, les deux formes d'éducation sont nécessaires (47 %) *(tableau 31)*. Dans les choix uniques, l'éducation alimentaire

Tableau 31. Dans l'éducation des enfants, qu'est-ce qui est le plus important : l'éducation alimentaire ou l'éducation sexuelle ?

Base 100 %	Education sexuelle	Education alimentaire	Les deux	NSP
Ensemble	11	35	**47**	7
Sexe				
Hommes	**13**	32	48	7
Femmes	8	**38**	46	8
Age				
5-24	**17**	33	43	7
25-34	9	33	55	3
35-49	11	28	56	5
50-64	10	33	48	9
65 et plus	8	**48**	30	14
Catégorie d'agglomération				
Moins de 2 000	10	35	46	9
2 000 à 20 000	10	34	50	6
20 000 à 100 000	9	36	50	5
100 000 et plus	9	33	50	8
Agglomération parisienne	**16**	37	39	8

l'emporte nettement sur l'éducation sexuelle, dans un rapport de 3 à 1. Les hommes insistent davantage sur l'éducation sexuelle (13 % contre 8 % chez les femmes) et les femmes sur l'éducation alimentaire (38 % contre 32 % chez les hommes).

Conclusions

Nous voici arrivés au terme de cette étude. Nous pouvons en tirer quelques conclusions.

a) Tout d'abord, le simple fait qu'une trentaine de questions pertinentes aient pu être posées sur les rapports entre nourriture et sexualité nous conforte dans le bien-fondé de cette recherche.

b) Pour ma part, cet ouvrage ayant d'abord été publié en Italie, mon pays natal, je me suis bien sûr amusé, pour chaque question, à comparer les réponses des Français avec celles de mes compatriotes. Par rapport aux Italiens, les Français se distinguent par un plus grand nombre de réponses en faveur de la nourriture. A l'exception des Parisiens, les Français dans leur ensemble accordent à la nourriture en tant qu'objet de séduction, de plaisir, de santé ou prétexte à un voyage lointain plus de valeur que nous. Je me réjouis de pouvoir très bientôt comparer avec un troisième échantillon, de Britanniques cette fois-ci.

c) La répartition par sexe et par âge a permis de mettre en évidence des différences significatives. Les hommes et les plus jeunes ont donné, dans l'ensemble, des réponses plus proches de la sexualité, alors que les femmes et les personnes plus âgées se prononcent plus souvent en faveur de la nourriture. Qu'il s'agisse des surprises à table ou au lit, ou de voyages exotiques, la hiérarchie des plaisirs féminins passe encore beaucoup à travers les aliments. Exception d'importance : les confidences qui, en France, se font plutôt sur l'oreiller.

d) Pour ce qui est des catégories socioprofessionnelles, les artisans et les commerçants, suivis par les professions libérales, penchent plus vers l'érotisme. Quant à la région la plus « branchée sexe », c'est incontestablement la région parisienne.

e) Un seul regret, peut-être : nous n'avons pas pu, dans l'étude française, faire une répartition des interviewés en fonction de leur poids comme nous l'avions fait en Italie. Nous nous contenterons donc de commenter brièvement l'enquête italienne qui a montré que les personnes en léger surpoids (cinq à sept kilos) affichent une sexualité meilleure ou égale à celle des personnes de poids normal et meilleure que celle des personnes dont le poids est inférieur d'au moins cinq kilos à la normale. A ces résultats, deux explications ont été données : d'une part, il faut avoir un peu d'adiposité pour que les hormones sexuelles puissent s'y déposer ; d'autre part, les êtres modérément ronds sont probablement de bons vivants, des gourmets qui croquent la vie à pleines dents, alors que, du moins dans les statistiques, les personnes trop minces exercent sur leurs pulsions un contrôle qui peut s'étendre à la sexualité. Les Italiennes critiquent les régimes : s'il est vrai qu'ils les font effectivement maigrir, ils les rendent également irascibles et diminuent leur épanouissement libidinal. Des résultats qui nous ont amené à poser un regard de compassion sur ces femmes qui, pour séduire, doivent être minces, et pour avoir du plaisir être un peu rondes... Elles vivent bel et bien dans une société schizophrénique.

Enfin, au terme de cette étude, nous pouvons nous risquer à faire quelques recommandations aux Français(es). D'abord, un bon conseil pour séduire : prenez les Français côté cœur, mais n'oubliez pas leur estomac ! Messieurs, pour séduire les jeunes femmes, invoquez Eros, soyez minces et sveltes et mitonnez-leur de bons petits plats, vous les attendrirez aux fourneaux sans perdre de votre virilité. Néanmoins, n'oubliez pas votre romantisme caché et si vous écrivez un jour un roman d'amour, choisissez le prénom de l'élue comme héroïne, cela lui ira droit au cœur... Quant à vous, mesdames et mesdemoiselles, pour séduire les hommes jeunes, ajoutez piment, truffe et gingembre dans vos petits plats (l'important est bien d'y croire !), flattez leur virilité en leur proposant une bonne bouteille et du gibier, faites-les rêver de voyages exotiques, bref, sollicitez leurs appétits côté cœur et côté papilles : ils en ont à revendre. Enfin, pour séduire les aînés, soignez plus encore vos atouts culinaires et, sur ce plan, jouez de surprise et d'inventivité ; c'est un gage de longévité. Faites preuve d'un certain classicisme, d'un peu de pudeur, mais oubliez vos complexes si votre ventre n'est plus si plat ou votre cuisse plus si ferme : vous séduirez avec vos rondeurs. Et si vous souhaitez quand même vous mettre au régime, évoquez votre souci d'« équilibre », on vous encouragera.

TROISIÈME PARTIE

Quand le lien est malade

I

Les appétits voraces : boulimie et sexualité

On parle de l'anorexie depuis des siècles et il existe une abondante littérature sur le sujet [1]. On essaye de la guérir depuis des décennies, mais aujourd'hui encore la psychiatrie biologique et les thérapies psychanalytiques, systémiques et cognitivo-comportementales sont à la recherche de la meilleure solution thérapeutique pour affronter un phénomène qui n'augmente pas de façon spectaculaire comme la boulimie, mais dont la forme la plus sévère, l'anorexie mentale, reste une manifestation psychopathologique inquiétante.

Jusqu'à il y a une dizaine d'années on s'intéressait beaucoup moins à la boulimie qu'à l'anorexie ou à l'obésité parce qu'elle est plus difficile à repérer socialement. Les choses ont commencé à changer lorsque l'esthétique de la minceur est devenue prédominante. On a assisté alors à une croissance exponentielle des crises de boulimie, souvent provoquées par l'impossibilité de mettre son corps en accord avec l'image idéale de notre époque.

Parallèlement, la boulimie, produit des angoisses et des frustrations socioculturelles, s'accentue avec des événements traumatisants tels que l'immigration [2] : face à un monde inconnu et plein d'incertitudes, les émigrants et leurs enfants ont tendance à focaliser sur l'alimentation, manifestant une avidité sans raison objective apparente. Il faut attendre la deuxième génération pour qu'ils adoptent les habitudes alimentaires de leur nouveau pays. Ce n'est qu'à la génération des petits-enfants que ces familles ont la taille moyenne de celles de leur pays d'adoption et que leurs membres pèsent un poids normal.

La pression sociale, en demandant aux femmes d'être à la fois minces et actives, entraîne la boulimie. Un chercheur américain, Brett Silverstein, a analysé les modèles proposés aux femmes dans les magazines féminins de 1900 à 1980 [3]. Les transformations du corps féminin sont flagrantes. Vers 1925, dans les années folles, les femmes s'habillent à la garçonne et elles n'ont ni fesses ni seins. Puis le rapport entre la poitrine et la taille augmente pour atteindre son maximum dans les années quarante. Dans les années soixante, le mouvement de libération des femmes prône de nouveau le refus des formes féminines. Et si, comme l'a fait un autre chercheur, nous considérons les mensurations des Miss Amerique entre 1960 et 1980, se dessine clairement une tendance persistante à l'esthétique de la minceur [4]. Sans oublier les images publicitaires qui induisent une approche fétichiste du corps féminin dont l'apparence prime sur l'existence. C'est pourquoi la discordance augmente entre les besoins physiologiques et l'image sociale.

En matière d'esthétique, l'appartenance à la caste privilégiée n'est pas un droit inné, il faut la conquérir à coup de régimes de plus en plus sévères. On pourrait pourtant croire que la richesse est naturellement proportionnelle à la minceur. En effet, toutes les études montrent que plus les femmes sont de niveau social élevé, plus elles se sentent concernées par la diététique et plus elles achètent les coûteux produits biologiques et énergétiques [5]. L'augmentation du temps libre qu'entraîne le progrès social permet de consacrer plus de temps à la gymnastique. Et c'est donc principalement parce qu'ils disposent de temps, d'argent et d'énergie que les riches sont souvent plus minces que les pauvres.

Aspects cliniques de la boulimie

Définition

Il est difficile d'évaluer précisément la fréquence du phénomène boulimique car on le confond souvent avec une banale poussée de faim. D'après Apfeldorfer, la boulimie épisodique – la plus fréquente – touche au moins 30 % des femmes [6]. Mais, sur le nombre, seuls 2,5 % se font vomir et 2,7 % prennent régulièrement des laxatifs. Ce sont ces femmes qui constituent les cas graves. De même que dans les autres maladies de la qualité de la vie on confond tristesse et dépression, panique et anxiété, dans le cas de la boulimie on considère des phénomènes quotidiens normaux comme des manifestations psychosomatiques. La boulimie pathologique peut être définie par cinq critères :

1. Episodes récurrents de frénésie alimentaire avec ingestion de grandes quantités de nourriture dans un temps limité.
2. Sensation de perte du contrôle du comportement alimentaire.
3. Habitude de stimuler les vomissements, d'utiliser des laxatifs et des diurétiques, de faire de l'exercice physique.
4. Survenue d'au moins deux épisodes boulimiques par semaines pendant au moins quatre mois.
5. Préoccupation excessive et persistante du poids et de l'aspect physique.

D'après ces critères, on estime qu'il y a au moins un million de boulimiques aux Etats-Unis. En France, ils pourraient être deux cent mille.

La crise

Bien décrite par le psychiatre genevois Marc Archinard, la crise boulimique s'annonce par un état fébrile où le sujet lutte tout d'abord contre l'impulsion de manger, puis s'y laisse subitement aller [7]. Il n'est pas rare que le boulimique mange dans un état de vigilance atténué ou semi-hypnotique, où la volonté et la capacité de contrôle semblent anéanties. Dans ces moments-là, il se sent comme dédoublé, spectateur de lui-même. Les boulimiques nocturnes ne se rappellent d'ailleurs pas, le lendemain matin, avoir dévalisé le réfrigérateur durant la nuit.

Christelle est étudiante en pharmacie. Elle se montre appliquée, honnête et consciencieuse mais boulimique. Son père, un financier typique des années quatre-vingts, plus ou moins compromis, a pour lui-même une morale élastique, mais se comporte de façon très rigide avec sa fille. La mère de Christelle, personnalité obsessionnelle, ne sort pratiquement plus de chez elle tant elle est occupée à accomplir ses rituels. Quasiment handicapée, elle a un constant besoin de compagnie. Dans la famille, c'est à qui se défilera : personne ne veut s'occuper d'elle. Le père est en voyage, les deux frères de Christelle sont trop absorbés par les filles et leurs études. Il ne reste qu'elle, la plus timide, la moins jolie, le canard boiteux devenu souffre-douleur, pour subir les effets des angoisses de sa mère.

La passion secrète de Christelle, c'est les fruits confits. Ils lui apportent une douceur que sa mère n'est plus en mesure de lui témoigner. Elle les achète en quantité industrielle. Par moments elle tente de se limiter et diminue ses achats en se rationnant comme les rescapés d'un naufrage. Puis elle est de nouveau saisie par ses crises et elle avale toutes les boîtes de fruits confits dans sa voiture avant même d'être rentrée chez elle. Un jour elle s'est arrêtée pour les jeter dans une poubelle, pour finalement revenir sur ses pas, les récupérer et n'en faire qu'une bouchée. Pour se punir d'épisodes comme celui-ci, Christelle jeûne un jour entier, prend des laxatifs ou, plus rarement, se fait vomir.

Dans ce genre de désordre de l'alimentation, c'est la peur du moyen terme qui conduit le sujet à se précipiter dans les situations extrêmes que sont la boulimie ou le jeûne. Pourtant, c'est précisément cette alternance de faute et de punitions qui a permis à Christelle de ne jamais devenir obèse. Au début de sa boulimie, elle a même perdu trente-cinq kilos. Le problème de Christelle a été relativement facile à résoudre : il a suffi d'associer une psychothérapie à l'administration d'antidépresseurs. Mais la structure de sa personnalité est demeurée fragile et, un beau jour, j'ai vu Christelle revenir dans mon cabinet.

Elle est fiancée, me dit-elle, mais craint de ne pouvoir supporter une grossesse et la venue d'un enfant. La perspective de ces deux événements réactive chez elle des frayeurs anciennes. L'idée d'être enceinte fait remonter à la surface le fantasme du corps qui se dilate démesurément. De plus, les problèmes psychologiques qui perturbent son comportement alimentaire se retrouvent dans sa vie sexuelle et, comme elle a un fort sens du devoir, Christelle essaye de toutes ses forces de satisfaire à la fois son fiancé et elle-même. En ce qui la concerne, les rapports physiques avec son fiancé sont agréables mais ils sont bien éloignés de son ancienne passion pour les sucreries, seules capables de lui procurer une sensation équivalente à l'orgasme. Christelle ne peut s'aventurer dans un espace de plaisir sans culpabilité, et elle n'arrive pas à atteindre cet état de vigilance atténuée qui permet de s'abandonner à l'orgasme. Aujourd'hui, elle est plus équilibrée, mais pas encore épanouie. Christelle doit reprendre confiance en elle. Alors seulement, débarrassée de sa boulimie, elle pourra améliorer sa vie affective et sexuelle.

Faits psychologiques

Derrière la boulimie, comme derrière l'obésité, se cachent différentes structures de la personnalité :

– *l'oralité vorace et archaïque* : les crises de boulimie ressemblent alors à une sorte de toxicomanie sans drogue;

– *l'impulsivité* qui ressemble au besoin qui s'empare des cleptomanes : une véritable compulsion irrépressible de type obsessionnel ;

– *une frénésie maniaque* monosymptomatique, limitée à la nourriture dont il faut cependant comprendre la signification symbolique.

Le personnage de Don Juan nous offre un parfait exemple de la première catégorie, l'oralité vorace. Selon Noëlle Châtelet, il incarne l'archétype de l'oralité polymorphe [8]. Perpétuellement entraîné par son désir, Don Juan passe de la table au lit, de la nappe aux draps, toujours prêt à consommer. Son appétit sexuel insatiable tient de la boulimie. Leporello, son fidèle serviteur, est autant terrorisé par ses exploits alimentaires que par sa frénésie amoureuse : « Ah ! quel appétit barbare, quelles bouchées de géant ! Je crois que je vais m'évanouir. »

La seule alternative à la chair qui rassasie toujours Don Juan, à table comme au lit, est la sublimation artistique. Car la bouche n'est pas faite seulement pour les baisers et la bonne chère, elle est aussi faite pour faire circuler les mots. Mots dont le plaisir peut parfois se substituer aux besoins les plus impérieux.

L'expérience clinique confirme que les personnalités orales qui disent souffrir de faim nerveuse voient souvent leur trouble se manifester par l'excès de poids ou par des perturbations du comportement comme la nymphomanie, la cleptomanie, l'alcoolisme ou l'obsession du jeu. De nos jours, ces personnalités orales sont également plus exposées au risque de contracter le sida, l'urgence de satisfaire un besoin irrépressible leur ôtant tout principe élémentaire de bon sens.

L'exigence de contrôler son poids prenant toujours le pas sur la faim nerveuse, il est rare que la boulimie typique s'accompagne d'obésité. C'est donc sur le comportement vorace, plus que sur le changement d'aspect, que nous devons porter notre attention si nous voulons identifier les énergies psychiques – venues souvent de la petite enfance – qui provoquent les comportements destructeurs. Le cas d'Anna K., l'insoupçonnable boulimique que Renate Göckel a suivie en psychothérapie pendant deux ans, en est une illustration exemplaire [9]. Comme de nombreuses personnalités de ce type, Anna se cache sous le masque d'une jeune fille comme il faut : fille aimante, parfaite épouse, employée modèle, elle recherche inlassablement l'approbation des autres. Par son hyperactivité elle compense une attitude hautement transgressive qui ne peut s'exprimer ni par l'intermédiaire d'une agressivité bien canalisée ni par la sexualité.

La boulimique * ne cesse de vouloir contrôler sa véritable nature, qu'elle considère comme un aspect diabolique de sa personnalité, comme un trou noir à l'intérieur d'elle-même. C'est ce besoin excessif de contrôler les situations sans en avoir les moyens qui déclenche les crises. Sur le plan sexuel, la boulimique a peur de dire non : la terreur d'être abandonnée ou d'être jugée négativement la pousse alors à supporter toutes sortes de brimades. La boulimique est dépendante à la fois de la nourriture et de l'image que les autres se font d'elle.

Il faut toujours chercher la signification symbolique des accès de faim dans les cas de boulimie. Ils peuvent représenter :

– le besoin de combler un vide affectif;
– la nécessité de calmer l'angoisse avant qu'elle ne devienne effrayante;
– une impulsion pour se fermer la bouche parce qu'on est terrorisé par le caractère destructeur de ce qu'on a à dire;
– le remplacement de l'acte sexuel par la nourriture;
– le refus de l'identité féminine et la récupération à tra-

* La maladie se rencontrant le plus souvent chez les femmes, nous décrivons la boulimie au féminin. Les rares hommes ne se font pas vomir et.. deviennent obèses!

vers la boulimie de la composante phallique et convexe de la personnalité.

Renate Göckel affirme que ce qui effraye le plus ces femmes dans l'acte sexuel c'est de s'abandonner à leur partenaire. Pourtant la boulimie s'accompagne souvent d'impulsivité et de la levée des inhibitions. Les crises de nymphomanie alternent avec les accès de faim et il est évident qu'il s'agit davantage d'un trouble du psychisme que d'un dérèglement de l'alimentation. Ce sont les catégories spatio-temporelles qui entrent en crise, ne laissant la place qu'à l'urgence du moment. L'obsession peut se décrire par « maintenant ou jamais ».

Odile sort depuis quatre ans avec son ami et elle vit une sexualité plutôt satisfaisante, si ce n'est qu'elle pense à d'autres hommes quand elle fait l'amour. Elle a vingt-cinq ans, se marie dans trois mois et est terrorisée à l'idée de devoir toujours dormir avec le même homme. Le jour elle est une infirmière efficace, la nuit elle se lève pour manger. Ses parents, chez qui elle habite, ont verrouillé le réfrigérateur mais Odile s'est fait faire un double de la clé. Après la crise, elle reste éveillée jusqu'à ce qu'elle vomisse : elle a même mis au point une technique qui lui permet de vomir sans avoir à se mettre les doigts dans la gorge. Grâce à ce barbare moyen de contrôle de son poids, elle réussit à rester mince et séduisante.

Lorsque, dans son enfance, Odile s'est mise à jouer avec ses excréments, on l'a emmenée chez un pédiatre. Or c'est un psychologue qu'il aurait fallu consulter. Il aurait alors expliqué à la mère d'Odile que ces jeux « dégoûtants » étaient le moyen par lequel la petite fille essayait d'attirer l'attention de ses parents trop peu affectueux. Et, si au lieu de ne la toucher que pour des raisons hygiéniques, ils l'avaient embrassée un peu plus, ils se seraient évité bien des problèmes par la suite.

En effet, aujourd'hui encore, Odile confond le jour avec la nuit et la nourriture avec le sexe. Son versant masculin se traduit par un activisme quotidien et la frénésie avec laquelle elle nous demande de l'aide rend difficile l'élaboration d'un projet thérapeutique de longue durée. Nous essayons de lui expliquer que c'est précisément cette urgence qui est à l'origine de ses crises.

Elle agit exactement de la même façon avec son futur mari. Elle l'adore mais il ne l'attire pas sexuellement. Elle ne peut pas l'embrasser : pour elle, la bouche ne sert qu'à engloutir de la nourriture et à vomir. A la place, elle lui demande de la sécurité, des caresses et un enfant pour se sentir pleine. Je vois les ennuis se dessiner à l'horizon du futur enfant, j'imagine déjà le jour où il viendra consulter pour des problèmes d'anorexie. Il faudra peut-être en arriver là pour qu'Odile s'aperçoive de la chaîne de compensations sur laquelle est bâtie sa vie : l'enfant qui remplace la nourriture, la nourriture qui remplace le sexe, le sexe qui remplace la chaleur maternelle dont elle a une nostalgie insatiable.

Si au départ, les fonctions alimentaires jouent un rôle de compensation, elles se transforment ensuite peu à peu en servitude [10]. La vie se répartit en bons jours – ceux où l'on mange normalement – et en mauvais jours – où l'on est assailli par des accès de faim. La faim, puis les vomissements, deviennent des obsessions secrètes autour desquelles s'organise l'existence. Une fois qu'il s'est mis en route, le mécanisme ne s'arrête plus. Exactement comme les joueurs, les boulimiques doivent vivre leur calvaire jusqu'au bout, en une sorte d'orgie masochiste où l'unique loi en vigueur est le « tout ou rien ». Parce que les boulimiques ont peur d'éprouver des émotions : « Si j'étais cohérente avec mes sentiments, je finirais par me comporter en asociale », dit Odile. Dans le doute, il vaut mieux qu'elle s'occupe des besoins des autres ou qu'elle se rassure en mangeant un morceau.

La nourriture peut aussi servir à étouffer la colère. Anne K. nous raconte un épisode symptomatique de ce fonctionnement. Invitée à prendre le café chez un collègue qui, croit-elle, la critique sans arrêt, elle mange, par réaction, trois parts de gâteau. Puis elle renverse sa tasse de café « malgré elle » et se retrouve en train de nettoyer par terre. En rentrant chez elle, comme elle se sent coupable de sa conduite stupide, elle se jette sur la nourriture, oubliant complètement les trois parts de gâteau qu'elle vient de manger. Ensuite elle vomit et culpabilise de nouveau. Lorsqu'il s'agit de parler de sa vie sexuelle, Anne est embarrassée. Elle n'a que très rarement des orgasmes, sauf quand elle a un peu bu. Sa disponibilité vis-à-vis de son partenaire est limitée : si elle se laissait aller elle se sentirait méprisable. Alors elle s'interdit tout : mieux vaut ne pas avoir d'envie du tout que d'en avoir trop.

C'est à cause de cette incapacité à être responsables de leurs pulsions que les sujets boulimiques finissent par avoir si peu de temps pour eux-mêmes. Ils perçoivent le temps libre comme espace angoissant, un vide qu'il faut remplir en mangeant frénétiquement. J'ai déjà eu l'occasion d'expliquer la grande différence entre le contrôle et la maîtrise de soi [11]. Comme les anorexiques, les boulimiques tentent d'exercer un contrôle externe et volontaire parce qu'ils n'arrivent pas à maîtriser leur « intérieur ». Beaucoup tentent de compenser leur angoisse par des rituels obsessionnels, faire le ménage par exemple. Ce sont des personnes de confiance, souvent parfaitement insérées dans leur contexte social et qui ont totalement intériorisé des messages du genre, « d'abord le devoir, ensuite le plaisir », « qu'est-ce que les voisins vont penser ? », « l'oisiveté est mère de tous les vices ». Ils affichent le plus grand mépris pour les activités ludiques qu'ils considèrent comme inutiles car, par principe, un enfant comme il faut est un enfant qui se rend utile. Le psychanalyste Wolf Schmidbauer a forgé le terme de « syndrome assistantiel » pour définir cette catégorie de boulimiques qui montrent une prédilection pour les activités à caractère social [12]. Si l'on fouille un peu dans l'enfance de ces sujets, on découvre qu'ils n'ont jamais pu s'opposer à leur mère parce qu'ils avaient peur d'en perdre l'amour. Et le malentendu sur l'idée qu'ils se faisaient de l'amour maternel ou, qui sait, de la possessivité a par la suite lourdement pesé sur leur vie.

La boulimie se manifeste souvent de manière récurrente comme des crises de panique. Les accès de faim surviennent surtout en fin d'après-midi et dans la soirée, mais l'attraction pour telle ou telle nourriture varie selon les sujets : il y a les monomaniaques – spécialement du chocolat – et ceux qui mangent de tout. Ce sont ces derniers qui constituent les cas les plus graves. La crise de faim leur sert autant à se remplir qu'à se punir, et il n'est pas surprenant de découvrir que certains boulimiques manifestent du mépris pour les gens au caractère faible : c'est encore une manifestation de masochisme. Quand les boulimiques tombent amoureux, ils se laissent traiter comme des marionnettes. Ils ont d'ailleurs autant honte de leur goût pour les voyous que de leurs accès de faim.

Les vomissements, avec ce qu'ils comportent d'urgence violente, peuvent être considérés comme l'équivalent de l'accès de faim ou le moyen d'y mettre fin. Parfois le mécanisme prend une valeur auto-érotique. La honte que l'on éprouve en se mettant les doigts dans la gorge serait comparable aux sentiments que peut susciter la masturbation [13]. Mais les vomissements sont aussi un moyen d'expier la honte que provoque la voracité. Cette dernière valence symbolique est assez fréquente parce que, comme les personnalités « ocnofiles » de Michael Balint (ces personnes qui préfèrent chercher l'équilibre à l'intérieur de soi plutôt que de prendre des risques extérieurs), les boulimiques espèrent aussi trouver leur équilibre dans la nourriture [14]. Autrement dit, ils pensent que l'insatisfaction est l'état de ceux qui sont en dehors d'eux-mêmes, alors que le bonheur, même bref, se situe « en dedans ».

La vie sexuelle des femmes boulimiques

Nous l'avons vu, la boulimie est dix fois plus fréquente chez les femmes que chez les hommes. C'est la raison pour laquelle il est plus facile de trouver des études cliniques sur le passé sexuel des femmes et sur l'influence de ce passé sur les troubles du comportement alimentaire.

La littérature scientifique confirme qu'il existe en général une relation entre les agressions sexuelles subies au cours de l'enfance et la boulimie de l'âge adulte. En 1980, sur les trois cent quarante boulimiques étudiées par Karen Beckman, aucune n'avait eu de problèmes sexuels au sein de la famille mais un fort pourcentage avait subi des violences sexuelles hors du milieu familial [15]. En 1989, un groupe de recherche dirigé par le Dr Sloan a mis en évidence que 39 % des boulimiques et des anorexiques graves qui faisaient l'objet de leur étude avaient subi des violences sexuelles dans le passé [16]. Des travaux plus récents, comme ceux de G. Waller, qui ne se limitent pas à étudier les agressions sexuelles mais prennent également en compte l'atmosphère familiale, insistent sur l'importance de l'estime de soi et de la richesse des interactions affectives dans la famille : les deux phénomènes, le second en particulier, sont pratiquement inexistants aussi bien chez les victimes d'abus sexuels que chez les sujets souffrant de pathologies alimentaires [17]. En outre, les boulimiques éprouvent le même sentiment de culpabilité que les enfants victimes d'abus sexuels qui s'accusent de ne pas avoir résisté suffisamment à leur agresseur. Dans le cas de la boulimie, c'est la nourriture qui joue le rôle de l'agresseur.

En conclusion, tout laisse supposer que le lien entre abus sexuel et pathologie alimentaire n'est pas un rapport de causalité linéaire, mais une interaction circulaire.

A partir d'une étude menée en 1992 sur quarante boulimiques, G. Waller a découvert que plus la violence sexuelle a lieu précocément, plus les crises de boulimie et les séances de vomissements sont importantes. Les cas les plus graves se rencontrent lorsque les abus sexuels ont eu lieu avant l'âge de quatorze ans, qu'ils ont été répétés et ont toujours été perpétrés par le même membre de la famille [18]. Dans ces cas, plus que la nourriture, c'est l'*expérience traumatique* que l'on absorbe et que l'on expulse en mangeant et en vomissant. Ces études confirmeraient également que l'association entre anorexie et boulimie est arbitraire. Pour Phyllis Lacey, les boulimiques ressemblent beaucoup aux personnalités qui ne peuvent pas se passer d'alcool, de drogue ou de sexe [19]. Autrement dit, la boulimie serait une pathologie du comportement plus que de l'alimentation.

Ce qui se confirme par l'analyse de la sexualité à l'âge adulte. D'après une étude de A. M. Haynes, les boulimiques se comportent avec la même impulsivité à l'égard de la sexualité qu'à l'égard de la nourriture [20]. Manger est comme prendre un sédatif : cela tranquillise et cela fait taire la honte de sa propre sexualité. Mais si la nourriture remplace le sexe, l'inverse se rencontre aussi. Certains cherchent à lutter contre les crises de boulimie par les rapports sexuels et la masturbation. Dans ce cas, le comportement sexuel n'a aucune finalité érotique, exactement comme la faim nerveuse qui ne tend pas à la réalisation du plaisir mais à faire taire l'urgence du besoin. Pendant que la boulimique oscille entre les fonctions non alimentaires de l'alimentation (FNAA) et les fonctions non sexuelles du sexe (FNSS), sa vie perd son sens. Son identité en est affectée et certains auteurs signalent un taux élevé d'homosexualité parmi les femmes boulimiques. D'après une étude réalisée par R. H. Strigel-Moore sur des boulimiques lesbiennes, ces dernières sont encore plus sujettes aux crises de faim nerveuse que les autres et elles se mettent moins au régime : pour elles les canons de la beauté féminine ne sont en réalité que l'expression de la prédominance masculine dans la culture sociale, et elles ne supportent pas de s'y conformer [21].

Si la vie sexuelle des personnalités boulimiques apparaît si peu satisfaisante, c'est parce qu'elle est réfrénée à différents moments de son développement. Ce ne sont évidemment pas les crises de faim qui créent les problèmes sexuels, mais le peu d'estime de soi et le jugement négatif qu'on porte sur son propre corps. C'est pourquoi, dans les cas de boulimie, les approches thérapeutiques les plus modernes placent la diététique au second plan et se concentrent surtout sur les soins du corps et la psychothérapie.

Notre recherche

Véronique Jagstaidt a récemment mené à Genève une étude sur les femmes boulimiques [22]. L'échantillon étudié était constitué de soixante patientes : trente vraies boulimiques et trente femmes en bonne santé, pour le groupe de contrôle. Les deux groupes étaient composés de sujet d'âge et de niveau socioculturel identiques. En comparant l'échelle des comportements sexuels (ECS) avec celle des comportements alimentaires (ECA) nous avons eu confirmation que si l'incidence de l'auto-érotisme est équivalente dans les deux groupes, on relève un fort comportement répressif dans les familles des boulimiques. Dans les quelques cas où ces femmes ont reçu une éducation sexuelle, elles s'en souviennent comme d'un événement traumatisant. Dans le groupe des boulimiques on rencontre deux fois plus d'abus sexuels que dans le groupe de contrôle : 10 % des boulimiques portent le fardeau d'un inceste avec leur père, 20 % avouent quelques rapports sexuels non désirés. Les contacts avec des exhibitionnistes ou des pédophiles au cours de l'enfance sont fréquents.

Comme le confirment d'autres recherches analogues, la boulimie va de pair avec une forte anorexie sexuelle : le désir est souvent absent, et les rapports sexuels sont surtout vécus de l'extérieur, comme si le sujet était spectateur de lui-même [23].

Quelles sont les orientations générales à retenir de la littérature scientifique que nous venons de citer ?

1. L'alternance des crises de boulimie alimentaire et de boulimie sexuelle qui tendent à se compenser à tour de rôle ne se vérifie qu'à l'intérieur de la catégorie dite « polyaddictive ». Dans la plupart des cas, les femmes boulimiques ont une vie sexuelle pauvre et elles manifestent une certaine indifférence dans le rapport affectif.

2. La psychologie a aujourd'hui tendance à abandonner l'hypothèse d'une relation directe entre les pathologies alimentaires des adultes et les perturbations survenues au stade oral du développement, comme Hilde Bruch l'a déjà avancé [24]. Et c'est au contraire dans la pathologie des interactions personnelles et dans le mauvais développement de l'intimité corporelle, affective et sexuelle qu'on cherche la raison qui empêche ces femmes de trouver la bonne distance, à la fois dans le rapport à elles-mêmes et à leur propre corps, et dans le rapport à autrui [25]. Philippe Jeammet n'hésite pas à les inscrire parmi les nouvelles addictions [26].

3. C'est parce qu'elles ne savent pas dire *non* que nous rencontrons tant de cas d'abus sexuels dans la biographie des patientes boulimiques. Trop « bien élevées » et désireuses de

bien faire, les futures boulimiques passent leur enfance à essayer de plaire à leurs parents. Elles dépendent tellement du désir maternel qu'elles ne font jamais l'expérience du refus d'opposition : ce qu'on appelle le « non » structurant. C'est leur besoin d'amour et d'approbation de la part du monde des adultes qui fait de ces petites filles des proies faciles pour les agresseurs sexuels. Et si les abus ont lieu au sein de la famille, c'est précisément parce que la famille pathologique empêche la construction d'espaces d'autonomie personnels. On trouve fréquemment dans ces familles des cas d'alcoolisme et, comme on le sait, les parents alcooliques ont un effet déstructurant certain sur leurs enfants.

4. Le comportement des parents alcooliques est perçu par leurs enfants comme un miroir déformant et un mauvais exemple de contrôle de leurs propres limites. Ce n'est pas le développement sexuel qui s'en trouve perturbé, c'est toute l'organisation psychique. Dans l'évolution naturelle, la petite fille réalise son triangle œdipien en se rapprochant de son père pour se détacher de la dépendance maternelle. En allant jouer sur les genoux de son père (ou d'un père de substitution) et en rêvant de l'épouser, la petite fille met l'omnipotence maternelle en crise : la mère, perçue comme insuffisante, remplace enfin la grande mère phallique. C'est cette oscillation entre l'identification paternelle et l'identification maternelle qui permet la maturation. Maturation impossible autrement, car elle resterait bloquée dans le rapport symbiotique avec la mère. Cependant quand le père est absent, ou pire quand il ne permet pas à la petite fille de mimer la séduction et que même, au contraire, il en profite, il ne fait rien d'autre que créer une confusion et une distorsion dans sa perception des limites. Et c'est précisément une *pathologie de la limite* que révèle la faim nerveuse des patientes boulimiques.

En somme, la boulimie n'est pas considérée comme une pathologie alimentaire mais davantage comme un *dysfonctionnement pathologique de l'alternance entre ordre et désordre.* C'est aussi pour cette raison que nous considérons comme superficiel un traitement qui ne prendrait en considération que le régime. L'approche plurifactorielle, plus moderne, comprend des médicaments psychotropes, une psychothérapie individuelle ou de groupe et une approche du corps. C'est seulement lorsque la perception de soi, celle de son propre corps et de sa propre personnalité se trouve renforcée que l'on peut entreprendre de résoudre le problème alimentaire.

La méthode expérimentée par le professeur W. Vandereycken à la clinique de Louvain, près de Bruxelles, et que nous prévoyons d'appliquer à Genève, n'est pas du tout conventionnelle [27]. Il s'agit d'ajouter aux thérapies traditionnelles une dizaine de séances de thérapie de groupe où les patientes s'interrogent sur la signification de leur propre sexualité, actuelle et passée. La formule est attrayante car, comme nous l'avons vu plus haut, ce sont souvent des troubles de la sexualité qui provoquent les perturbations alimentaires.

II

Obésité et sexualité

La peur de grossir empoisonne aussi la vie des très jeunes gens. D'après une enquête menée auprès de 3 064 étudiants suisses, 35,8 % des garçons et 53,6 % des filles surveillent leur poids [1]. 20,5 % des filles et 8,5 % de leurs compagnons du même âge déclarent faire un régime. Qui peut encore dire que les jeunes sont beaux et insouciants ? Avec l'âge la situation va en empirant. Face aux menaces des médecins (risques de complications cardiovasculaires) et des sociologues (être gros serait un handicap à la séduction), même les plus solides craquent, s'inscrivent dans un gymnase-club et se mettent au régime. Les *Trois Grâces* florissantes de Rubens ou *Les Baigneuses* de Renoir sont toujours admirées dans les musées, mais le sort de celles qui leur ressemblent est bien différent.

Au point que même le lecteur le plus distrait a entendu parler du BMI, ce rapport entre le poids et la taille qui décide si nous sommes trop gros, dans la norme ou maigrichons. Dans notre société opulente, c'est le surpoids, et parfois l'obésité, qui prévaut. En plus des personnes véritablement en surpoids, il faudrait ajouter les 26 % de femmes européennes qui ont déclaré vouloir maigrir bien que leur poids se situe dans la norme. Pourquoi veut-on maigrir ? Pour des raisons de santé (94 %), pour plaire (61 %), pour réussir professionnellement (40 %). Pour satisfaire tous ces obsédés du régime, n'importe qui s'improvise spécialiste de l'alimentation, les centres de cure thermale fleurissent et des émissions de télévision entières sont consacrées au problème.

En examinant dans ce chapitre les rapports entre érotisme et obésité, nous allons nous intéresser aux problèmes sexuels suscités par l'obésité due à des facteurs biologiques, puis à l'obésité comme conséquence de difficultés affectives et sexuelles, et enfin aux difficultés sexuelles provoquées par les régimes. Mais pour comprendre les différents types d'obésité – gourmande, vorace, passive – il nous faut d'abord parcourir l'histoire, la sociologie et la psychologie et comprendre l'importance accordée par ces disciplines à la nourriture, à l'instinct alimentaire et à l'image corporelle.

L'image sociale

Rares sont les auteurs qui, comme Reay Tannahill dans son ouvrage *Le Sexe dans l'histoire*, affirment qu'il s'est trouvé des périodes de l'histoire où l'obésité était considérée comme une valeur [2]. On continue néanmoins à dire de quelqu'un qu'il « vaut son pesant d'or », ce qui est particulièrement vrai pour l'Aga Kahn. D'une manière générale l'obésité a toujours été critiquée. Les austères Spartiates n'avaient aucune indulgence pour les gros, les Athéniens n'appréciaient guère l'embonpoint et Socrate dansait tous les matins pour se garder en forme [3]. La considération portée par les Romains aux mangeurs était telle qu'ils inventèrent le *vomitorium*. Au Moyen Age on franchit allègrement le pas qui mène de la simple réprobation sociale au statut de péché capital. Nous l'avons vu, c'est à partir de ce moment que le sucre devient une substance immorale. Ce qui, nous l'avons vu, n'empêche pas les moines d'avoir une nourriture riche : une étude récente fait état de repas leur apportant jusqu'à cinq mille calories. Avec des hauts et des bas selon les périodes de l'histoire (voir notre premier chapitre), la valorisation des vertus de la maîtrise alimentaire gagne du terrain [4]. Ces dernières décennies, on a vu apparaître ce que le poète Ogden Nash appelle « l'obsession des Américaines » : la pratique du régime à vie.

Les recherches sur la répartition sociale des gros donnent des résultats assez semblables. Une étude menée à New York sur des adultes par M. E. Moore et ses collaborateurs montre que l'obésité féminine est sept fois supérieure dans les classes sociales les plus basses par rapport aux plus favorisées [5]. Un autre sondage entrepris par A. J. Stunkard dans les écoles des Etats-Unis confirme cette tendance : l'incidence de l'obésité chez les petites filles de familles pauvres est de 29 % contre à peine 3 % chez celles issues de familles riches. Les résultats vont dans le même sens pour les garçons, bien que l'écart soit moindre [6]. Une étude analogue menée en Allemagne nous fournit une réponse différente et originale : là-bas, l'obésité est encore fréquente chez les femmes de niveau social peu élevé, mais chez les hommes ce sont les plus riches qui sont les plus gros [7]. Comme si la convention sociale allemande faisait correspondre poids, pouvoir et prestige.

On assiste au même phénomène dans certains pays du tiers-monde. En revanche, partout ailleurs en Occident, l'obésité correspond à un handicap social certain. Une autre étude américaine effectuée sur neuf mille personnes entre vingt et trente ans montre que les gens d'origine modeste ont une probabilité d'être obèse double de ceux qui viennent d'un milieu aisé. Chez les femmes le rapport passe de un à trois. Et on trouve plus d'obèses chez les travailleurs manuels que dans les autres catégories [8]. En outre, les femmes maigres auraient plus de chance de faire carrière que les grosses, avec cependant une petite réserve : les minces ne réussissent pas uniquement parce qu'elles sont séduisantes mais aussi parce qu'elles sont plus ambitieuses et donc motivées pour rester minces [9].

Grâce à une étude menée tous les sept ans sur environ dix mille jeunes gens de Boston, on a pu vérifier non seulement que les gros étaient plus pauvres, moins scolarisés et, le plus souvent, vivaient seuls, mais on a observé aussi que leurs chances de trouver un premier emploi étaient inférieures de 5 % chez les hommes et de 10 % chez les femmes par rapport à leurs camarades minces [10]. Une autre étude, portant sur 12 537 Britanniques, confirme que les femmes grosses et les hommes petits sont moins bien payés au début de leur carrière [11]. A la télévision aussi, les femmes fortes subissent une plus grande discrimination que leurs collègues masculins. Des chercheurs ont étudié 221 personnages apparaissant régulièrement sur les écrans : la proportion d'hommes minces n'est que de 17,5 % contre 69,1 % de femmes. Conclusion : si on est obèse et qu'on veut devenir vedette à la télévision, mieux vaut être un homme [12].

Pourquoi grossit-on ?

On a tort de se moquer des obèses car leur souffrance est réelle. Etre gros dans un monde où la mode est à la minceur inflige des blessures narcissiques susceptibles de faire vaciller l'ego. Même quand ils font de l'ironie sur eux-mêmes, les obèses se sentent profondément mal. Ce sont des incompris : on les considère comme des faibles ou des lâches ; en réalité ce sont souvent des intuitifs dotés de cette émotivité assez proche de la folie qu'on rencontre chez les individus à la personnalité dite « cas limite » ou *borderline*. Mais alors, me demanderez-vous, pourquoi sont-ils obèses malgré la pression sociale défavorable ? Pour les spécialistes de la nutrition, les principales causes sont les troubles du comportement alimentaire et les troubles métaboliques et endocriniens. Voici les raisons les plus connues :

1. Il y a, avant tout, des raisons *biographiques*. N'oublions pas qu'on a tendance à prendre du poids avec l'âge. La recherche européenne sur le contrôle du poids chez mille femmes de cinquante-deux ans (citée plus haut) a confirmé que les femmes prenaient en moyenne 10,6 kilos entre vingt et cinquante ans. Les principaux responsables sont la grossesse et les hormones, les divorces et les deuils faisant plutôt maigrir.

2. Les facteurs *héréditaires* comptent également. Par exemple, certaines personnes sont particulièrement sensibles au sucre. Cette prédisposition, nous l'avons vu, est présente dès l'enfance et elle nous est confirmée par la mesure de la rapidité avec laquelle les nouveaux-nés tètent leur biberon : les enfants de parents normaux mangent les solutions moyennement sucrées avec plus d'enthousiasme que celles saturées en sucre alors que les enfants de parents obèses montrent une préférence pour les liquides très sucrés [13]. De même, chez les adultes, une personne normale éprouve immédiatement une sensation de dégoût pour une bouillie de glucose, tandis que la réaction des obèses pathologiques est beaucoup plus longue à se manifester [14].

3. Les *troubles endocriniens* ne sont responsables de l'obésité que dans moins de 1 % des cas. En revanche, les *troubles métaboliques* (diabète, hypothyroïdie et maladie de Cushing) sont fréquents. Les obèses ne sont pas égaux face aux calories. Un grand nombre d'entre eux brûlent plus difficilement les aliments ingérés que les non-obèses. Ce défaut est très probablement d'origine génétique et certains auteurs ont même parlé d'un gène dit « d'économie » (*thrifty gene*). Ces défauts métaboliques ne semblent que peu importants pour certains chercheurs, mais ils constituent un déficit journalier

de deux à trois cents calories. Un tel handicap peut engendrer une prise pondérale de plus de dix kilos par an.

4. La *quantité de nourriture* ingérée n'est évidemment pas sans incidence. Souvent les obèses se gavent plutôt qu'ils ne mangent. En cela ils se distinguent des gourmands et des gastronomes. Ces derniers sont des esthètes dotés d'un odorat et de papilles gustatives ultradéveloppées qui jouissent autant du plaisir de la table que de la conversation.

5. On peut aussi devenir obèse en continuant à manger les mêmes quantités de nourriture si on *diminue les « sorties »* du bilan physiologique. L'exemple typique est celui des sportifs qui, l'âge venant, réduisent leurs activités sportives.

6. L'*image corporelle* peut faciliter la prise de poids : si l'on se sent bien quand on a une silhouette ronde, on ne fera rien pour s'en défaire.

7. Comme *ils mangent plus vite* que la moyenne de la population, les obèses finissent par manger plus. Les hommes en particulier qui, lorsqu'ils souffrent de voracité et de faim nerveuse, pratiquent rarement les solutions adoptées par les femmes boulimiques (vomissements et laxatifs) et finissent par devenir obèses.

Voici, en général, pourquoi on grossit. A ces raisons psychologiques il faut ajouter sept autres causes à l'obésité pathologique, toutes liées à cette recherche de la bonne distance affective, recherche que connaissent bien les obèses, ballottés entre la dépendance vis-à-vis des autres et la recherche d'autonomie [15]. Dans notre essai sur l'intimité, nous avions insisté sur le concept de « résonance empathique » (*attunement*) proposé par Stern [16]. Les principaux troubles du comportement sont les suivants :

1. L'OBÉSITÉ ACTIVE. La rapide augmentation du poids est causée par une abondante ingestion de nourriture, qu'il

s'agisse de gourmandise ou de voracité. On trouve un bel exemple de ce mécanisme dans un livre pour adolescents, *Mini Hocker se shoote* – dont on a aussi tiré une série télévisée [17]. C'est l'histoire d'une adolescente obèse racontée par un garçon nommé Tucker. Il a connu Dinki parce qu'elle a répondu à son annonce passée dans le journal : « Mon père ne me permet plus de garder ma chatte Nader à la maison. Qui la veut ? » Dinki prend la chatte. Quand elle commence à grossir, elle se met aussi à gaver la pauvre bête. La jeune fille est de plus en plus isolée du monde extérieur, car elle a une mère despotique qui éloigne tous ceux qui voudraient s'intéresser à elle : non seulement Tucker et son amie Nathalie, mais aussi l'autre gros de l'histoire, John, le seul à lui manifester un véritable intérêt. Quand Dinki est obèse au point que descendre l'escalier devient un calvaire, sa colère explose : elle confectionne des panneaux où elle s'accuse de se droguer et les placarde dans tout le voisinage. En réalité elle ne se drogue pas, bien sûr, mais, par ce geste, elle réussit au moins à égratigner la parfaite image sociale de sa mère. Et quand Dinki commence à aller mieux, les effets de l'amaigrissement se font aussitôt sentir sur la chatte Nader. Le livre, loin d'être un chef d'œuvre, a au moins le mérite d'expliquer, dans un langage à la portée des jeunes, ce qui arrive quand on grossit sans le vouloir vraiment.

2. L'OBÉSITÉ PASSIVE. Ceux qui en sont affectés sont souvent des gens aimables mais facilement influençables et passant instantanément de la joie à la tristesse. Ils vivent presque en symbiose avec les autres, dans un état qu'Apfeldorfer appelle l'*hyperempathie* et qui finit par se retourner contre eux [18]. Les obèses passifs sont gros parce qu'ils mangent trop, et ils mangent trop parce qu'ils n'arrivent pas à affronter les vicissitudes de la vie, sources d'angoisse ou de dépression. Alors ils ferment les yeux et les oreilles et ouvrent grand leur esto-

mac pour se réfugier dans le plaisir régressif mais rassurant d'un bon repas. Et le temps d'un moment, leurs problèmes s'estompent.

C'est le cas de Georges, quarante-six ans, qui vient me voir en se plaignant d'érections « molles ». En réalité, c'est lui qui est mou et cela se voit tout de suite : dix kilos de trop, la main molle et sans énergie. Il a une occupation sédentaire qui consiste à gérer l'immense collection de timbres de son père. Chez lui tout est à portée de main : sa femme, qu'il ne fait plus que caresser en échange de rares coïts oraux, et les sucreries et les fruits qu'il engloutit mécaniquement depuis quelque temps. L'instinct du chasseur lui fait complètement défaut, aussi bien dans son travail que dans sa vie sexuelle et alimentaire; il faut que ça lui tombe « tout cuit » dans la bouche.

Il semble que son rapport avec sa mère, interrompu par une dispute à propos de l'héritage de son père, soit à l'origine du problème. Il a gagné la bataille au tribunal et en a retiré la sécurité financière, mais il a payé cher sur le plan émotionnel sa tentative de combativité. Et après avoir tenté l'aventure et s'être confronté aux difficultés de la vie en achetant un restaurant, il a préféré se retirer chez lui. Il s'est d'abord limité à une chambre, puis à un fauteuil ou il se cale tous les jours comme dans un grand utérus. Là Georges peut donner libre cours à tous ses instincts régressifs. Le diététicien ne pourra rien faire pour lui, du moins tant qu'il préférera l'idée d'être rempli par la nourriture-biberon à celle de remplir sa femme. Dans les cas d'obésité passive le ventre finit par avoir plus d'importance que le cœur. Et Georg Groddeck a raison de rappeler, dans son essai sur la constipation, que l'homme n'est pas divisé en deux mais en trois : tête, cœur, ventre [19].

Cette importance du ventre nous renvoie aux efforts de Rabelais pour réhabiliter la partie inférieurs du corps humain [20]. Alors que dans la philosophie de Platon la région du bas-ventre et les parties génitales restent cachées, c'est grâce au grotesque que Rabelais peut dévoiler le secret. Et si les pérégrinations érotiques du marquis de Sade finissent dans la terreur [21], celles de Rabelais s'achèvent toujours dans un grand éclat de rire. L'estomac malade de Pantagruel, son mythique personnage, est exploré par une armée de spéléologues qui se déplacent avec circonspection dans ses viscères comme dans la caverne d'Ali Baba.

Le ventre est également l'élément central de certains romans de Zola. Dans *Le Ventre de Paris,* Florent apprend la vie avec les marchands des Halles [22]. Dans *Germinal*, le héros du livre, Etienne Lantier, travaille à la mine où se reproduit à l'infini le mythe d'engloutir et d'être englouti vivant [23]. Comme le montre la fascination que l'histoire du Petit Poucet exerce sur les enfants, engloutir est un geste plus archaïque que mordre : mordre implique une volonté active, engloutir renvoie à des mécanismes plus primitifs. C'est du ventre, pas du cœur que naît la vie, c'est ce que disent l'histoire et les écrivains. Et ce ne sont pas les obèses qui nous contrediront.

3. L'obésité de stress. Différentes expériences montrent qu'on peut aussi grossir par réaction à un certain degré de stress. En cela l'homme et le rat se ressemblent. Si, par exemple, on pique régulièrement la queue d'une souris de laboratoire, la petite bête atteint un état d'excitation qui la pousse à manger frénétiquement. Dans une expérience analogue, on a placé dans une pièce peu éclairée et très bruyante quelques cobayes humains à qui on a donné un puzzle impossible à reconstituer. Puis on leur a offert une collation et on a remarqué que le stress a poussé les obèses, et en particulier les femmes obèses, à manger 25 % de plus que la ration moyenne [24]. Dans une autre étude on a demandé aux sujets si les événements stressants de leur vie, comme le mariage, le

divorce, la mort de leurs parents avaient entraîné une augmentation de poids. 79 % des obèses ont répondu oui, contre 9 % chez les sujets de poids normal [25]. Le stress joue un rôle différent selon son intensité. Un peu de stress augmente l'appétit, beaucoup le coupe. C'est pourquoi les centres modernes de diététique utilisent régulièrement les techniques de relaxation.

4. L'OBÉSITÉ COMME VENGEANCE. « Avant que mon ami ne me détruise complètement. » C'est par ces mots que Philippine, une jeune femme de vingt-six ans, termine la phrase par laquelle elle vient de me demander de l'aider. Depuis qu'elle essaye d'être un peu plus autonome, en suivant des cours du soir, son ami, Marc, est devenu de plus en plus méchant et possessif. Il lui refuse la tendresse dont elle a tant besoin et la sodomise pour l'humilier. Alors Philippine a commencé à manger compulsivement, et en l'espace de quelques semaines, elle a atteint quatre-vingt-six kilos.

Je la regarde. Elle a un beau visage et de grands yeux noirs avides de communiquer, mais à partir du cou, son corps est dissimulé sous un poncho et on ne peut qu'imaginer une forme pyramidale. Cependant, comme Philippine ne parle pas de son obésité, je décide d'en faire autant. Nous forgeons ainsi la base d'une complicité qui nous conduira au cours des deux années à venir à *soigner son obésité sans en parler.* Au lieu de m'occuper de son poids je m'informe de l'histoire de cette fille unique de parents symbiotiques : son père, faible et malade, et sa mère, omniprésente, ont toujours refusé à Philippine la moindre parcelle d'autonomie. Quand les parents sont trop unis, c'est un phénomène fréquent qui finit par empêcher la triangulation œdipienne normale des enfants. Et, en effet, Philippine a grandi sagement, obéissante et contente de faire plaisir à sa famille. Bonne élève avec de bons amis.

Parmi eux, il y a Marc, lui aussi fils de bonne famille. Leurs premiers rapports sexuels se passent sans grand enthousiasme, et uniquement parce qu'il vaut mieux ne pas dire non. Philippine est excitée mais elle n'a pas d'orgasme. Elle est bien trop préoccupée par la maladie cardiaque de son père – qui meurt deux ans plus tard. Le début de sa boulimie vorace coïncide avec la rupture de cet équilibre relationnel. On envoie Philippine changer d'air à Genève. Elle y vit chez des cousins et fait des études de sciences politiques. Manger lui sert à compenser la rupture affective avec son père et son ami. Ce n'est cependant pas la seule cause de son obésité. Ses razzias dans le réfrigérateur représentent pour elle une forme d'activisme défensif lui donnant l'illusion de contrôler la réalité : il vaut mieux manger que de rester à attendre et à s'inquiéter de l'avenir. Il faudra la mort de son père pour que Philippine découvre le caractère imprévisible des choses de la vie. Elle en a été tenue à l'écart par une famille dont la préoccupation principale était de la garder dans une cage dorée. Durant les années où elle vivait chez ses parents, Philippine faisait un rêve récurrent où elle tombait dans le vide. Quelle meilleure parade peut-on trouver quand on a peur de perdre l'équilibre que de prendre une forme pyramidale ?

Sa silhouette obèse plus convexe que concave lui sert à renforcer le versant masculin de son identité sexuelle, celui qui lui permet d'aller à l'université et de compenser sa vulnérabilité féminine. Suivre la vie sexuelle de cette jeune fille nous a permis de comprendre son évolution personnelle. Au début de la puberté, Philippine se masturbait de temps en temps, et elle en éprouve toujours un fort sentiment de culpabilité. Puis elle a fait l'expérience de l'orgasme, mais uniquement clitoridien. Son vagin restera fermé tant que Philippine ne sera pas capable de transformer son image corporelle convexe en une concavité active.

Le changement intervient petit à petit, mais il s'accélère

dès que Philippine accepte, tout en conservant son rôle actif, de se laisser « pénétrer » par mes paroles. La vie sentimentale de cette jeune fille est comme un champ de bataille jonché des dépouilles des hommes qu'elle rencontre, séduit, puis abandonne, par insatisfaction. On y trouve un ancien drogué à la recherche d'un guide, un diplomate italo-américain en quête d'une mère, un play-boy avec femmes, voitures et éjaculations précoces. Ce travail avec Philippine m'a appris beaucoup sur la grande diversité des hommes en crise. Deux ans après la fin de sa thérapie, Philippine me donne régulièrement de ses nouvelles. Elle est mariée, heureuse dans son couple et elle a un enfant. « Je vous ai vu à la télévision, m'écrit-elle, et j'ai l'impression que vous allez très bien. Si vous me voyiez maintenant, vous seriez stupéfait de ce que j'ai maigri, de ce que mon enfant m'a comblée. »

J'étais stupéfait, en effet : Philippine parlait enfin de son obésité ! L'obstacle principal à sa thérapie avait été précisément l'usage punitif et masochiste qu'elle faisait de sa grosseur. Peu habituée à exprimer ses émotions, Philippine ne s'était jamais permis d'éprouver de l'affection pour son père malade ni de l'agressivité envers sa mère qui l'étouffait. Elle avait contenu ce volcan et son obésité l'aidait à le contenir. Grossir était une vengeance : elle lui permettait à la fois d'expier ses fautes et d'éprouver de la satisfaction. Elle qui était habituée à penser que son corps « transformait la nourriture en merde », avait enfin pu retrouver une perception plus sereine de son intériorité grâce à son enfant.

5. L'OBÉSITÉ PSYCHOSOMATIQUE. Comme le soulignent les grands spécialistes des troubles de l'alimentation, de Hilde Bruch à Philippe Jeammet, l'une des causes fondamentales de l'obésité est la confusion entre les émotions et les sensations [26]. Parfaitement capables de percevoir des sensations viscérales, les obèses sont comme sourds à l'écho de senti-

ments plus raffinés. Pour eux, manger n'est pas seulement un mode de vie, c'est aussi une façon de s'exprimer. C'est pourquoi les obèses de cette catégorie ont du mal à reconnaître leur faim comme un phénomène alimentaire. Faim, tension et colère se confondent; leur agressivité se transforme facilement en voracité. La médecine psychosomatique parle de « personnalités alexitimiques » c'est-à-dire incapables de reconnaître leurs émotions.

6. L'OBÉSITÉ PROVOCATION. Delphine a une mère belle et séduisante dont la vie n'est faite que de flirts et de séduction. La jeune fille a commencé à manger avec excès quand elle a découvert que sa mère rencontrait ses amants à la maison lorsque son père, diplomate, était absent. Delphine, à l'époque une adolescente frêle, s'est vite transformée en bombone. Elle a même induit en erreur son médecin : pour lui, elle voulait simplement prendre de la distance par rapport à sa mère. En réalité, Delphine a atteint deux autres objectifs : d'une part elle a obligé sa mère à s'occuper d'elle, au moins pendant quelques semaines; d'autre part, grâce à son obésité disgracieuse qu'elle exhibe sans honte, elle a réussi à perturber l'image de grande séductrice de sa mère. Et plusieurs de ses amants s'en sont éloignés pour cette raison.

7. L'OBÉSITÉ COMME ESPACE DE LIBERTÉ. Dans un monde d'interdits et de conformisme, l'obésité prend la dimension d'une rébellion d'inspiration anarchique. « Puisque je suis gros, autant ne pas l'être à moitié! », dit Julien, cité par Apfeldorfer. « Et comme je ne suis pas un gros ordinaire, tout le monde se retourne sur mon passage [28]. » L'obésité peut à la fois enfermer dans un ghetto et jeter un pont. Comme les femmes à barbe dans les cirques. Et lorsque l'obèse doit maigrir, il pense à la perte de poids mais il redoute en même temps de renoncer à son anticonformisme qui fait que les autres le regardent.

Maintenant que Yolanda habite Genève, elle arrive à regarder le passé sereinement et à comprendre pourquoi elle, d'habitude si attentive à sa ligne, a grossi jusqu'à atteindre quatre-vingt-quinze kilos, à quarante-sept ans. Tout est arrivé en trois ans, pendant la période qu'elle a passée en Bulgarie dans l'attente d'un visa pour rejoindre son mari en Suisse. Yolanda se rend compte qu'elle mangeait, d'une part, pour compenser l'angoisse de la solitude et le doute de pouvoir un jour rejoindre son mari et, d'autre part, parce que son embonpoint l'aidait à repousser les avances d'un ami de la famille qui aurait bien aimé profiter de sa solitude. Etre grosse était pour elle une défense. Mais aujourd'hui, elle doit changer de comportement, pour son mari bien sûr, mais aussi pour son médecin qui redoute des complications cardio-vasculaires. Mais la mauvaise habitude se montre tenace et Yolanda vient demander de l'aide.

Son cas n'est pas isolé. Il arrive souvent que le refus de maigrir soit lié à la peur de devenir trop séduisant ou trop vulnérable à la séduction. Non que les obèses aient peur de plaire, ils craignent plutôt de révéler leur vraie nature dissimulée sous les épaisses couches de graisse. En thérapie, ils découvrent la crainte de voir se libérer leur sexualité débridée. Pour l'éviter, ils continuent donc à manger. Ou bien, au contraire, ils retombent dans leurs accès de gloutonnerie parce que cette sexualité qu'ils redoutaient tant ne se déchaîne pas tant que ça; alors gros ou maigre, dans le fond, quelle importance.

Le problème peut également être de type relationnel, comme dans le cas de Blandine, une patiente du Dr Apfeldorfer qui prit vingt kilos pendant sa première année de mariage, atteignant quatre-vingt-dix-huit kilos pour un mètre soixante-six. Au cours de la thérapie, cette jeune femme de vingt-sept ans avoue qu'elle s'ennuie et qu'elle est frustrée par l'éjaculation précoce de son mari qui, en plus, la trompe. Ce dernier refuse par ailleurs de se faire examiner et utilise explicitement l'obésité de sa femme pour justifier ses aventures extraconjugales : « On recommencera à faire l'amour quand tu seras mince », lui dit-il, et Blandine a fini par le croire et par trouver naturel qu'il évite tout contact sexuel. Le fait d'être grosse la met dans la position de la malade que son mari doit guérir. Et leur rapport fonctionne sur le mode régressif.

Mais il y a des hommes qui aiment les femmes obèses, au nom d'une image « pyramidale » de la féminité ; les œuvres de Botero en témoignent. Les grosses répondent souvent avec gratitude, reconnaissantes d'être acceptées malgré leur physique, à tel point qu'elles sont parfois disposées à accepter toutes les trahisons, tous les reproches et autres petits jeux sadomasochistes. L'obèse existe par l'intermédiaire de son conjoint qui se trouve ainsi placé en position de supériorité. Jean-François, un vrai coureur de jupons, connaît bien ce mécanisme. Quand il courtise les femmes, il laisse les plus attrayantes à son ami : lui, il préfère les grassouillettes parce qu'il sait qu'elles seront toujours d'accord.

Dans ce genre de situation, la cure d'amaigrissement équivaut à la rupture du contrat qui lie le couple. Si l'obèse peut s'auto-accuser de l'indifférence du conjoint (« tout ça, c'est parce que je suis gros ! »), une fois qu'il a maigri il ne peut que constater l'indifférence réelle de son partenaire. C'est parfois trop difficile à reconnaître, et c'est bien souvent ce qui fait échouer les régimes. Dans d'autres circonstances, c'est le conjoint lui-même qui sabote le régime, effrayé par la perspective d'avoir une femme trop belle et trop indépendante. Toutes ces raisons font que, lorsqu'on est confronté à un problème d'obésité, il est préférable de se renseigner d'abord sur les rapports du couple. Il arrive aussi que certaines personnes veuillent rester grosses pour ne pas donner à leur partenaire le plaisir d'avoir obtenu gain de cause et garder ainsi leur autonomie. Sophie, une jeune femme dans la trentaine, manifestait en grossissant sa rébellion contre le statut d'objet que son mari lui avait attribué. En effet son embonpoint, peu apprécié de son mari, lui permettait d'éviter la servitude conjugale. En outre, son obésité décourageait les autres hommes, n'entraînant que des relations désexualisées, donc moins compliquées à gérer.

Sexualité et rondeurs

Comme l'explique parfaitement le psychiatre américain Henry Jordan, les désordres de la sexualité et de l'alimentation trouvent souvent leur origine dans les profondeurs de la personnalité orale [29]. Le beau film de Percy Adlon, *Zuckerbaby*, montre comment la gourmandise peut devenir un argument de séduction : employée dans une agence de pompes funèbres, Marianne, l'héroïne du film, est ignorée de tous jusqu'à ce qu'elle rencontre un avide et vigoureux employé de tramway qu'elle s'attache à coup de sucreries.

La sexualité des obèses n'a rien de différent de celle des gens de poids moyen, elle est même parfois plus épanouie que celle des maigres. Chez ceux qui sont au régime, il est vrai, il arrive que la composante ascétique fasse coïncider le manque de désir de manger avec une carence du désir sexuel mais, en général, le comportement ne se modifie pas beaucoup. On n'a trouvé aucune différence notoire lorsqu'on a comparé le comportement sexuel de seize adolescentes obèses à celui d'un groupe de jeunes filles minces [30]. Et une étude effectuée sur 475 femmes en surcharge pondérale de 20 %, a abouti exactement aux mêmes conclusions [30]. Il ressort cependant de ces deux études que l'excès d'autocritique sur leur physique engendre des difficultés quand il s'agit de donner du plaisir ou d'en recevoir par l'intermédiaire du corps. Les adolescentes obèses font l'amour comme les autres mais elles refusent souvent d'enlever leurs sous-vêtements ou demandent que la lumière soit éteinte.

La confiance en soi compte plus que le poids dans les problèmes d'ordre sexuel. Les difficultés à faire l'amour dans certaines positions sont vite dépassées, même s'il ne faut pas ignorer leur valeur symbolique. Si les hommes obèses aiment le coït oral, ce n'est pas seulement parce qu'ils ont du mal à bouger au lit, c'est aussi parce qu'ils n'éprouvent pas toujours l'envie de surmonter leur passivité psychologique : une sorte de *syndrome du pacha* inavoué. N'oublions pas qu'en se mettant au régime les obèses redoutent les conséquences psychologiques que risque de déclencher un changement radical de leur physionomie. Certains sont effrayés à l'idée de voir augmenter leur désir sexuel de façon incontrôlable. D'autres craignent de perdre le contrôle de leur corps ou de leur sexe. C'est pourquoi il ne faut jamais s'imposer des régimes brutaux, trop violents pour le corps et pour la personnalité.

L'aide d'un psychologue est souvent nécessaire pour ajuster l'image de soi à son nouvel aspect physique. Il ne suffit pas, en effet, de perdre un certain nombre de kilos ou de recourir à la chirurgie esthétique pour effacer l'image négative du corps. Une de mes patientes, Sabrina, continuait de porter ses vêtements démodés après le traitement, elle ne se maquillait pas et n'allait jamais chez le coiffeur. Elle était restée inconsciemment critique à l'égard de son corps et elle ne se rendait pas compte qu'elle avait changé. Un psychologue l'a aidée à reprendre confiance en elle et lui a permis de devenir séduisante.

Une recherche entreprise à Genève par les Dr Alain Golay (consultation d'obésité de l'hôpital cantonal) et Véronique

Jagstaidt (division de sexologie) [31] sur trente obèses âgés de vingt à cinquante ans (BMI moyen de 34) par rapport à un groupe de contrôle de même niveau culturel, permet d'ores et déjà de brosser le portrait-robot de Monsieur O (obèse) par rapport à Monsieur NO (normopondéral).

Si Monsieur O est devenu obèse, c'est parce qu'il mange trop et cela de façon compulsive. C'est aussi parce qu'il aime grignoter des aliments sucrés entre les repas et que, dès qu'il commence un paquet de gâteaux, il ne peut plus s'arrêter.

Toutefois, c'est moins à la gourmandise qu'au stress professionnel que Monsieur O attribue ses désordres alimentaires. Les fringales ont entraîné un embonpoint qui lui fait redouter, tout comme ses sœurs d'infortune, l'épreuve du maillot de bain. Honteux de son ventre proéminent, il craint à tel point la nudité que sa sexualité s'en trouve handicapée. Il se plaint de rapports sexuels d'un tiers moins nombreux que ceux de Monsieur NO et affiche une insatisfaction générale en ce domaine. Il souffre surtout de troubles du désir qui se manifestent par une fantasmatisation érotique d'une pauvreté consternante, des troubles de l'érection et des pratiques masturbatoires moins fréquentes que celles de Monsieur NO. Monsieur O est exclusivement hétérosexuel, contrairement à Monsieur NO dont la vitalité et la curiosité sexuelles se sont manifestées parfois par une « irruption homosexuelle » de l'inconscient sous forme de fantasmes ou de rêves. Il est même arrivé à Monsieur NO de se livrer à quelques expériences de collège ou de vestiaire.

Monsieur O n'a rien contre le fait qu'une femme lui fasse des avances et prenne des initiatives sexuelles alors que, dans de telles situations, Monsieur NO se sent agressé. De façon générale, le manque d'agressivité sociale ou sexuelle est un trait dominant chez Monsieur O. Mais sa passivité lui évite d'avoir à venir consulter comme Monsieur NO pour une anxiété de performance sexuelle ou une éjaculation prématurée.

En somme, Monsieur O, assez léthargique dans tous les domaines, en état d'hibernation perpétuelle, semble assez bien s'accepter tel qu'il est et n'est pas plus déprimé que Monsieur NO. Ce n'est pas dans l'alcool qu'il recherche une source d'excitation ou un refuge (contrairement à Monsieur NO), mais son addiction se trouve ailleurs : dans la nourriture.

III

Panne d'appétits : anorexie alimentaire et anorexie sexuelle

Si l'anorexie est un phénomène moins fréquent que la boulimie, il n'en est pas moins grave. Dans sa forme la plus connue, l'anorexie mentale, la maladie peut encore être mortelle. Dans 8 % des cas, les patientes * finissent par se suicider ou meurent des suites de leur refus désespéré de s'alimenter.

L'anorexie alimentaire s'accompagne presque toujours d'anorexie sexuelle. Perte du désir et perturbations de l'identité féminine constituent les principaux symptômes dans les cas les plus graves, et la réponse sexuelle est souvent un bon critère d'évaluation de la maladie.

Les facteurs sociaux

L'Histoire a connu de grandes anorexiques. Les « indomptables », c'est ainsi qu'on les appelle dans l'ouvrage du même titre qui leur est consacré [1]. Sissi, la célèbre impératrice d'Autriche, s'infligeait des restrictions alimentaires draconiennes et se réfugiait dans la solitude. Le cas le plus célèbre est celui de sainte Catherine de Sienne que la psychiatre D. Rampling nous décrit ainsi : « Catherine considérait son incapacité à se nourrir soit comme une punition de

* La plupart des anorexiques sont des jeunes filles ou des jeunes femmes.

Dieu pour ses péchés, soit comme l'instrument d'expiation de ces mêmes péchés. Cette dernière fonction était complétée par des vomissements. Comme elle n'arrivait pas à vomir spontanément, Catherine était obligée de s'introduire une fine brindille dans la gorge pour déclencher ses vomissements. Ce qu'elle fit tous les jours jusqu'à sa mort [2]. » En vomissant, les pécheurs expulsent leurs péchés et ils reçoivent le don de la grâce. Mais, comme le disait saint Jérôme, un des premiers anachorètes, seule l'abstinence de nourriture peut contrôler les désirs malsains. Alors que le gras et le sucre sont les instruments du démon, l'ascétisme, dont le jeûne anorexique est l'expression suprême, constitue une forme de purification divine.

Contrairement à ce qui se passe avec la boulimie, les *facteurs sociaux* ne provoquent pas l'anorexie. Mais ils y contribuent. Et s'il est vrai que cette maladie est restée inconnue dans certaines régions du Japon jusqu'à ce que les *canons esthétiques* de la culture occidentale y soient importés, il est aussi certain que, dans les cas de pure anorexie mentale, c'est la *psychopathologie individuelle* qui domine en imprimant sa marque sur les symptômes. On peut enfin souscrire aux thèses du psychiatre Fausto Manara qui introduit le concept de « cyclothymie pondérale », et soutient que ce qui se cache derrière le besoin de maigrir n'est autre que de l'*avidité* [3].

L'anorexie n'est pas tant motivée par l'*obligation de minceur*; si l'on cherche vraiment une cause sociale à la maladie, c'est plutôt sur l'idée d'*émancipation* qu'il faut se pencher. En effet, les mouvements féministes invitent d'une part à l'écologie du corps sensoriel en tant que capital de plaisir – bien distinct en cela du corps moteur et musclé de l'idéologie sportive et militaire copié sur le modèle masculin – et de l'autre ils créent un courant socioculturel incitant les femmes à bander leurs forces pour pouvoir assumer seules la responsabilité de leur destin. Nés du concept de responsabilité issu de l'éthique protestante, ces mouvements trouvent leur expression perverse chez les personnalités anorexiques qui finissent par *donner plus de valeur érotique au contrôle qu'à la vie.*

Pour certains spécialistes de l'anorexie, il ne faut pas rechercher la cause de la maladie dans la biologie ni dans la macrosociologie, mais bien dans la *microsociologie de la famille* [4]. Les parents d'anorexiques auraient souvent une relation déséquilibrée où le père n'a pas d'estime pour la mère – qu'il considère comme culturellement inférieure ou psychologiquement immature – et la mère – souvent sévère et froide – ne s'aime pas. Alors leurs filles décident que jamais, au grand jamais, elles ne ressembleront à leur mère. Elles commencent donc par arrêter de manger pour se débarrasser des caractéristiques les plus voyantes de la féminité comme les seins et les hanches. En somme, l'anorexie correspondrait ici à une espèce de grève de la faim, à une protestation mise en scène à seule fin de dénoncer l'injustice du système familial.

Patrice Guex, psychiatre à Lausanne, pense lui aussi que l'anorexie est un *trouble de la communication* [5]. La confirmation nous en est fournie par les anorexiques en traitement à l'hôpital : habituées à imposer leur tyrannie au sein de leur famille, elles tentent de déplacer les mécanismes du conflit dans cette autre famille que forment les thérapeutes, les médecins et les infirmières. Autrement dit, elles essayent de semer la zizanie à l'hôpital comme elles le faisaient chez elles.

Les facteurs psychologiques

Les anorexiques dépendent bien trop de leur entourage pour avoir suffisamment confiance en elles [6]. A l'adolescence, cette insécurité peut se colorer de dépression et il suffit d'un déménagement pour que l'anorexique voie subitement disparaître tous ses repères. L'anorexie devient alors un ensemble de règles qui permet, au moins, de contrôler son corps et ses aliments et de défendre son narcissisme fragile – qu'on pourrait se représenter comme une noix molle entourée d'une coquille dure [7]. Les anorexiques s'obnubilent sur la coquille pour cacher leur vide ou leur volcan intérieur. Ce n'est que dans un second temps que le rituel alimentaire s'érotise à son tour, déplaçant ainsi l'attention sur autre chose. Car le véritable problème n'est pas que les anorexiques ne mangent presque pas, mais ce que cela recouvre. Ce mécanisme diabolique produit inconsciemment par l'anorexique est facilité par l'intelligence avec laquelle il camoufle sa maladie derrière l'ascétisme et la spiritualité. Il faudrait un sonar pour comprendre ce que cache la personnalité anorexique. Trois caractéristiques peuvent faciliter l'exploration.

a) A la différence des obèses qui ont honte d'eux-mêmes, les anorexiques ont une tendance évidente à l'*exhibitionnisme*. Avec l'impudeur d'une strip-teaseuse qui montre son corps, l'anorexique séduit en faisant étalage de sa détermination et de son intelligence [8]. La meilleure preuve de ce mécanisme est la prolifération des ouvrages où des anorexiques racontent leur histoire. Dans son témoignage, Fabiola de Clercq, fondatrice de l'Association boulimie anorexie (ABA) qui applique la formule des alcooliques anonymes en aidant les patients et leur famille à surmonter le drame de l'anorexie, nous explique combien le sentiment d'*orgueil* des anorexiques augmente au fur et à mesure que leur poids diminue [9].

b) Comme nous l'enseigne la psychanalyse, la peur est toujours l'expression d'un malaise. L'horreur que manifeste la majeure partie des anorexiques envers le sexe montre que l'*identité sexuelle* est souvent à l'origine des perturbations de l'image du corps. Et la perte du poids affecte autant les caractères sexuels secondaires que le cycle menstruel propre à l'identité féminine.

c) Les gens qui jeûnent ressentent une sorte de plaisir assez semblable à celui des adeptes du jogging quand ils courent; il s'agit pour eux d'une espèce de nirvana; les biologistes parlent plus prosaïquement de production d'endorphines. Le *culte de la sensation* peut atteindre une acmé que la psychanalyste Evelyne Kestenberg définit comme un « orgasme de faim »; le plaisir se déplace de la pulsion au contrôle de celle-ci, provoquant chez les anorexiques une sensation proche de l'extase mystique [10]. Les saintes se privaient de nourriture pour éprouver leur force face au péché, les anorexiques le font pour éprouver leur indépendance face à la vie [11].

Ce n'est pas un hasard si la maladie se manifeste au stade de la conquête de l'autonomie personnelle, c'est-à-dire au cours du passage de l'enfance à l'adolescence ou de l'adolescence à la maternité. C'est la crainte de ces ruptures qui amène les anorexiques au suprême renoncement à la nourriture : *les anorexiques décident de n'avoir besoin de rien pour s'empêcher d'avoir besoin de quelque chose.* Et ce n'est pas un hasard non plus si, avant d'être malades, les anorexiques ressemblent à des petites filles modèles : depuis qu'elles sont toutes petites, elles sont habituées à faire plaisir à leurs parents. C'est seulement au moment où elles découvrent qu'elles ont des désirs propres et que, par-dessus le marché, ils sont en contradiction avec ceux de papa et maman, qu'elles s'affolent. Et c'est pour ne pas se voir privées de l'affection parentale qu'elles choisissent de nier leurs pulsions.

Les problèmes sexuels

Bien que leur désintérêt pour la sexualité soit constant, les anorexiques ont souvent des relations sexuelles. Elles se présentent alors chez le gynécologue pour une contraception, même si elles n'ont plus de règles depuis longtemps. Le Dr Pierre Lachgar raconte : « Parfois le gynécologue reçoit des patientes anorexiques camouflées sous des couches de pull-overs larges. Elles ont des relations sexuelles sans aucune implication affective et elles demandent la pilule pour être normales et avoir des règles comme les autres femmes. Ce qu'elles veulent en réalité, c'est vérifier que leur corps est à la disposition de leur volonté [12]. »

C'est l'amaigrissement, de 20 % à 50 % de leur poids, qui donne aux anorexiques cet aspect androïde et cadavérique. Ces patientes souffrent fréquemment d'aménorrhée et d'une stérilité due à un blocage de l'ovulation. Au début, les deux troubles sont provoqués par le contrôle mental sur le système neuro-endocrinien et, par la suite, ils sont entretenus par la perte pondérale. Dans les formes les plus graves d'anorexie, c'est donc l'esprit qui empêche les malades d'être des femmes. De la même manière qu'elles refusent la nourriture, les anorexiques refusent le sexe ; elles se situent hors du champ sexuel grâce au jeûne. Mais chassez la sexualité, elle revient au galop cachée sous d'autres formes. Le comportement sexuel devient alors un précieux indicateur pour comprendre l'anorexie, comme le prouvent les quatre cas suivants, classés par ordre croissant de gravité.

MARINE a grandi avec un père distant, une mère hyper-protectrice et des rapports affectifs superficiels. A quatorze ans, elle voit arriver ses premières règles avec joie, malgré la douleur, car elles sont la preuve qu'elle est devenue femme. Trois ans plus tard, Marine se masturbe pour la première fois, ce qui lui procure, plus qu'autre chose, une grande honte. Elle a son premier orgasme à dix-neuf ans en embrassant son petit ami. Elle décrit cette expérience comme un ouragan qui lui laissera un souvenir tellement effrayant que dorénavant elle cachera son excitation et son plaisir. Aujourd'hui Marine a vingt-cinq ans, elle est hôtesse de l'air. Elle vient me voir pour tenter de comprendre pourquoi elle n'éprouve ni désir ni orgasme.

Elle a honte de son plaisir, mais elle est très attentive à ce que son partenaire ait un orgasme. Quant à elle, elle justifie son impossibilité de se laisser aller par une peur de « partir à la dérive ». Choquée puis déprimée par la rupture avec son premier ami, elle essaye de s'en remettre avec deux amants successifs, sans résultat. Dès notre premier entretien apparaît en filigrane, de façon périodique mais tenace, une tendance à l'anorexie. Marine n'est pas motivée par la peur de grossir. Si elle se prive de la nourriture qu'elle aime, c'est pour se punir de ne pas être assez efficace dans son travail et de ne pas savoir séduire les hommes... Elle ne souffre pas d'anorexie à proprement parler, mais les sept kilos qu'elle a perdus et l'arrêt de ses règles constituent une sonnette d'alarme.

Obsessionnelle et perfectionniste, élégante mais froide, Marine a une réelle difficulté à éprouver du plaisir, qu'il s'agisse de manger ou de faire l'amour. Après avoir envisagé une psychanalyse, nous optons finalement d'un commun accord pour une thérapie corporelle. Cette thérapie est actuellement en cours : avant de retrouver du plaisir dans la nourriture et dans sa sexualité, Marine devra le redécouvrir dans son corps.

Sylvie, une biologiste de trente-trois ans, illustre un autre cas d'anorexie légère. Alors que Marine a remplacé le plaisir par le perfectionnisme, Sylvie maigrit pour éviter une grossesse. Son mari, Fabien, voulait un enfant tout de suite après leur mariage, mais Sylvie, soucieuse d'aisance financière, a préféré attendre qu'ils disposent d'au moins deux cent mille francs sur leur compte en banque. Mais une fois cet objectif atteint, Sylvie a tenté de repousser l'échéance en augmentant la somme. Devant l'insistance de son mari, elle a cessé de s'alimenter. Elle a perdu dix kilos et ses règles se sont arrêtées. Le couple est allé consulter une psychologue qui leur a suggéré d'adopter un enfant. Après quelques hésitations, Sylvie a refusé, arguant qu'elle voulait un enfant à elle et, sans doute pour gagner du temps, elle s'est fait hospitaliser : alors qu'elle était censée reprendre du poids, on l'a trouvée en train de vomir en cachette. Et c'est seulement quand on m'a envoyé Sylvie en consultation qu'elle s'est exprimée clairement : elle n'avait pas la moindre intention d'élever un enfant, ni le sien, ni un autre. Elle considérait l'enfant comme un rival et voulait rester la petite fille préférée de son mari. On appelle cela le « syndrome de Baby Doll ».

L'histoire de JESSICA est plus compliquée. A première vue elle présente tous les signes de l'anorexie mentale : ses grands yeux bleus s'ouvrent au milieu d'un visage spectral, son mètre soixante-dix est à peine rempli par quarante et un kilos et l'amaigrissement a modifié le métabolisme de cette jeune fille de vingt-trois ans au point de provoquer des problèmes articulaires la contraignant à abandonner son sport favori.

L'histoire familiale est digne d'un manuel d'anorexie : fille unique d'une mère hyperprotectrice, Jessica passe son enfance et son adolescence à s'entendre répéter qu'elle doit se forcer à manger. Son père n'est pratiquement jamais là. C'est pourtant au cours d'un de ses rares séjours à la maison que Jessica, à treize ans, découvre qu'il trompe sa mère. A sa façon, elle essaye de le dénoncer en se provoquant de violents maux de ventre. Mais comme personne ne lui prête attention, son inconscient décide d'utiliser la manière forte. Cela se produit l'année de ses seize ans. Elle part un mois à Paris d'où elle revient avec huit kilos en moins. Que s'est-il donc passé ? La dame chez qui elle habite, que son mari a quittée parce qu'elle était trop grosse, a encouragé la haine de Jessica pour les kilos superflus en lui donnant des diurétiques. A son retour, Jessica entreprend une psychothérapie classique qu'elle abandonne deux ans plus tard sans résultat.

La jeune fille arrive dans mon cabinet comme une naufragée sur une plage, confondant thérapeute et mage, Genève et Lourdes. En fait, ce dont elle a besoin, c'est de parler de sa sexualité *autrement*, de trouver une écoute différente de celle des autres médecins. Elle dit que sa maigreur l'empêche de séduire les hommes; les seuls avec lesquels elle ait réussi à sortir, c'étaient des étudiants ne pensant qu'à leurs études. Et puis, il y a eu ce guérisseur qui lui a promis un élixir miraculeux si, en échange, elle acceptait de le masturber...

Incapable d'accepter son corps, Jessica se réfugie dans l'onanisme; elle aime ça, mais ça lui donne mal à la tête. Elle voudrait vivre et danser, mais elle a réduit sa condition physique au point de ne plus pouvoir le faire. Pour l'instant, je ne l'ai vue qu'une dizaine de fois. Mais je ne désespère pas de la sortir de son anorexie : alors que les vraies anorexiques veulent maigrir pour contrôler leurs sens et diminuer les signes de leur féminité jusqu'à atteindre les limbes de l'ascétisme, Jessica a toutes les pulsions d'une jeune fille normale de son âge. Elle demande de l'aide et elle veut vivre malgré l'emprise que l'anorexie a prise sur elle. Elle est exactement dans la situation de celui qui se retrouve dépendant d'une drogue pour avoir simplement voulu l'essayer.

L'histoire de SARAH est contenue toute entière dans les dessins de tortues qu'elle me fait au cours de sa thérapie : tortues qu'elle dessine avec une maestria au moins égale à sa peur de suffoquer sous une carapace qui pourrait bien devenir une pierre tombale. La première fois que je la vois, elle me dit du mal de sa famille : de son père qui ne pense qu'à l'argent, de sa mère frustrée, de ses deux frères avec qui elle aurait bien voulu faire alliance, alliance impossible car l'un d'eux s'est mis en tête d'expérimenter la fellation avec sa sœur...

C'est à ce moment-là que se déclenche l'anorexie de Sarah : un dégoût pour la nourriture lié à son dégoût pour le sexe oral. Jusque-là incapable de s'affirmer et de dire non, Sarah se rend compte que son amaigrissement a le pouvoir d'inquiéter les membres de sa famille, un pouvoir tout neuf qu'elle exploite : en l'espace d'une année, elle réussit à faire envoyer son frère en pension, à faire dépenser une petite fortune à son père pour sa thérapie et à tyranniser sa mère. Il lui faudra cinq ans d'analyse pour comprendre que mourir pour le simple plaisir de ne pas laisser sa famille prendre le dessus ne vaut pas le coup, et qu'il est peut-être temps d'agir selon ses propres désirs et non contre celui des autres. Mais avant d'en arriver là, Sarah a dû admettre que sous sa carapace d'anorexie, elle cachait un volcan bouillant de colère et de sexualité réprimée. Les pulsions sauvages de Sarah étaient comme protégées derrière le désir de son frère. Lorsqu'elle l'a compris, elle a recommencé à manger. Dans tous les sens du terme. A présent, Sarah fait l'amour avec ses nouveaux partenaires dès le premier rendez-vous. En fait, sous le masochisme se dissimule presque toujours une voracité réprimée et chaque anorexique abrite une femme pleine d'envie de vivre et de communiquer.

Depuis qu'elle a surmonté son anorexie, Sarah a adopté une attitude autoritaire avec les hommes. Elle s'identifie avec l'agresseur, tout au moins en partie, car elle n'aime pas être dans le rôle de la victime et préfère utiliser les autres, comme son frère le faisait avec elle, plutôt que de leur être soumise. Sarah n'est plus anorexique mais elle vit encore sa sexualité de façon mécanique. Pour guérir complètement, elle devra redécouvrir la possibilité d'aimer et d'être aimée d'une autre manière que celle qui a cours dans sa famille. Espérons que la réciprocité de la relation qu'elle a instaurée avec moi lui permettra d'apprendre.

IV

Eros et Bacchus

Noé, Dionysos : le vin fait partie intégrante de l'histoire de l'humanité. Cependant, notre civilisation porte sur lui un jugement social ambivalent : positif quand il s'agit d'offrir un verre, il se fait réprobateur quand il évoque l'abus d'alcool (contre lequel nous sommes mis en garde dans des publicités qui nous incitent à en boire !). Mais si le vin nous accompagne depuis l'aube de la civilisation, c'est parce qu'il remplit des fonctions psychologiques évidentes. Nous en citerons cinq :

La consolation. Sapho considérait le vin comme un antidote à la mélancolie et comme un refuge face à la tristesse de la vie publique. Antidépresseur et somnifère, il a toujours été un grand libérateur d'angoisse : « La vie est tellement amère, le vin tellement doux, pourquoi s'en priver ? », se demande l'écrivain Umberto Saba [1].

La réparation. Le vin aide au repos du guerrier, que ce soit la guerre des armes ou le combat quotidien. Prendre un verre en fin de journée avec des amis n'est chargé d'aucune connotation négative, bien au contraire.

La créativité. Baudelaire soutient qu'il n'y a pas place pour la modération dans la vie, qu'il faut s'enivrer de poésie, de passion et de vin. Surtout de vin, écrit Paul Klee dans son journal : « Il n'y a rien qui soit, comme le vin, capable de créer cet état d'euphorie, de folie contrôlée, d'évasion nécessaire à la création [2]. « Mais attention, le vin n'est que le déclencheur, pas le moteur de la machine créatrice. Si le *cartizze*, ingrédient alcoolisé du Bellini, l'apéritif du Harry's Bar à Venise, a favorisé la créativité d'Hemingway, il ne l'a en aucun cas créée. Il ne suffit pas de boire pour devenir un génie de la littérature ou un artiste talentueux; la création est un mystère qui, Dieu soit loué! dépasse cette règle mécanique. Pablo Neruda l'exprime avec poésie : « Vin, fils étoilé de la terre, vin lisse comme une épée d'or, suave comme un velours ébouriffé, tu n'as jamais tenu dans un verre, dans un chant, dans un homme [3]. »

L'HÉDONISME. Le vin procure de grandes satisfactions, y compris à ceux qui l'utilisent pour s'ouvrir à d'autres plaisirs sociaux. « Aimer, boire et chanter », dit la célèbre valse de Strauss, tandis que les chœurs de supporters déchaînés entonnent dans les stades des hymnes autrement moins nobles. Les tavernes flamandes d'Adriaen Van Ostade et le buveur joyeux de Franz Hals du Rijksmuseum d'Amsterdam illustrent magnifiquement ces atmosphères. Dans ces tableaux, comme dans beaucoup d'œuvres littéraires, le bon buveur est montré comme un personnage jovial, la pâleur de la maladie et les rides de la décadence revenant à l'avare. Le vin inspire de la joie et c'est Laurent le Magnifique qui lui a dédié le chant le plus célèbre :

> Comme la jeunesse est belle
> Qui s'enfuit,
> Soyez heureux si vous le désirez,
> De quoi demain sera-t-il fait
> Nul ne le sait,
> Beaux et ardents,
> Bacchus et Ariane profitent du moment présent
> Car le temps s'enfuit et nous ment [4].

La convivialité. L'historien Léo Moulin raconte que pour les Grecs, il était impensable de manger seul [5]. Les Romains faisaient la distinction entre les dîners pour les amis (les festins) et ceux où l'on recevait des invités moins intimes (les banquets). Saint Benoît savait qu'il n'y a pas pire punition pour les moines retardataires que de les faire manger seuls. Et Kant, le rigoureux, soutient qu'il est malsain pour un philosophe de manger et de boire seul : l'ascétisme du cynique et les tourments de l'anachorète sont des vertus bien amères privées du bien-être de la compagnie. La valeur de la convivialité apparaît avec évidence au moment de porter un toast, ainsi que nous le rappellent des airs d'opéras célèbres, *La Traviata* de Verdi : « Buvons, buvons dans les joyeuses coupes et que l'heure furtive s'enivre de voluptés » ou *La Cavalleria rusticana* de Mascagni : « Vive le vin qui pétille dans les verres qui scintillent, comme le rire de l'amant, il inspire une douce joie ! »

Les fonctions sexuelles du vin

Les médecins auront bien du mal à convaincre que l'alcool ne fait pas bon ménage avec l'amour si les gens continuent de croire à la légende populaire qui soutient exactement le contraire. La première cuite de l'adolescence est considérée comme un rite initiatique et un symbole de maturité : « Bois ! si tu es un homme », dit-on aux jeunes gens.

Les alcooliques aussi ont leur symbolique : du dom pérignon de James Bond à la bouteille de whisky dont les policiers new-yorkais des téléfilms se versent de grandes rasades, c'est toujours à la virilité du buveur qu'il est fait allusion. Mais le vin assume d'autres fonctions liées à l'érotisme.

La levée de l'inhibition. Rares sont ceux qui ont le vin triste, la plupart du temps, boire améliore l'humeur. Ainsi que l'écrit Apulée dans l'*Ane d'or :* « Le vin suffit à vaincre la lâcheté de la pudeur et à donner des forces pour le plaisir [6]. » En relâchant les freins de l'inhibition, le vin nous pousse à agir comme nous n'oserions jamais le faire quand nous sommes sobres. Quand elle a bu, Arlette, directrice de société et golfeuse à ses heures, fait du pied à ses voisins de table. Une de mes patientes russes, Nathalia, venue me consulter pour anorgasmie, me raconte qu'au tout début la vodka la rend triste, puis qu'elle déclenche en elle le besoin d'être consolée par n'importe quelle femme présente à ce moment-là : elle manifeste donc une tendance homosexuelle claire que j'ai bien du mal à lui faire accepter. Betty, une autre patiente, se lamente que son petit ami ne manifeste du désir que lorsqu'il est ivre. Le jeune homme se laisse alors aller à ses fantasmes sadomasochistes : après avoir attaché Betty au lit, il lui bande les yeux. Jusqu'à présent, Betty a pris la chose comme un jeu, mais si cela devient systématique, ça ne l'amuse plus du tout.

La levée des inhibitions a des limites. Selon une ancienne légende talmudique, Noé était accompagné par le diable quand il planta la première vigne [7]. Il arrosa son plant trois fois : d'abord avec le sang d'un agneau, puis avec du sang de lion et enfin avec du sang de porc. Depuis ce temps on dit qu'un verre rend doux comme un agneau, deux fort comme un lion, et à trois on se vautre dans la boue comme un porc.

La séduction. Le Grec Anachréonte déclarait déjà : « Je n'aime pas les hommes qui boivent à pleins verres en évoquant des combats et des guerres désolantes, mais j'aime ceux qui, mêlant les dons aimables des Muses et d'Aphrodite parlent de joie et de plaisirs [8]. » Ovide, un maître en matière d'amour, donnait deux recettes infaillibles de séduction : écrire avec du vin quelques mots enjôleurs sur la table et boire à la même coupe, à l'endroit précis où l'autre vient de poser ses lèvres [9]. Quant au meilleur élixir d'amour, il change selon les époques : au XIXe siècle c'est le porto et les liqueurs, au début du XXe siècle le Vermouth, et aujourd'hui on sert du whisky. Seul le champagne résiste à toutes les modes. C'est Louis XV qui le rendit célèbre en l'utilisant pour réchauffer les ardeurs de la frigide Madame de Pompadour. Et on dit que la coupe dans laquelle on le boit depuis lors fut moulée sur les seins de la favorite.

La femme et le vin [10]

Au cours d'une réception officielle qui eut lieu pendant le congrès de sexologie médicale en mars 1994 à Bordeaux, un député de la Gironde prit la parole : « Le vin plaît aux femmes quand ce sont les hommes qui le boivent », déclara-t-il, croyant vanter les qualités aphrodisiaques des vins locaux. Il fut immédiatement contredit, et à juste titre. Ce genre de déclaration s'ajoute à une longue liste de lieux communs qui tournent autour d'un stéréotype : on ne permet pas aux femmes de boire du vin, même si on leur accorde le droit de cultiver la vigne. C'est ce qui est écrit dans la Bible et depuis lors, le rapport entre les femmes et le vin évolue en parallèle avec l'histoire de la répression sexuelle.

« Le vin et les femmes font s'égarer les hommes sensés », dit l'Ecclésiaste (XIX, 2). Pourtant, parfois, il sert les intérêts du pays : après avoir fait boire Holopherne « plus qu'il lui était jamais arrivé de boire dans sa vie », Judith, l'héroïne juive, lui coupa la tête et libéra Bétulia du siège de Nabuchodonosor. Il s'agit cependant d'une exception. Dans la Grèce antique, les femmes convenables restaient dans le gynécée pour vaquer aux tâches domestiques, elles ne se mêlaient jamais ni de vin ni de banquets. C'est aux hétaïres, ces courtisanes du monde classique, grandes amatrices de vin et de fêtes, qu'on faisait appel pour égayer les banquets [11].

La société romaine n'a rien à envier à la phallocratie de la société grecque. L'ivrognesse est un des personnages les plus ridicules du *Curculio* de Plaute : Leena est censée protéger la jeune Planesie des avances de Phédrome, mais elle aime tant le vin qu'il suffit de l'odeur de quelques gouttes versées devant la porte de la maison pour la distraire et laisser le champ libre au soupirant [12]. Dans son *Histoire naturelle*, Pline l'Ancien cite les peines sévères infligées par Romulus aux femmes qui s'enivrent. Mais quand Metellus tue sa femme qui boit en cachette, Romulus pardonne au mari...

Ovide semble bien être le seul écrivain romain à autoriser la femme à boire. « Que les femmes mangent peu et qu'elles n'aient pas l'air avides; qu'elles boivent généreusement mais sans excès. Il n'est pas bon de voir une femme ivre », écrit-il dans *l'Art d'aimer* [13]. Quelques exemples célèbres, Cléopâtre, Madame de Mailly et la Pompadour, toutes deux favorites de Louis XV, et la comtesse de Castiglione qui fut l'émissaire de Cavour à Paris montrent néanmoins que les femmes ont toujours su utiliser l'alcool comme arme de séduction. Mais il faut attendre l'Empire romain pour voir le luxe et le plaisir de la bonne table accessibles aux femmes qui, aux dires de Pétrone et de Juvénal, ont bien profité de leur liberté nouvelle, après toutes ces années passées enfermées dans les gynécées [14].

Les femmes du Moyen Age appréciaient aussi le vin, comme nous l'apprend le *Roman de la Rose* paru en 1275. Et trois siècles plus tard, dans *La Locandiera* de Goldoni, Mirandoline déclare :

> Vive Bacchus, vive l'amour
> Ils apportent tous deux aux hommes le bonheur
> De nos yeux le second descend à notre cœur
> Je bois donc de ce vin, et puis, avec les yeux
> Je réponds sans parler au plus cher de vos vœux [15].

Aujourd'hui, l'émancipation des femmes passe aussi par le vin. On peut même dire que l'égalité devant le vin aura précédé celle des salaires. La fonction que l'autre moitié du ciel attribue à l'alcool n'est cependant pas très claire. Un sexologue américain, G. T. Wilson, s'est intéressé à l'influence de l'alcool sur la sexualité féminine : afin d'étudier les effets du vin sur leur excitation sexuelle, il fit boire quelques femmes et observa la couleur de leur muqueuse vaginale [16]. L'expérience a montré une évidente diminution de l'irrigation sanguine en totale contradiction avec les déclarations des femmes affirmant sentir leur excitation augmenter. Ces résultats ne font que confirmer que, dans ce domaine, la variable psychologique compte parfois plus que les facteurs biologiques.

Il semblerait que les femmes qui boivent trouvent moins dans l'alcool une satisfaction de leurs désirs érotiques qu'un exutoire à leur agressivité refoulée. Chez les hommes, on est surpris d'assister à un phénomène déjà rencontré dans l'obésité : comme les obèses, ceux qui boivent ont plutôt tendance à se féminiser.

Bacchus et Thanatos

L'hypothèse d'une influence directe du vin sur la sexualité est toute récente; elle se fonde sur le postulat que les endorphines et les enképhalines libérées par l'éthanol pourraient agir sur les centres cérébraux supérieurs [17]. Ce n'est encore qu'une hypothèse. Malgré les apparences, la littérature scientifique s'accorderait plutôt pour dire que l'alcool n'est pas un aphrodisiaque direct. L'action stimulante qu'il exerce sur la sexualité s'appuierait sur la levée des inhibitions contrôlées par cette partie du cerveau appelée « formation réticulaire ».

En fait l'éthanol, comme certains somnifères, exerce une fonction dépressive sur l'activité cérébrale. Les pulsions libérées ne sont pas forcément de qualité : la sexualité des alcooliques est généralement impulsive, violente et veut être satisfaite dans l'urgence. Ce qui explique que beaucoup de viols, d'agressions sexuelles et d'incestes soient perpétrés en état d'ébriété.

Il reste que, même si on boit rarement pour séduire, l'alcool est souvent utilisé comme un allié de l'érotisme : pour vaincre la timidité, se détendre avant un rendez-vous amoureux, lutter contre l'éjaculation précoce, ou encore pour faire émerger les comportements régressifs que nous ne saurions accepter quand nous sommes sobres. Toutes problématiques sexuelles que le Pr E. M. Jellinek a rencontrées dans les trois types d'alcoolisme primaires – alfa, béta, gamma – que nous allons décrire [18]. Signalons en préambule qu'il existe un quatrième type d'alcoolisme, le type delta, dans lequel les perturbations organiques engendrées par l'alcoolisme chronique provoquent par ricochet de graves déficits sexuels.

Le type alfa : épisodique mais répété

Arthur fait tout à moitié : ce journaliste de trente-quatre ans n'ose pas entrer dans la compétition professionnelle, il joue les play-boys mais il est timide avec les filles, en particulier les plus jolies auxquelles il prête une vie sexuelle débridée : nul doute qu'elles se moqueraient de lui puisqu'il est éjaculateur précoce. Alors, pour se donner du courage, Arthur boit. Il en tire un certain bénéfice : l'alcool retarde son réflexe éjaculatoire et le rend plus entreprenant, surtout au moment des préliminaires. Mais du coup, il craint de devenir alcoolique chronique. Pour remplacer l'alcool, il a essayé de fumer un peu de marijuana – ce qui a eu des effets identiques : négatifs et positifs. Arthur, intelligent et sensible, a seulement besoin d'une courte psychothérapie et d'un médicament (Anafranil à petites doses) pour prolonger son érection avant l'orgasme, et reléguer l'alcool de son statut de « substance indispensable à l'amour » à celui de « lubrifiant social ».

Le type béta : l'alcoolisme mondain

L'alcoolisme de Pascal a commencé à l'étranger : boire est devenu un dérivatif à l'ennui lors de ses missions de cadre d'une multinationale. Hétérosexuel convaincu, il n'a jusqu'à présent jamais eu de problèmes d'érection, de désir ou d'orgasme. Mais la raréfaction de ses aventures sexuelles et la peur de vieillir l'ont amené à considérer l'alcool comme un puissant antidote au temps qui passe. Ce qui n'est hélas pas le cas.

Lorsque Pascal est en mission, l'alcool ne lui pose pas de problèmes sur le plan professionnel. Quand il revient à Genève, confronté au stress, il force un peu sur la dose. Mais le whisky, plutôt considéré comme un stimulant par les amateurs, a des effets désastreux sur sa mémoire. Moins performant, il commence alors à avoir peur de perdre son poste. La chute de sa libido n'est en fait qu'un symptôme d'une véritable dépression masquée. Pascal pense que ses ennuis sont liés à sa consommation d'alcool, mais il ne supporte pas l'idée d'arrêter de boire. C'est que, précisément, dans l'alcoolisme béta, l'alcool joue le rôle d'*antidote à la pression sociale.* Mais Pascal n'en a pas conscience. Il s'est enfoncé dans l'alcoolisme malgré lui et tente d'y remédier à sa manière. Il augmente d'abord les quantités, espérant atteindre un état d'ébriété permanent. Puis il arrête complètement de boire. Les deux tentatives ayant échoué, il se voit obligé de demander l'aide d'un spécialiste.

Une psychothérapie d'à peine trois mois et un antidépresseur ont suffi à rétablir les capacités professionnelles et sexuelles de Pascal. Il s'en est sorti grâce à une personnalité relativement solide, et parcequ'il s'est véritablement investi dans le projet thérapeutique.

Le type gamma : l'alcoolisme psychiatrique

Appartiennent à cette catégorie toutes les personnalités perturbées qui espèrent que l'alcool va résoudre leurs problèmes. D'après Léon Wurmser, il s'agit de sujets qui souffrent depuis l'enfance d'une pathologie de l'intimité semblable à celle que nous avons décrite dans les cas de boulimie et d'obésité. Trop protégés, ou au contraire négligés, ils manquent de confiance en eux. Ils se sentent menacés par un vide intérieur et n'arrivent pas à gérer leurs conflits internes. Ils s'en remettent alors à un bon verre de whisky [19]. Ce vide alterne souvent avec une grande avidité intérieure, ce qui pousse ces sujets à vivre en symbiose avec leur famille, ce sein généreux toujours prêt à les nourrir. Et quand l'interlocuteur affectif n'est pas immédiatement disponible, ils ont recours à la bouteille qui, elle, est toujours à portée de main [20]. Narcissiques et susceptibles, les alcooliques de ce type sont souvent méfiants et jaloux.

L'alcool engendre plus souvent les troubles de la sexualité, qu'il ne les efface. Une étude menée par le psychiatre genevois Sylvain Mutrux montre que 15 % des alcooliques gamma ont fait l'expérience de comportements de type homosexuel et que beaucoup pratiquent des formes de perversion plus ou moins douces [21]. Prenons par exemple le cas de Michel, un cadre commercial qui s'est enrichi avec la même facilité qu'il est en train de se ruiner. La crise financière qu'il traverse a diminué son prestige personnel, et son orgueil l'empêche d'accepter des postes plus mosdestes qu'il juge indignes de lui. C'est en faisant preuve de ce même orgueil (et d'une recommandation) qu'il se présente à mon cabinet en déclarant que seul un thérapeute célèbre peut être « à la hauteur de ses problèmes ». Quelle prétention! En fait, il est parti – sans payer – au bout de cinq séances, au moment précis où je le confrontais à la réalité de son « impuissance » personnelle et professionnelle. Avant cela il avait eu le temps de me raconter qu'il était marié avec une jeune femme ravissante qui l'entretenait et qu'il avait un besoin compulsif d'avoir des aventures érotiques vénales. Il ne pouvait retrouver son érection d'antan qu'avec des prostituées.

Le cas de Daniel, quarante ans, fonctionnaire dans une organisation internationale et alcoolique depuis l'âge de quinze ans, illustre toute la complexité des problèmes de l'alcoolisme gamma. Apprécié et craint de ses confrères pour sa lucidité sarcastique, Daniel se sent très vulnérable sur le plan affectif. Après son troisième divorce, il voit une mégère derrière toutes les femmes, même les plus séduisantes. Il boit pour remplir un vide et pour trouver une satisfaction dans la masturbation. N'ayant jamais pu maîtriser ni ses érections ni ses éjaculations, Daniel a toujours relégué la sexualité au second plan. Retranché derrière une impénétrable couverture alcoolique, il n'a pratiquement aucun imaginaire érotique si ce n'est la « peur de se désintégrer ». Daniel préfère la masturbation à de rares coïts, mais ni l'une ni les autres n'ont pour lui de finalité érotique : ils ne servent qu'à le rassurer.

Sa première femme, une sorte de seconde mère, est partie avant d'être détruite. Avec les deux suivantes, il n'a eu aucune intimité : le désir de fusion avec sa partenaire se transformait toujours chez lui en peur de la dépendance. Daniel supporte mal l'idée d'un rapprochement, mais en même temps il est très possessif. Dans ce va-et-vient constant, les seules relations durables sont celles qu'il entretient avec l'alcool et la masturbation.

Pour ce genre de personnalité, l'alcool est un compagnon triste mais qui vaut mieux que rien. Le plus difficile dans la thérapie est de faire accepter au patient qu'il est malade.

Daniel continue de nier sa maladie. Il a déjà « épuisé » trois thérapeutes usant de toute son habileté de diplomate pour leur prouver leur incompétence. Aujourd'hui il est entre les mains d'un de mes confrères qui tente un nouvel angle d'attaque, la séduction : il dit à Daniel qu'il veut s'occuper de *lui*, pas de sa bouteille, et que « ce serait un péché que de laisser la société perdre un homme comme lui ». Le pronostic reste malgré tout incertain.

Le type delta : les complications physiques

Souvent, les sujets de cette catégorie ne présentent aucun signe visible de leur consommation d'alcool – à part l'haleine – mais leur corps évolue vers une pathologie hépatodigestive (cirrhose) et neurologique (polynévrite). Les dysfonctionnements sexuels, d'une chute de la libido (et son déplacement) à l'impuissance, sont surtout d'origine organique : le pronostic de la thérapie sexuelle dépend de la possibilité de restaurer les fonctions biologiques. La sexualité des alcooliques de type delta est perturbée à plusieurs niveaux :

– au niveau du *foie*, les hormones masculines se trouvent inactivées ou transformées en hormones féminines, d'où la fréquente augmentation du volume des seins chez les alcooliques (gynécomastie);

– au niveau *endocrinien*, on assiste à une réduction de la spermatogénèse, à une augmentation des hormones hypophysaires Lh et surtout de la prolactine; c'est le tableau classique de l'hypogonadisme alcoolique : perte des poils, féminisation de l'aspect, chute de la libido, désordres de l'érection, infertilité [22].

– au niveau *neurologique*, la polynévrite périphérique qu'on rencontre fréquemment peut aggraver l'impuissance, alors que l'hyperémotivité et les sautes d'humeur de l'alcoolique chronique peuvent s'expliquer par les lésions cellulaires au niveau central [23].

Après la description de ces quatre types d'alcoolisme, un seul mot vient à l'esprit : *modération*. Car s'il est vrai qu'un verre de vin peut aider à cultiver l'érotisme, il est tout aussi certain, comme le dit le dicton, qu'« homme de vin ne vaut rien ».

QUATRIÈME PARTIE

Les thérapies
ou
le plaisir retrouvé

I

Les aphrodisiaques existent-ils ?

« Prenez du miel et de l'huile de noix muscade, du poivre noir et du musc et faites-en une pommade que vous utiliserez pour graisser la verge ou le périnée. Une application tous les trois jours suffira pour que soient attisés au mieux les plaisirs de l'amour [1]. » C'est l'une des innombrables recettes sorties de l'imagination de l'homme pour donner un coup de main à l'érotisme, qu'Amédée Doppet a rassemblées dans son *Traité des aphrodisiaques externes* paru en 1788. Certains utilisent la nourriture, d'autres les potions chimiques. Il y a ceux qui ne jurent que par les plantes miraculeuses : l'ortie, le safran, la pistache, les poireaux, mais aussi les courgettes et les artichauts [2] ; ceux qui vantent les pouvoirs des épices : l'ail, la cannelle et les clous de girofle ; ceux qui recyclent des substances animales telles que les testicules ou l'extrait de cervelle de taureau ; ceux qui ne jurent que par les fruits de mer ; enfin on rencontre toujours quelqu'un pour vanter les mérites du plat complet rapporté par Maïmonide au XIIe siècle : la soupe d'œufs de colombes et de moineaux à la menthe, au sésame et aux asperges [3]. Le culte des nourritures aphrodisiaques, qui est l'arsenal de Cupidon et de Vénus, a aussi engendré la recherche de substances calmantes. La littérature spécialisée, plutôt sexiste, ne conseille cependant ces substances qu'aux religieux, aux militaires et – surtout – aux femmes! En fait, les seuls stimulants que concède la tradition à l'autre moitié du ciel sont ceux qui favorisent la fertilité ou la lactation [4].

Les réponses à notre questionnaire font ressortir que les Français porteraient un intérêt plutôt modéré aux aphrodisiaques. Ce qui paraît surprenant et va à l'encontre de toutes les statistiques révélant au contraire une grande consommation de ces substances. Peut-être doit-on voir là le signe encourageant que les superstitions tendent à s'estomper dans les pays méditerranéens : car c'est bien de superstition qu'il s'agit la plupart du temps. Le mot même est magique. Il semble qu'il trouve son origine dans les orgies sacrées – les aphrodisies – données en l'honneur de la déesse grecque de l'Amour, Aphrodite, sortie nue de l'écume des flots [5]. D'une infinie beauté, Aphrodite enflammait les sens : c'est ce qu'on attend des substances inspirées par elle.

Mythe et réalité

Pendant six mille ans l'humanité a cru aux pouvoirs magiques de la « potion de la poule chauve » faite de *schizandra sinensis,* de *decridium japonicum* et de *boschiakia glabra* [6]. Le nom de cette potion magique nous vient d'une étrange légende chinoise. On raconte, en effet, que la femme d'un septuagénaire chinois à l'incroyable appétit sexuel, fatiguée des perpétuelles avances de son mari, jeta dans la cour la potion qu'il buvait tous les jours. Un coq l'avala et passa le reste de la journée à s'accoupler avec une poule dont il becquetait la tête. La malheureuse se retrouva complètement chauve.

Les Anciens préféraient les herbes. La racine de mandragore par exemple, citée dans la Bible, fut découverte par le médecin grec Dioscoride et prescrite par Pline l'Ancien [7].

Ovide, beaucoup plus sceptique quant aux vertus des herbes et des filtres d'amour, parle surtout dans ses *Remèdes à l'amour* et dans *l'Art d'aimer* des vertus aphrodisiaques du vin. La religion chrétienne, en imposant des jours maigres, a sans doute accrédité la légende sur les vertus aphrodisiaques du phosphore contenu dans le poisson. Quant au chocolat, il a été « lancé » par les Jésuites qui en faisaient un important commerce. Ils réussirent même à faire établir en 1569 par Pie V une réglementation autorisant sa consommation pendant le Carême : attendu que le chocolat dissout dans l'eau était une boisson, non un aliment, il ne rompait pas le jeûne.

Certains aliments sont dits aphrodisiaques simplement par leur ASPECT : les carottes, les poireaux, les concombres, les bananes, les asperges et même les anguilles sont considérés comme aphrodisiaques parce que de forme phallique. De même on prétend que « le céleri, c'est bon pour le mari » ! Les huîtres et les figues, quant à elles, rappellent les organes génitaux de la femme, de même que le caviar, car il s'agit d'œufs de poisson, ce qui associe cet aliment à la procréation. Quant à la racine de mandragore, elle évoque l'entrecuisse du corps masculin, à la naissance du pénis.

D'autres aliments sont réputés aphrodisiaques par leur SYMBOLIQUE. La corne de rhinocéros, les nageoires de requin, les testicules de cygne et la langue d'oie devaient principalement leur renommée à leur rareté. Aujourd'hui encore dans certaines régions d'Asie, on consomme le membre génital du taureau séché et, une fois réduit en poudre, on le saupoudre sur un œuf que l'on gobe. Le culte du pénis de tigre est tel qu'il menace sérieusement la conservation de l'espèce. Les testicules de coq trempées dans du vin sont encore très prisées. Parmi les fruits et les légumes, souvenons-nous que les tomates étaient aussi appelées « pommes d'amour » et qu'elles furent peut-être à l'origine de la tentation d'Eve au paradis terrestre.

La CHIMIE a contribué à la renommée de substances comme la cantharidine que le marquis de Sade mettait dans les chocolats qu'il offrait aux prostituées. Cette drogue provient du corps séché puis réduit en poudre d'un coléoptère : la mouche d'Espagne ou cantharide. Ses seuls effets pharmacologiques certains sont l'amélioration de la circulation sanguine, l'irritation de la muqueuse urinaire et la détérioration des reins.

C'est souvent l'ODORAT qui entraîne la prédilection pour des nourritures considérées aphrodisiaques. Ainsi le parfum des truffes rappelle à Diane Ackermann « la chaleur musquée d'un lit défait après un après-midi d'amour sous les tropiques [8] ». Balzac, entre autres, avait déjà utilisé des métaphores hardies à propos des truffes capables, selon lui, d'enflammer les reins comme ceux d'un lion en rut. Pour Brillat-Savarin, « qui dit truffe prononce un grand mot qui réveille les souvenirs érotiques et gourmands chez le sexe portant jupe, et des souvenirs gourmands chez le sexe portant barbe [9] ».

Comme tout le monde ne le sait peut-être pas, on trouve dans la truffe une grande quantité d'androstenole, hormone présente aussi chez le verrat. De là l'utilisation des truies pour chercher les truffes : elles reconnaissent l'odeur concentrée du mâle, perdent la tête et se mettent à creuser. Elles ne dégotent finalement qu'un bizarre champignon bosselé. Mais, poursuit Diane Ackerman, « la terre vibre encore de la sensualité parfumée des splendides verrats que la pauvre truie ne peut voir ». Il semble que les truies ne soient pas les seules à être sensibles à l'androsténole : après en avoir vaporisé un peu dans la pièce où des femmes étaient en train de regarder des photos d'hommes, un chercheur a constaté qu'aussitôt après elles trouvaient ces derniers plus attirants. C'est peut-être à cause de ce pouvoir que les truffes sont infiniment sensuelles malgré leur laideur. Elles encouragent aux

« jouissances de la genèse » comme les définit Brillat-Savarin, qui ajoute : « la truffe n'est pas un véritable aphrodisiaque, mais dans certaines circonstances elle rend les femmes plus tendres et renforce l'ardeur des hommes [10]. »

Dans *Les Baumes de l'amour*, Pietro Camporesi souligne que ce sont en fait leurs propriétés révulsives qui font entrer certaines matières dans la catégorie des aphrodisiaques [11]. On y trouve le sang et la poudre de crâne, mais aussi les ongles, les cheveux, le cérumen, le lait de femme, le liquide séminal et l'urine de jeune homme ! Il était même de bon ton, pour certains petits dîners prétendument aphrodisiaques, de conserver, comme de la viande de porc, des membres humains prélevés sur un jeune corps sain.

Mais revenons à des repas moins cannibales et suivons, si vous le voulez, les conseils de Pétrone pour qui le pain frais et le blanc d'œuf, pris matin et soir pendant quatre jours d'affilée, favorisent la fertilité [12]. D'autres vantent le pigeon au vin rouge et le lait au pignon. Il semble qu'au Moyen Age on ait fait preuve d'une inventivité sans limite : les « testicules de renard », nom donné à un champignon appelé aussi « satyre », jouissaient d'une grande renommée à l'époque de l'obscurantisme. Le pigeon était alors très réputé, et Machiavel le mentionne dans *La Clizia*. On croyait aussi que la cervelle des volatiles favorisait le coït [13].

Le mythe des aphrodisiaques est principalement masculin, mais quelques femmes l'ont entretenu, notamment à l'époque de la Renaissance italienne. Ainsi pouvait-on lire sous la plume d'une femme que « l'eau sublime » et « l'eau de jouvence » améliorent la nature féminine, et c'est encore une femme qui recommandait aux hommes l'extrait de verge d'âne séchée pour augmenter les proportions et la taille de leur pénis. Mais il s'agit d'exceptions car, à la fin du Moyen Age les produits réservés aux femmes sont surtout destinés à les garder chastes : on fait boire trente jours de suite à ces malheureuses des infusions de racines de nymphéa ou de graines de laitue et on leur recommande des décoctions de rue (une plante) et de la russule (un champignon). A elles aussi, les poissons d'eau douce : les poissons de mer étaient stimulants mais les poissons de rivière avaient des vertus calmantes.

Dès la fin du XVIe siècle, les produits distillés viennent s'ajouter aux aliments. L'ambre et le musc, par exemple, qu'on réduit en poudre pour les dissoudre dans le vin, les priser ou en faire des onguents. Coqs et dindes, pintades et perdrix, colombes et moineaux finissent sous forme d'huile ou de gelée dans des petites fioles. Certaines recettes du XVIe siècle laissent penser que plus la préparation était compliquée plus l'aphrodisiaque était efficace. Un exemple ? Prenez des oignons blancs frais, des racines de « testicules de renard » (une once et demi), de la cervelle de moineau (une once), de l'encens et de la cannelle. Pilez les oignons et les champignons jusqu'à obtention d'une pâte que vous passerez au tamis avec la cervelle de moineau. Conformez-vous ensuite aux instructions de l'époque : « Ajoutez la fine poudre d'encens et la cannelle à la pulpe ainsi obtenue, faites-en des pilules de la taille d'un pois chiche. Vous en prendrez sept avec un verre de bon vin pour ranimer admirablement le coït et les parties génitales [14]. »

Les aphrodisiaques sont-ils efficaces ? Des échos venus de la lointaine Saint-Petersbourg laissent entendre que Catherine II aurait conçu l'héritier du trône avec un certain Sergei Saltykov pendant une folle nuit d'amour, après un dîner de caviar et d'esturgeon. On dit aussi que L'Aiglon, roi de Rome, fils unique légitime de Napoléon, fut conçu après un dîner composé de dinde aux truffes et de champagne. La seule conclusion scientifique que nous puissions tirer après ce petit voyage dans l'histoire est que le seul aphrodisiaque véritable est l'imagination de l'homme, comme nous l'énonce avec une rigueur toute victorienne l'*Encyclopaedia Britannica* : « Dans aucun de ces aliments, il n'a été possible d'identifier le moindre agent chimique efficace; il faut donc en conclure que la réputation des prétendues nourritures érotiques n'est pas fondée sur des faits réels, mais sur du folklore. » Jusqu'à la sévère Food and Drug Administration qui interdit la vente et l'importation de « tout produit prétendant stimuler le désir sexuel ou améliorer les performances sexuelles, car il n'existe aucune donnée suffisante pour prouver l'efficacité et l'innocuité des ingrédients de ce type. »

Le point de vue de la science

Pour trouver des substances véritablement aphrodisiaques, il faut passer du domaine de la mythologie à la réalité scientifique. Mais les résultats ne sont pas enthousiasmants et il s'agit plus souvent de produits synthétiques que d'aliments.

Les aphrodisiaques indirects

Ce sont par exemple ces médicaments qui peuvent avoir une action bénéfique sur l'érotisme en améliorant l'état émotif général. Un antidépresseur peut faire voir la vie en rose aussi bien à table qu'en amour. Et s'il est vrai que le stress produit de l'adrénaline (un inhibiteur du système parasympathique qui est à l'origine de l'excitation sexuelle), on sait aussi que n'importe quel bêtabloquant peut rétablir rapidement le cours normal de la sexualité.

L'alcool, à dose modérée, est un aphrodisiaque, mais uniquement s'il fonctionne comme un *solvant du surmoi.* La marijuana et le haschich, qui ont en outre le pouvoir d'amplifier les perceptions sensorielles, n'agissent pas autrement. Et on peut aller jusqu'à dire que la nourriture elle-même et le contexte dans lequel on la consomme sont de la même manière des aphrodisiaques indirects.

Les véritables aphrodisiaques

Ils existent mais ne fonctionnent que dans des situations particulières et certains présentent des effets secondaires non négligeables. Les hormones mâles provenant des testicules, comme la testostérone, ou d'origine centrale comme les *releasing hormones* ont un effet aphrodisiaque certain chez les hommes dont le taux d'hormones est insuffisant, mais elles sont inutiles, voire nocives, quand les dosages hormonaux redeviennent normaux. L'Organisation mondiale de la santé vient de publier une mise en garde officielle contre ces substances qui sont dosées de façon excessives dans les produits du commerce clandestin. Le même risque frappe les femmes utilisant des hormones mâles dont le pouvoir aphrodisiaque est certes plus élevé que celui des œstrogènes et des progestatifs mais qui peuvent aussi faire pousser la moustache et rendre la voix grave. C'est pourquoi on se limite à prescrire les pommades aux androgènes en application locale sur la vulve.

On connaît très peu de choses des effets sur l'homme de certaines substances expérimentées avec succès sur des souris de laboratoire. On peut citer les médicaments qui inhibent la production excessive d'une hormone, la prolactine. Ils permettent dans certains cas de rétablir la libido, dans d'autres ils se montrent inopérants. Le L-dopa s'est montré efficace pour désinhiber les patients atteints de la maladie de Parkinson mais il est resté sans effet sur des sujets sains. On peut dire la même chose des anti-opiacés comme le Naloxone et le Naltrexone et des dérivés de l'oxytoxine. La PCPA est aphrodisiaque mais, trop toxique, elle peut causer de fortes douleurs osseuses et la Phénoxibenzamine s'est révélée cancérigène chez les cobayes. La cocaïne et les amphétamines sont assurément des excitants mais elles présentent une série de contre-indications d'ordre médico-légal.

Plus récemment, les vaso-intestinal-peptides (Vip) et certains médicaments sur le modèle de la papavérine et de la prostaglandine ont démontré leur effet sur la musculature lisse du pénis. Toutes ces substances agissent par vasodilatation des organes génitaux mais il faut les administrer localement si on veut éviter des effets désastreux et même contraires à ceux escomptés. Et comme il est encore impossible de trouver ces substances sous forme de pommade, il ne reste que la méthode de l'injection dans le pénis, que 80 % des patients abandonnent en moyenne deux ans après la première injection. On espère beaucoup d'une nouvelle molécule simple, la NO (oxyde d'azote), qui n'est pas encore commercialisée. D'une façon générale, on peut dire qu'en l'état actuel les médicaments ne semblent guère plus efficaces que les huîtres ou le piment.

Les phéromones, hormones à l'odeur caractéristique qui sont produites à l'extérieur du corps, méritent une attention particulière. On est certain de leurs effets chez les animaux, on l'est moins chez l'homme. Pour certains chercheurs, l'Evolution aurait réduit chez ce dernier le rôle de l'odorat par rapport aux autres sens. Pour Desmond Morris, c'est au moment où l'homme est passé à la position verticale que les stimuli érotiques ont commencé à passer par la vue au lieu de l'odorat [15]. Notre enquête nous a d'ailleurs révélé que l'odorat a un rôle accessoire dans le jeu de la séduction, même si le chiffre d'affaires de l'industrie de la parfumerie peut laisser penser le contraire. Là encore, les résultats scientifiques découragent tout enthousiasme. On est certain par exemple que les sécrétions vaginales humaines contiennent une substance semblable à la copuline, acide gras qui fonctionne comme un puissant aphrodisiaque chez les singes, mais on n'a pas réussi à démontrer ses effets sur la libido des couples humains [16]. On peut dire la même chose de l'androstenolone, qu'on trouve non seulement dans les truffes mais aussi dans la sueur et dans les larmes des hommes – il suffit d'une analyse empirique pour se rendre compte que ces dernières ont un effet plutôt sentimental qu'érotique ! Dans l'alimentation, en revanche, l'odorat garde toute son importance et pour un gourmet il est aussi capital que le goût.

Le pouvoir chimique des aliments et des végétaux

L'unique extrait végétal qui semble avoir un effet aphrodisiaque est la yohimbine, alcaloïde extraite d'un arbre africain, qui provoque la vasodilatation de la région lombosacrée où se situent les organes génitaux. Les autres aliments n'ont d'autres effets que d'introduire dans l'organisme des substances favorisant un bien-être général souvent propice à une heureuse rencontre sexuelle. Comme le disent les proverbes : « Sans Bacchus et Cerès, l'amour ne serait que fatigue et faiblesse » et « L'amour s'accroît quand on mange et qu'on boit ». Lieux communs ? Jusqu'à un certain point. D'après le nutritionniste californien Bernard Jensen, la mauvaise alimentation serait responsable de la piètre qualité de la sexualité contemporaine [17]. Comment justifie-t-il une telle affirmation ? De manière bien scientifique : il existerait un régime capable d'activer les neuromédiateurs du plaisir sexuel comme l'acétylcholine et la dopamine et de bloquer les médiateurs hostiles comme la sérotonine. Voici donc une liste des substances capables de donner un petit coup de pouce à l'érotisme :

– *Les glucides.* Ils sont nécessaires au fonctionnement du système nerveux central, même en très petite quantité. Par conséquent, il ne faut pas prendre trop au sérieux l'anathème de la société contre les sucres.

– *Les lipides.* Eux aussi doivent être réhabilités, malgré l'hostilité générale à l'égard des graisses. Des expériences récentes ont montré que la sexualité des rats obèses est plus satisfaisante que celle des cobayes du groupe de contrôle. Il vaut donc mieux ne pas éliminer complètement le beurre et le fromage de notre régime (vecteurs de la polyamine) si nous ne ne voulons pas finir maigres et sains, mais asexués.

– *Les protéines.* Ici aussi, une récente recherche de l'université de Harvard confirme l'importance des protéines nobles comme celles contenues dans la viande et dans les céréales : consommées le matin, elles se consument lentement tout au long de la journée. Garantissant un niveau énergétique constant, elles seraient déterminantes dans l'érotisme du soir.

– *La tyrosine.* Précurseur de la catecolamine et de la dopamine amie de l'organisme, on la trouve, entre autres, dans le poisson, dans l'ananas et dans les algues.

– *L'arginine.* C'est une alliée car elle est un précurseur de la molécule NO. On en trouve en abondance dans les fruits secs.

A éviter :

– *Le tryptophane.* La sérotonine, substance souvent ennemie de l'érotisme, en est un dérivé. Il semble qu'elle se trouve dans tous les aliments, sauf le maïs. Et c'est pour cela que la polenta peut être comptée à juste titre au nombre des aphrodisiaques [18]. Chez des cobayes de laboratoire ayant suivi un régime à base de polenta pendant une journée entière, on observe une drastique diminution de la sérotonine et par conséquent de son pouvoir inhibiteur sur la sexualité. En proie à une excitation paroxystique, les petits animaux se sont adonnés à des copulations frénétiques, y compris avec leurs camarades du même sexe. En somme la polenta n'est pas sans risque ! Sans compter sa fâcheuse tendance à provoquer le météorisme...

Il existe d'autres facteurs favorables à la sexualité comme le *zinc*, présent dans les huîtres et... le liquide séminal ; le *calcium*, dans le lait, les yaourts et les lentilles, le *fer* dans le foie, les huîtres, les asperges et dans beaucoup de fruits, le *soufre* dans l'ail, l'oignon, le chou-fleur et le *phosphore* dans les produits de la mer, sans oublier les *vitamines* (la vitamine C dans les agrumes et les fruits, les vitamines du groupe B, puissants antidotes de la fatigue et la mystérieuse vitamine E).

Nous ne dirons cependant jamais assez à quel point on risque de tomber dans le réductionnisme biologique si on cherche des bases solides à un phénomène aussi mystérieux que l'attraction érotique et alimentaire. De nombreux chercheurs ont pu vérifier l'effet aphrodisiaque des placebos et confirmer la fonction aphrodisiaque de l'*attente* sur le cerveau et/ou sur le cœur. L'atmosphère et la stimulation affective dépendent de la personne aimée, mais aussi du contexte de la rencontre. Dans l'enquête italienne (la question n'a pas été posée aux Français), le rôle du contexte (élégance du restaurant, musique d'ambiance) est apparu plus important encore que la nourriture et le vin. Ce qu'Antonin Carême, chef de file de la gastronomie française au siècle dernier, avait parfaitement compris lorsqu'il insistait sur l'importance d'une cuisine raffinée et de plats somptueusement présentés [19].

Comme le dit un proverbe oriental : « Il ne suffit pas d'ouvrir le bec du rossignol pour comprendre le secret de son chant. » Le mystère de notre attraction érotique ne peut se réduire à la simple addition de ses composants chimiques.

Le mystère du chocolat

La passion pour le chocolat trouve ses racines dans l'Antiquité. Déjà en l'an 600 les mayas de la péninsule du Yucatan, aujourd'hui au sud du Mexique, cultivaient la plante de cacao dont ils torréfiaient et réduisaient en poudre les graines des fruits mûrs. Au nord, leurs voisins aztèques avaient placé le chocolat au centre de leurs cérémonies religieuses. Avant de les planter, ils exposaient les fèves au clair de lune pendant quatre nuits afin de s'assurer de la bienveillance du dieu Quetzalcoatl et on lui sacrifiait un chien au pelage présentant des taches couleur chocolat. Ces mêmes populations ont longtemps utilisé les fèves de cacao comme monnaie. Un lapin valait dix fèves et un esclave en valait cent : c'est l'origine ancestrale des pièces en chocolat pour les enfants.

Découvert en l'an 1502 par Christophe Colomb lors de son quatrième voyage dans l'actuel Honduras, le chocolat se répandit rapidement en Europe après les guerres de conquête espagnoles. Le terrible Hernàn Cortés, responsable de la destruction de la civilisation aztèque de Montezuma en 1519, rapporta non seulement de l'or à pleins tonneaux, mais aussi du chocolat. Son succès fut tel que, nous l'avons vu, le pape Pie V établit en 1569 que sa consommation, dilué dans de l'eau, ne rompait pas le jeûne. La polémique sur le sujet dura jusqu'en 1662, date à laquelle le cardinal Brancaccio donna son accord définitif à la diffusion du chocolat.

Le chocolat fut importé en Italie en 1616 par Antonio Carletti et il devint immédiatement célèbre grâce aux chocolatiers de Venise et de Florence. Dès 1764 on assiste à la création à Londres du premier club des amateurs du *cocoa tree* et depuis ce temps l'irrésistible diffusion du chocolat alimente le débat entre nutritionnistes et gastronomes. Pour ces derniers le chocolat se déguste comme un grand vin et fait appel non seulement au goût mais aux cinq sens. Il existe à Paris un très privé Club des croqueurs de chocolat, comptant cent cinquante membres triés sur le volet et dont la raison sociale est de participer chaque année à au moins six réunions de dégustation de chocolats choisis parmi les plus raffinés [20].

Les nutritionnistes s'interrogent de façon plus rationnelle sur les raisons de notre amour pour le chocolat auquel ils reconnaissent d'évidentes qualités énergétiques et des propriétés antidépressives en plus d'éventuelles vertus aphrodisiaques. En 1953, alors que les boissons spéciales pour les sportifs n'existaient pas encore, Sir Edmund Hillary eut besoin de plusieurs kilos de chocolat pour reconstituer ses forces lors de son ascension de l'Everest. Dans une moindre mesure mes patients ont plus d'une fois trouvé dans une tablette de Toblerone le réconfort nécessaire après une frustrante séance de psychanalyse.

La fonction antidépressive du chocolat est bien connue de ceux qui en ont fait l'expérience, mais on n'en a toujours pas trouvé l'explication scientifique. En 1982, Michael Lebowitz et Donald Klein ont bien tenté d'avancer une hypothèse : selon les deux psychiatres, les amoureux éconduits trouvent dans le chocolat de la phénylétilamine, une substance chimique identique à celle produite par le cerveau quand on tombe amoureux et qui donne une sensation de vertige [21]. Le chocolat, prétendent les deux scientifiques, ne fait rien d'autre que prolonger l'état de bien-être ressenti quand on est amoureux. Bien qu'assez fascinante cette théorie n'a pas convaincu la communauté scientifique : d'une part, on trouve aussi de la phénylétilamine dans le saucisson et dans le fromage en quantité même supérieure ; d'autre part, les chercheurs du National Institute of Mental Health, après n'avoir mangé que du chocolat pendant plusieurs jours, n'ont noté aucune augmentation du taux de phenylétilamine dans leurs urines. La question reste donc ouverte.

Pour d'autres spécialistes, comme Hervé Robert, nous aimons le chocolat parce qu'il stimule la production d'insuline dans le pancréas [22]. Celle-ci serait à son tour responsable de l'augmentation de la sérotonine, le neurotransmetteur qui préside à l'état de calme. C'est clair ? Malheureusement non !

Car s'il en était ainsi, on observerait les mêmes effets en mangeant un bon plat de pâtes. Certains font alors remarquer l'importance de l'action combinée d'une autre substance présente dans le chocolat, la théobromine, connue par ailleurs comme nourriture des dieux. D'après Diane Ackerman, c'est précisément l'association de la sérotonine et de la théobromine qui pourrait provoquer cet état de *sereine excitation* que seul le chocolat est en mesure de nous procurer [23]. A l'appui de cette théorie, souvenons-nous que Moctezuma buvait une tasse de chocolat avant de se rendre dans les appartements des femmes. Ce préambule aux rencontres amoureuses était en revanche refusé aux femmes aztèques. Allez donc savoir pourquoi!

Quelles qu'en soient les raisons, la situation a beaucoup changé aujourd'hui. Et quand en Angleterre l'institut de sondage Gallup demande à mille personnes de dire le plaisir auquel elles renonceraient le moins volontiers, on découvre des différence notoires entre les femmes et les hommes. Les premières ont cité le chocolat (34 %) en premier, le sexe venant seulement en deuxième position (30 %). Le chocolat fait fondre les femmes et les fait succomber mais pas leurs partenaires qui ne renonceraient jamais au sexe (50 %) ni, en deuxième lieu, à l'alcool (37 %) [24].

En somme, la chimie ne réussit pas non plus à résoudre l'énigme du chocolat, car elle est constituée d'une grande part de psychologique où la douceur de la pharmacologie se fait douceur affective. C'est peut-être pour cela que les grand-mères aiment offrir des chocolats à leurs petits-enfants; et c'est aussi sur le registre affectif que joue la publicité des chocolats Mon Chéri : c'est du chocolat, mais c'est aussi de l'amour. Sans parler des œufs de Pâques qui renvoient à une douceur réelle et métaphorique [25].

Nous terminerons sur les paroles d'un sage avec Sénèque : « Je vous offrirai un philtre d'amour qui n'est ni potion, ni herbe, ni magie, ni sorcellerie : si vous voulez être aimés, aimez [26] ! »

II

Psychorégimes et thermalisme

L'érotisme et l'alimentation sont sujets aux mêmes fonctionnements cycliques que les idéologies. Après les grandes bouffes sexuelles de l'après soixante-huit, nous sommes passés de l'abstinence érotique à la recherche du plaisir, puis à une sorte de chasteté psychologique engendrée par la peur du sida, et nous assistons à présent à l'émergence de nouvelles passions qui s'expriment dans des pratiques sans danger comme le *cyber-sex* ou sexe virtuel. En matière d'alimentation, le cheminement est plus ou moins comparable. Du pain blanc au pain noir, de la nourrissante et conviviale cuisine familiale, assez indigeste, à l'attention quasi obsessionnelle pour le contenu diététique de tout ce que nous portons à notre bouche, nous sommes passés de la philosophie du meilleur et de l'abondance à celle de la privation. Le régime des Weight Watchers, fondé sur l'autocontrôle et l'approbation des compagnons de régime, était encore en vogue à la fin des années soixante-dix. Depuis le milieu des années quatre-vingts, on voit s'imposer des régimes plus individualisés, les « psychorégimes ».

Il n'y a pas si longtemps que la culture tyrannique de la restriction alimentaire a cédé le pas à un mouvement revalorisant le goût de la vie et les petits plaisirs. Le phénomène, encore très américain, trouve son équivalent en France et en

Italie dans la mode des cures thermales et des séjours en thalassothérapie où on aborde la diététique sans perdre de vue la qualité de la vie. Et de même que nous avons prôné l'érotisme à la place du sexe et la gastronomie au lieu de la voracité, nous défendons ici les solutions douces en opposition aux régimes forcenés.

Pourquoi se met-on au régime ?

A l'instar de celles qui nous donnent envie de faire l'amour – ou pas –, les raisons qui nous conduisent à nous goinfrer ou à nous mettre au régime dépassent les simples besoins physiologiques. Comme nous l'avons souligné en abordant les fonctions non sexuelles de la sexualité (FNSS) et les fonctions non alimentaires de l'alimentation (FNAA), c'est un ensemble de raisons psychologiques très variées qui nous pousse à manger et à faire l'amour : ce peut être pour le plaisir, pour apaiser une dépression, par convivialité ou pour tisser des liens sociaux et commerciaux, pour faire la fête ou pour nous punir. Dans les « psychorégimes », on met en évidence quatre typologies [1] :

– le type *régressif*, à la personnalité infantile, pour qui la nourriture représente une forme de consolation;
– le type *agressif*, nerveux et impatient, qui se défoule principalement sur la nourriture;
– le type *défensif*, à la personnalité fragile, qui trouve une protection dans la nourriture;
– le type *dépressif*, pour qui la nourriture est le meilleur moyen de se remplir lorsqu'on se sent vide et qu'on a le moral bas.

Nous avons déjà évoqué dans cet ouvrage les différents rapports que nous entretenons avec l'alimentation. Ce que nous voulons à présent souligner, c'est qu'il existe dans notre relation à la nourriture et aux régimes des motivations plus subtiles que celles décrites par les manuels de psychiatrie et que ces motivations et ces énergies constituent la charpente invisible sur laquelle s'appuie tout projet alimentaire personnalisé. Il faut cependant savoir prendre un peu de distance par rapport à soi-même et à sa façon de manger. C'est ce que nous essayons de suggérer dans ce décalogue du psychorégime :

1. Les motivations. Les raisons qui nous poussent à maigrir sont aussi importantes que celles pour lesquelles nous mangeons. Sachons regarder en face nos véritables motivations. Est-ce par orgueil ? Pour nous sentir plus à l'aise dans notre corps ? Pour avoir une silhouette de rêve ? Pour notre santé ? Par amour ? Par nécessité professionnelle ou sportive ? Tâchons de découvrir nos motivations propres et méfions-nous de celles qui ne sont pas les nôtres : nous n'arriverons à rien si nous nous mentons. Les régimes nous sont souvent imposés par un surmoi cruel, uniquement capable d'une logique sanitaire que nous comprenons avec la tête mais pas avec le cœur. La logique de l'intimidation ne fonctionne pratiquement jamais : elle conduit à de véritables désastres dans les campagnes antitabac et de prévention contre le sida, elle échoue tout autant dans les régimes.

A ce titre, le cas de Sophie est exemplaire. Elle m'est envoyée par son gynécologue pour un problème de poids. Bien qu'elle soit en effet corpulente, cette femme de cinquante-cinq ans est très agréable à regarder. Directrice d'une maison de retraite, elle se dit heureuse en ménage et comblée par ses trois enfants. Quant à l'amour, elle l'a exclu de sa vie : elle n'a d'autre passion que le chocolat. Sophie est une véritable « chocomaniaque ». C'est sa grand-mère qui la première lui a fait goûter du chocolat; elle garde de la vieille dame un très doux souvenir. En revanche, les principes d'éducation de ses parents s'appuyaient davantage sur l'interdit que sur la permissivité. Depuis des années, elle mange quatre tablettes de chocolat par jour. Et ceci de manière implacable comme qui accomplit un rite quotidien : une tablette au petit déjeuner, une deuxième dans sa voiture, la troisième au bureau et la dernière qu'elle prend dans le tiroir de la table de nuit avant de s'endormir. Toujours du chocolat au lait, si possible de la même marque, bien qu'elle n'en fasse pas une fixation maniaque.

Un jour, en proie à une véritable crise de manque, Sophie a fait trois kilomètres à pied dans la neige pour se procurer la petite tablette convoitée. Elle a conscience d'être une toxicomane mais elle se console en se disant qu'elle a choisi la plus inoffensive de toutes les drogues. Certes, mais elle souffre aujourd'hui d'un début d'obésité et d'une colite dont elle ne me parle qu'à la fin de l'entretien. Il me semble cependant que celle-ci n'est pas liée à sa consommation de chocolat mais plutôt à son comportement hypercontrôlé et bilieux. Bien que socialement intégrée, Sophie n'a pas réussi à trouver d'autre espace de liberté que celui qu'elle se ménage en croquant son chocolat avec voracité. Alors, bien sûr, elle ne se montre pas très enthousiaste quand son gynécologue lui conseille de réduire sa consommation quotidienne de chocolat. Elle n'est pas motivée. Pour s'y résoudre, elle doit trouver une compensation affective au moins équivalente. Je demande donc à Sophie de me parler des plaisirs qu'elle s'est toujours refusés, lui expliquant qu'elle ne pourra se débarrasser de sa mauvaise habitude que si elle leur accorde une plus grande place dans sa vie. En effet, malgré le risque de prolonger un peu sa « chocomanie », on ne peut pas proposer à Sophie un régime – vécu comme une punition – sans qu'elle ait pris la peine auparavant de chercher un rapport plus équilibré avec le plaisir.

Pour Claude Fischler, les motivations sont différentes chez l'homme et chez la femme [2] : chez la femme, grossir est lié au risque de perdre le pouvoir de l'attraction; chez l'homme, surtout après cinquante ans, le régime est lié à l'angoisse de la mort : il veut éliminer le « mauvais » cholestérol.

2. L'ALLIANCE. Pour qu'un régime réussisse il faut que le thérapeute et le patient fassent front commun : le patient doit participer activement au projet et en partager la responsabilité. En effet, on constate souvent que les personnes qui ont décidé de faire un régime – et surtout les hommes – ont tendance à se reposer sur les autres pour y arriver : la seule démarche qu'ils entreprennent est de s'adresser à un thérapeute ou de faire un séjour d'une semaine dans un centre diététique à la mode. Ensuite, ils confient les clés de leur « machine corporelle » à un « mécanicien » censé la rendre « réparée ». En général ce type de patient est facile à reconnaître : il ne supporte aucun programme alimentaire progressif, il veut un programme intensif (*full immersion*). Il « pèche » pendant un an puis il espère se racheter au prix d'une « retraite » de quinze jours. Tous les spécialistes s'accordent à déconseiller une telle approche. Si l'on tient vraiment à suivre les cures intensives des centres spécialisés, alors mieux vaut se limiter à la phase initiale du projet thérapeutique.

3. LA CONNAISSANCE. Connaître, même approximativement, la composition des aliments constitue déjà une forme de participation active qu'il ne faut pas sous-estimer : être conscient que certains aliments contiennent plus de graisses et de protéines que d'autres signifie qu'on a une attitude sélective vis-à-vis de son alimentation.

4. LE FACTEUR TEMPS. Les personnalités en surcharge pondérale qui souffrent de faim nerveuse sont en proie à une agi-

tation interne que nous avons définie ailleurs comme une « urgence émotive ». C'est le monde moderne qui pousse à l'urgence. Certaines personnalités, incapables de distinguer rapidité et précipitation, les confondant dans leur ordre intérieur, sont tyrannisées par l'urgence. Celle-ci devient alors leur style de vie. Elles exigent donc que le régime agisse avec la même rapidité. Pourtant, si elles essayaient seulement de maîtriser leur alimentation, elles pourraient aussi changer leur style de vie. Un régime lent qui devient peu à peu une habitude quotidienne est donc bien préférable.

5. Le facteur stress. Le stress peut provoquer la faim nerveuse, mais il peut aussi être à l'origine d'une dépense d'énergie qu'il faut compenser par la nourriture. Le même mécanisme psychologique entre en jeu quand on commence un sport : ski, voile ou tennis, le débutant est tellement stressé par la nouveauté qu'il se met à faire des mouvements inutiles et désordonnés, dispersant son énergie. Au lieu d'affiner les sensations et les défenses de l'organisme, le stress provoque une confusion entre ce qu'il faut faire et ne pas faire, entre vraie faim et faim nerveuse. Ce fait est confirmé par de nombreuses recherches [3]. Chez les gens calmes la faim ne se manifeste que par des sollicitations internes comme la motilité gastrique et l'hypoglycémie, alors que dans l'organisme stressé les stimuli venant de l'intérieur du corps se confondent avec ceux provenant de l'environnement. L'expérience typique dans ce domaine est celle de l'horloge truquée qui conduit les patients obèses à manger n'importe quand pour peu qu'ils soient persuadés que c'est l'heure du repas. Sous un prétexte quelconque, on demande à des volontaires de déposer leurs objets personnels, y compris leur montre, afin de faire des exercices physiques. A midi, discrètement, on avance l'horloge d'une heure. Les obèses disent alors avoir faim, tandis que les autres, malgré l'heure

indiquée, n'ont pas très envie de déjeuner, n'ayant pas assez faim.

6. LE CHOIX AFFECTIF DE LA NOURRITURE. Nous vantons tous la modération en tant qu'art de vivre. Mais peu nombreux sont ceux qui la pratiquent. Pour ce qui est des régimes, la plupart opte pour la solution la plus radicale. Pourtant les régimes lents accompagnés d'une remise en question des habitudes alimentaires sont ceux qui donnent les meilleurs résultats et offrent le plus de chance de ne pas reprendre les kilos perdus. Pour favoriser la réussite d'un psychorégime, il faut respecter les habitudes et les préférences alimentaires du patient et savoir reconnaître les attaches anciennes que tout être manifeste dans le choix de ses aliments.

7. LE RÔLE DU PARTENAIRE. Comme dans le cas de l'obésité et de l'alcoolisme, l'équilibre du couple a son importance pour la bonne réussite d'un régime. Rien de pire qu'un climat conflictuel permanent lorsqu'on veut vraiment modifier son alimentation. C'est pourtant ce qui se passe chez Elise et Sylvain.

Elise est obèse mais le problème la laisse indifférente. Sylvain, en revanche, fait un drame de l'obésité de sa femme. Elle a trente-quatre ans, lui dix de plus et ils ont un enfant. Elise pèse soixante-quinze kilos pour un mètre soixante-sept, Sylvain, au contraire, a le physique sec du directeur autoritaire. Il tient à sa ligne et en parle tout le temps. Il fréquente un club de gymnastique où il a honte d'emmener sa femme, car il considère que son physique est inacceptable. Au cours d'une des premières consultations, Sylvain compare même Elise à une nappe avec dix taches : même si vous en enlevez cinq, c'est toujours une nappe tachée. En d'autres termes, maigrir de cinq kilos ne serait pas suffisant. Cela n'améliorerait même pas leur sexualité épisodique. Pour Sylvain, ce n'est plus qu'une habitude hygiénique ; quant à Elise, elle a déplacé son intérêt vers la nourriture.

Pourquoi Elise n'est-elle apparemment pas motivée par le fait de maigrir ? Je me suis interrogé sur les raisons qui avaient poussé ces deux êtres à se mettre ensemble. Dans sa jeunesse, Elise était une patineuse de haut niveau. Sylvain était alors son entraîneur et son manager : Sylvain avait épousé une star dont il était fier, pas une femme, et Elise avait choisi une fonction, pas un homme. Et lorsque les vicissitudes de la vie avaient mis en lumière la véritable personnalité de chacun, le couple était entré en crise. Elise confesse qu'elle a récemment pris conscience de ses tendances lesbiennes. Elle pense qu'elle les a toujours eues, mais à présent elle envisage de passer à l'acte. Par ailleurs, elle est encouragée à ne pas maigrir par le groupe de femmes qu'elle fréquente et qui l'incite à ne pas adhérer à ces canons de la beauté dictés par les hommes. Dans sa situation, perdre du poids signifierait donc perdre la guerre des sexes. Ce n'est pourtant pas la seule raison qui l'empêche de suivre un régime : maigrir serait aussi perdre son identité et se perdre dans le désir de son mari.

Mais ce n'est pas tout. Hors de la présence d'Elise, Sylvain me confie qu'il a rencontré une jeune fille charmante avec laquelle il a des relations sexuelles tout à fait satisfaisantes. S'il ne divorce pas, c'est uniquement à cause de son fils et, à vrai dire, il n'a plus vraiment envie de voir sa femme maigrir. Au contraire. Si Elise se mettait à maigrir maintenant, il n'aurait plus d'excuse pour avoir une maîtresse plus attrayante. De son côté, Elise n'a nullement l'intention de maigrir car elle pense que cela l'obligerait à accepter la sexualité de son mari. « Au secours, ne changez rien ! » : je reçois beaucoup de couples qui viennent me demander de l'aide tout en sous-entendant cette exclamation paradoxale. Au départ victimes l'un de l'autre, Elise et Sylvain se retrouvent à présent complices : l'obésité les satisfait tous les deux. Le seul qui veuille encore faire maigrir Elise est son médecin traitant...

8. L'IMPORTANCE DES COMPENSATIONS AFFECTIVES. Au cours de l'enquête CERIS sur le poids des femmes européennes, je fus invité avec d'autres experts à passer quelques jours dans la station thermale de Contrexéville. Parmi toutes les thérapies physiques et psychologiques, la thérapie du matin est celle qui m'a paru la plus intéressante : après nous avoir offert un petit en-cas et un verre d'eau minérale, on nous demandait de choisir entre un copieux petit déjeuner et un massage à quatre mains effectué par deux charmantes thérapeutes. Il n'y avait bien sûr aucune ambiguïté érotique dans ce programme. On nous demandait simplement de choisir entre deux plaisirs différents. Ceux d'entre nous qui ont opté pour la solution non alimentaire ont perdu trois kilos en l'espace d'une semaine. Les compensations affectives constituent donc un ingrédient indispensable dans tout régime qui se respecte.

9. L'IMPORTANCE DU SOUTIEN CORPOREL. Pour réussir un régime, une bonne perception de sa propre image corporelle est aussi importante que la valeur attribuée aux aliments et le respect de l'instinct alimentaire. C'est l'équilibre de cette trilogie psychophysique qui assure la réussite du projet thérapeutique. Voilà pourquoi dans les psychorégimes on insiste autant sur les aliments que sur le corps; pas le corps esthétique, mais le corps considéré dans son ensemble comme source de bien-être. Pour atteindre cet objectif on utilise les massages (depuis le massage énergétique jusqu'au massage sensoriel) et des techniques telles que le yoga, le training autogène et l'hypnose.

10. L'IMPORTANCE DU SOUTIEN PSYCHOLOGIQUE. Un soutien psychothérapeutique ou psychiatrique est toujours utile. Toutes les formes de thérapie peuvent se révéler efficaces; cela va de simples conseils donnés au patient de façon informelle à la restructuration cognitive des habitudes alimentaires. Le soutien du groupe tel qu'il fonctionne dans les programmes Weight Watchers est important aussi car la diététique est peut-être le champ médical qui a le plus besoin de la contribution de la psychologie.

Cure thermale et thalassothérapie : l'intimité du peignoir

De nos jours, une partie de la population est moins préoccupée par la survie que par la qualité de vie. Le thermalisme offre une solution institutionnelle où la nutrition et les soins corporels favorisent différentes formes d'intimité. Cela fait maintenant plus d'un siècle qu'on a la possibilité de passer quelques semaines à se soigner dans les stations thermales et un peu plus d'une décennie qu'on fréquente les centres de thalassothérapie. Le besoin de cure médicale se conjugue simplement avec l'envie de changer d'air. Et si parfois on part en couple pour passer des vacances saines, ce sont surtout des célibataires qui viennent dans ces centres avec le secret espoir d'y faire de nouvelles rencontres. Pour une de mes connaissances, par exemple, la cure annuelle correspondait à deux semaines de passion avec son amant, un homme marié.

La majorité de ces stations ont maintenant transformé leurs aires de cure médicale en lieux de bien-être, suscitant chez ceux qui les fréquentent une attente sur le plan psychologique en plus des prestations normales. C'est ce que montre un sondage effectué durant l'été 1992 sur cent cinquante curistes à Contrexéville. Les résultats ont été présentés au

Congrès européen de sexologie de septembre 1992 (à Taormine, en Sicile). L'échantillon était composé de 70 % de femmes et 30 % d'hommes, la moitié étant célibataires, les autres mariés. Le poids moyen des hommes était de 83 kilos, celui des femmes 68 kilos.

Environ 55 % des personnes mangeaient sans avoir faim, pourcentage qui s'élève à 60 % chez les femmes et à 67 % chez les plus jeunes d'entre elles. Ces résultats nous confirment l'importance des mécanismes psychologiques de l'alimentation. On mange surtout par gourmandise ou par ennui-dépression. On attend du thermalisme une amélioration physique (53 %), demandée plutôt par les hommes, puis une amélioration psychologique (33 %), souhaitée plutôt par les femmes. Les effets escomptés sont une réduction du stress (82 %), une amélioration du moral (77 %) et une baisse de l'angoisse (62 %). Si la recherche de satisfaction sentimentale n'est jamais exprimée directement par les curistes, elle se lit cependant entre les lignes et devient claire lorsqu'à leur retour, le regret de n'avoir pas eu d'aventure sentimentale s'exprime sous la forme de critiques – fallacieuses – de la structure d'accueil et des installations sanitaires. Comme dans les clubs de vacances, la qualité d'un séjour en thalassothérapie ou dans une station thermale se mesure aux rencontres qu'on y a faites. Les vacances au soleil facilitent l'intimité corporelle, les vacances « intelligentes » l'intimité intellectuelle, la cure, elle, favorise la « complicité du peignoir ». Poids, rides ou arthrose, on a un ennemi commun à abattre. C'est d'ailleurs pour cette raison qu'on rencontre de véritables « abonnés » à toutes ces cures d'eau douce ou d'eau salée.

Quelles que soient les motivations qui poussent les gens à prendre des vacances dans ces lieux, cette étude montre qu'elles sont complexes. Ces demandes s'inscrivent au centre d'un projet de bien-être et de qualité de vie.

Le sexe comme thérapie

Bien que le slogan soit un peu rebattu, nous ne le répéterons jamais assez : faites l'amour, pas la guerre. Et si nous voulons absolument faire preuve d'originalité, alors suivons les conseils de King, auteur d'un manuel de gymnastique érotique pour se maintenir à un poids idéal [4]. Blague de carabin ? Pas seulement. Il est vrai, et nous l'avons déjà fait remarquer, que l'état amoureux (surtout quand l'amour est malheureux) coupe parfois l'appétit. Il peut donc être compté au nombre des facteurs directs d'amaigrissement.

On observe fréquemment que l'amour est le seul moteur existentiel capable de tordre le cou aux mauvaises habitudes alimentaires. Si les gens sont capables de changer de ville, de pays, d'aspect ou de silhouette par amour, pourquoi ne pourraient-ils pas changer leurs habitudes alimentaires ? De même que les chagrins d'amour provoquent des désordres alimentaires, une sexualité heureuse est un facteur d'équilibre psychocorporel. Je me rappelle le cas d'Alexandra, dont la dépression avait causé une aménorrhée : il a suffi qu'elle s'éprenne passionnément de son voisin pour que ses règles reviennent, avant même d'avoir des relations sexuelles avec lui.

Il y a deux ans, j'avais demandé aux lectrices de l'hebdomadaire féminin *Grazia* de me donner leur avis quant à l'influence de l'état amoureux sur leur façon de se nourrir. Pour conclure cet essai, j'ai choisi deux témoignages parmi les nombreuses réponses que j'ai reçues.

« J'ai commencé à maigrir le jour même où il m'a embrassée en bas de chez moi. C'était la première fois que je me trouvais avec un homme plus âgé, j'avais vingt-trois ans et lui trente et un... Le lendemain matin je n'ai pas pris de petit déjeuner, j'avais l'estomac noué. Le seul fait de penser à lui me nourrissait... Je passais des heures à discuter avec lui et à l'écouter, et j'ai perdu dix kilos en deux mois... J'ai commencé à avoir des brûlures d'estomac quand j'ai appris qu'il y avait une autre fille. Quand nous faisions l'amour je ne pouvais rien avaler, alors que lui mangeait copieusement avant et après. Comme non seulement il ne maigrissait pas mais qu'il semblait parfaitement heureux, j'ai eu un éclair de lucidité : il n'y avait que moi qui étais amoureuse ! Après cette révélation je me suis rendu compte que ces miettes d'amour ne me suffisaient pas. Et voilà comment s'est terminée la belle histoire. J'ai eu du mal à l'oublier, mais aujourd'hui je suis mariée, j'ai un enfant merveilleux et je suis heureuse. Malheureusement je n'ai pas perdu un kilo avec mon mari ! Mais, je suis heureuse alors que mon ex-ami est toujours seul. La morale de l'histoire est que ça ne vaut pas le coup de maigrir pour des hommes si doux en apparence mais si cyniques à l'intérieur. Qu'est-ce qui me reste de lui finalement ? Une douloureuse et bien ennuyeuse gastrite. » Roselyne, vingt-neuf ans.

« Il y a deux ans j'ai commencé à recevoir à mon travail des coups de téléphone d'un jeune homme qui inventait des prétextes pour me parler tous les jours. Il ne me connaissait pas et il ne m'a jamais connue, mais il a commencé à me poursuivre au téléphone, d'abord au bureau puis à la maison. Au début ses appels étaient amicaux, puis ils sont devenus érotiques et même franchement pornographiques. J'étais très grosse puisque je pesais quatre-vingt-douze kilos. J'étais froide et apathique avec tout le monde et ces coups de téléphone ont réussi à faire tomber le mur de protection dont je m'étais entourée. Il s'est immiscé dans ma vie au point qu'en trois mois j'avais perdu vingt kilos. Ce jeune homme m'a fait me sentir désirée. Il a cherché à me rencontrer mais je n'ai jamais voulu car cela aurait rompu le charme. J'ai vécu cette période vissée au téléphone, l'œil rivé sur l'aiguille de la balance qui continuait à descendre. Jusqu'au jour où je l'ai supplié de ne plus m'appeler, parce que j'avais peur de tomber sérieusement amoureuse de celui dont les coups de téléphone m'avaient sauvé la vie. Il ne sait pas à quel point il a été important pour moi. De temps en temps, j'ai envie de l'appeler pour voir s'il me ferait le même effet que la première fois (ça ne me déplairait pas de perdre encore quelques kilos!). Si vous publiez ma lettre et qu'il la lit, il se reconnaîtra certainement. Merci Luc, je te dois la vie. » Victoire, vingt-deux ans.

Merci Victoire, merci Roselyne. Vous nous avez fait redécouvrir les mystères fascinants et énigmatiques de l'amour... et ses pouvoirs diététiques.

QUESTIONNAIRE

Structure de l'échantillon

	1578 = 100 %
	%
Sexe	
Homme	48
Femme	52
Age	
15-24 ans	18
25-34 ans	19
Moins de 35 ans	*37*
35-49 ans	26
50-64 ans	19
65 ans et plus	18
35 ans et plus	*63*
Profession du chef de famille	
Agriculteurs	3
Artisans, commerçants	7
Chefs d'entreprise de 10 salariés et plus, cadres et professions intellectuelles supérieures	10
Professions intermédiaires, techniciens, contremaîtres	14
Employés, personnels de service	9
Ouvriers	25
Retraités/inactifs	32
Région	
Région parisienne	19
Nord-Est	24
Nord-Ouest	23

Sud-Ouest	11
Sud-Est	23

Catégorie d'agglomération

Moins de 2 000 habitants	15
2 000 à moins de 20 000 habitants	20
20 000 à moins de 100 000 habitants	16
100 000 habitants et plus	30
Agglomération parisienne	19

Questionnaire

1. Lorsque vous êtes amoureux fou, vous personnellement, est-ce que cela vous coupe l'appétit ou cela vous donne de l'appétit :

- coupe l'appétit
- donne de l'appétit
- ni l'un ni l'autre
- (ne se prononce pas) *

2. Et lorsque vous êtes malheureux en amour, est-ce que cela vous coupe l'appétit ou vous donne de l'appétit :

- coupe l'appétit
- donne de l'appétit
- ni l'un ni l'autre
- (ne se prononce pas)

3. Vous personnellement, trouvez-vous qu'une personne gourmande est :

- très séduisante
- assez séduisante
- pas très séduisante
- pas séduisante du tout
- (ne se prononce pas)

* Les réponses entre parenthèses n'étaient pas proposées aux interviewés.

4. Je vais vous citer un certain nombre de choses que l'on peut faire après l'amour. Parmi ces possibilités, je vous demanderai de choisir celle qui correspond le mieux à ce que vous faites vous personnellement :

- vous fumez une cigarette
- vous faites un bon repas
- vous grignotez quelque chose
- vous vous endormez
- vous prenez une douche ou un bain
- vous regardez la télévision
- vous écoutez de la musique
- vous vous désaltérez
- vous vous rhabillez

5. En cuisine tout comme en amour, il y a des surprises. Préférez-vous quant à vous :

- être surpris par ce qu'on vous sert à table
- être surpris par votre conjoint en amour
- (autant l'un que l'autre)
- (ni l'un ni l'autre)
- (ne se prononce pas)

6. En cuisine tout comme en amour, voir, goûter, toucher et sentir entrent en jeu pour mettre en appétit. Tout d'abord, pour vous mettre en appétit à table, qu'est-ce qui est le plus important pour vous :

- voir
- goûter
- toucher
- sentir
- (ne se prononce pas)

7. Et pour vous mettre en appétit en amour, qu'est-ce qui est le plus important pour vous :

- voir
- goûter
- toucher
- sentir
- (ne se prononce pas)

8. Je vais maintenant vous citer différentes occasions au cours desquelles on peut aussi bien parler de cuisine que d'amour. Vous personnellement, dans chacune de ces occasions, parlez-vous plutôt d'amour ou plutôt de cuisine ?

- entre amis intimes
- dans une réunion plutôt chic ou mondaine
- au travail
- en couple
- pendant les loisirs

9. Si on vous demandait de choisir, laquelle des deux situations suivantes préféreriez-vous :

- prendre un repas au lit
- faire l'amour à la cuisine
- (autant l'un que l'autre)
- (ni l'un ni l'autre)
- (ne se prononce pas)

10. Si vous avez quelque chose de très personnel à dire à votre conjoint, quel moment choisissez-vous :

- à table, entre la poire et le fromage
- au lit, sur l'oreiller
- (l'un ou l'autre)
- (ni l'un ni l'autre)
- (ne se prononce pas)

11. Si vous deviez choisir entre les deux raisons suivantes de partir en voyage seul(e) pour une destination lointaine, exotique, laquelle choisiriez-vous :

- pour découvrir une autre cuisine
- pour découvrir d'autres façons de faire l'amour
- (autant l'un que l'autre)
- (ni l'un ni l'autre)
- (ne se prononce pas)

12. Si vous deviez choisir, préféreriez-vous que votre nom soit associé :

- plutôt à un plat comme le prénom Hélène est associé à « poire Belle-Hélène » ou comme le prénom Jacques est associé à « coquille Saint-Jacques »

– plutôt à un écrit d'amour célèbre comme les prénoms Paul et Virginie sont associés à la célèbre œuvre amoureuse *Paul et Virginie*
– (ni à l'un ni à l'autre)
– (aux deux)
– (ne se prononce pas)

13. Vous personnellement, si c'était nécessaire, seriez-vous prêt à faire un régime amincissant :

– pour plaire aux autres
– pour vous plaire à vous-même
– pour faire attention à votre santé

14. Selon vous, est-il plus important d'avoir des « bonnes manières », c'est-à-dire d'avoir un certain savoir-vivre, de respecter certaines conventions, à table ou en amour ?
– à table
– en amour
– (ni l'un ni l'autre)
– (dans les deux cas)
– (ne se prononce pas)

15. *Si vous êtes un homme :* Parmi les deux types de femmes que je vais vous citer, quelle est celle qui, selon vous, retient le plus un mari au foyer :

– une femme qui fait très bien la cuisine, un vrai « cordon bleu »
– une femme qui fait très bien l'amour
– (autant l'une que l'autre)
– (ni l'une ni l'autre)
– (ne se prononce pas)

16. *Si vous êtes une femme :* Vous personnellement, comment trouvez-vous les hommes qui font bien la cuisine :

– très attrayants
– assez attrayants
– peu attrayants
– pas attrayants du tout
– (ne se prononce pas)

18. Si pour des raisons de santé, vous deviez vous restreindre sur un des deux points suivants, qu'est-ce qui pour vous serait le plus facile :

- réduire votre alimentation
- réduire la fréquence de vos rapports amoureux
- (autant l'un que l'autre)
- (ni l'un ni l'autre)
- (ne se prononce pas)

19. Selon vous, pour être en forme, est-il plus important :

- de manger équilibré
- de faire régulièrement l'amour
- (autant l'un que l'autre)
- (ni l'un ni l'autre)
- (ne se prononce pas)

20. On dit de certains aliments qu'ils sont aphrodisiaques, c'est-à-dire qu'ils stimulent l'appétit en amour. Vous personnellement, pensez-vous que des aliments comme la cannelle, le piment, la truffe ou encore le gingembre ont véritablement des vertus aphrodisiaques :

- oui
- non
- (ne se prononce pas)

21. Et vous est-il déjà arrivé de manger volontairement ou de préparer des plats contenant certains aliments reconnus pour leurs vertus aphrodisiaques ?

- oui
- non
- (ne se prononce pas)

22. Je vais maintenant vous citer une liste d'aliments. Pour chacun d'eux, vous me direz si, selon vous, c'est un aliment qui symbolise plutôt la virilité ou plutôt la féminité :

- les viandes rouges
- le gibier
- le coq au vin
- les fromages corsés
- les pâtes
- les crustacés
- les pâtisseries

- les yaourts
- les salades
- le champagne
- l'eau minérale
- le vin rouge
- la bière
- le vin rosé
- le whisky
- le lait

23. Vous personnellement, vous arrive-t-il de manger sans en avoir envie :

- oui
- non
- (ne se prononce pas)

24. Et pour quelle raison principale vous arrive-t-il de manger sans en avoir envie :

- par ennui
- à cause du stress
- par déprime
- par habitude
- pour faire plaisir à l'autre
- (autre raison, préciser)
- (ne se prononce pas)

25. Vous personnellement, vous arrive-t-il de faire l'amour sans en avoir envie :

- oui
- non
- (ne se prononce pas)

26. Et pour quelle raison principale vous arrive-t-il de faire l'amour sans en avoir envie :

- par ennui
- à cause du stress
- par déprime
- par habitude
- pour faire plaisir à l'autre
- (autre raison, préciser)
- (ne se prononce pas)

27. *Si vous êtes un homme :* Vous personnellement, êtes-vous plutôt attiré par les femmes minces ou rondes ?
- plutôt les minces
- plutôt les rondes
- (ne se prononce pas)

28. *Si vous êtes une femme :* Vous personnellement, êtes-vous plutôt attirée par les hommes minces ou ronds ?
- plutôt les minces
- plutôt les ronds
- (ne se prononce pas)

29. Selon vous, est-il facile ou difficile d'imaginer comment une personne se comporte au lit en observant sa manière de manger et de se tenir à table ?
- facile à imaginer
- difficile à imaginer
- (ne se prononce pas)

30. Avant une soirée d'amour, parmi les choses suivantes, quelle est celle que vous préférez faire :

- une promenade romantique
- un repas en tête à tête
- un spectacle comme aller au cinéma, au théâtre, à un concert...
- (ne se prononce pas)

31. Trouvez-vous très, assez, assez peu ou pas naturel du tout qu'une femme invite un homme à dîner :

- très naturel
- assez naturel
- assez peu naturel
- pas naturel du tout
- (ne se prononce pas)

32. Trouvez-vous très, assez, assez peu ou pas naturel du tout qu'une femme prenne des initiatives au lit :

- très naturel
- assez naturel
- assez peu naturel
- pas naturel du tout
- (ne se prononce pas)

33. Dans l'éducation des enfants, qu'est-ce qui est, selon vous, le plus important, l'éducation alimentaire ou l'éducation sexuelle :

- l'éducation sexuelle
- l'éducation alimentaire
- (les deux)
- (ne se prononce pas)

34. Et selon vous, qu'est-ce qui est le plus facile à éduquer :

- éduquer le goût
- éduquer l'érotisme ou la sexualité
- (autant l'un que l'autre)
- (ne se prononce pas)

Tableaux

Tableau A. Lorsque vous êtes amoureux fou, est-ce que cela vous coupe l'appétit ou cela vous donne de l'appétit ?

Base 100 %	Coupe l'appétit	Donne de l'appétit	Autant l'un que l'autre	Ni l'un ni l'autre	NSP
Ensemble	22	39	5	25	9
Profession du chef de famille					
Agriculteurs	12	**51**	6	29	2
Artisans et commerçants	**22**	42	8	18	10
Professions libérales, cadres supérieurs	31	37	6	20	6
Professions intermédiaires	24	41	4	25	6
Employés	25	43	4	24	4
Ouvriers	25	**44**	5	19	7
Retraités, inactifs	16	33	3	33	15

Tableau B. Etes-vous plutôt attiré(e) par les personnes minces ou rondes ?

Base 100 %	Plutôt les minces	Plutôt les rondes	NSP
Ensemble	50	31	19
Région			
Nord-Est	49	32	19
Nord-Ouest	52	31	17
Sud-Ouest	**39**	**38**	23
Sud-Est	48	30	22
Région parisienne	56	29	15

Tableau C. Pour quelle raison vous arrive-t-il de manger sans en avoir envie ?

Base 100 %	Par ennui	A cause du stress	Par déprime	Par habitude	Pour faire plaisir à l'autre	Par gourmandise	Par nécessité	Autre raison	NSP
Ensemble	24	12	8	35	14	3	2	1	1
Profession du chef de famille									
Agriculteurs	31	7	7	34	21	–	–	–	–
Artisans et commerçants	24	16	3	33	15	–	8	–	1
Professions libérales, cadres supérieurs	**13**	**18**	8	39	14	4	4	–	–
Professions intermédiaires	18	16	6	42	15	3	–	–	–
Employés	31	9	7	26	18	4	3	2	–
Ouvriers	23	12	12	30	14	4	1	3	1
Retraités, inactifs	29	9	8	36	10	3	2	2	1

Notes

INTRODUCTION

1. L. MOULIN, Les Liturgies de la table, Paris, Albin Michel, 1988.
2. R. BERTHELET, D. LÉONIE, *Les Scores record du corps,* Paris, Hors Collection, 1995.
3. E. KANT, *Métaphysique des mœurs,* Paris, Vrin, 1968-1971 ; *Anthropologie au point de vue pragmatique*, Paris, Vrin, 1970.
4. G. W. GRODDECK, *Le Livre du ça*, Paris, Gallimard, 1976.
5. W. PASINI, *La Qualité des sentiments*, Paris, Payot, 1992.
6. Noëlle CHÂTELET, *Le Corps à corps culinaire*, Paris, Le Seuil, 1977.
7. Cl. DUNETON, *Le Bouquet des expressions imagées, encyclopédie thématique des locutions figurées de la langue française*, Paris, Le Seuil, 1990.
8. Ph. BRENOT, *Les Mots du sexe*, Bordeaux, l'Esprit du temps, 1993.

Première partie
Eros et Dionysos

CHAPITRE I. Une histoire de sens

1. M. L. MINARELLI, *A tavola con la storia*, Florence, Sansoni, 1993.
2. Cl. LÉVI-STRAUSS, *La Pensée sauvage*, Paris, Plon, 1984.
3. R. GRAVES, *Les Mythes grecs*, Paris, Fayard, 1988.
4. M. MAFFESOLI, *L'Ombre de Dionysos. Contribution à une sociologie de l'orgie,* Paris, Librairie des Méridiens, 1991.
5. PLATON, *Œuvres complètes,* XI, Paris, Les Belles Lettres, 1981.
6. Genèse, IX, 20.
7. G. GOZZANO, *Tutte le poesie, a.c di A. Rocca,* Milan, Mondadori, 1983.
8. BAUDELAIRE, « L'Ame du vin », *Les Fleurs du mal*, *L'Intégrale*, Paris, Le Seuil, 1965.
9. J.-P. ARON, *Le Mangeur du* XIXe *siècle*, Paris, Payot, 1989.

10. H. MILLER, *Jours tranquilles à Clichy*, Paris, Bourgois, 1991.
11. H. MILLER, *Sexus*, Paris, Buchet-Chastel, 1983.

CHAPITRE II. Sociologie du goût

1. D. ACKERMAN, *Le Livre des sens,* Grasset, Paris, 1991.
2. A. BRILLAT-SAVARIN, *Physiologie du goût*, avec une lecture de Roland BARTHES, Paris, Hermann, 1975.
3. Proverbes, VII, 20.
4. L. MOULIN, *Les Liturgies de la table*, *op. cit.*
5. H. BRUCH, *Les Yeux et le ventre*, Paris, Payot, 1994.
6. B. BASTARD et L. CARDIA VONECHE, « Normes culturelles, fonctionnement familial et préoccupations diététiques », *Dialogue*, 93, 1986, p. 43.
7. J. BURGOYNE, D. CLARKE, « Dis-moi ce que tu manges », *Dialogue*, 93, 1986, p. 30.
8. G. TOMASI DI LAMPEDUSA, *Le Guépard*, Paris, Le Seuil, 1959.
9. Y. PREISWERK, *Signification et sens du manger*, Cahiers médico-sociaux, Genève, 3-4, 1986, p. 203-210.
10. B. HARWEY, citée dans le *Corriere della sera*, 24 novembre 1993.
11. S. FOGLIA, *I nostri sette peccati*, Milan, Rizzoli, 1990.
12. T. CARAFFA, *Poetiche dicerie, ovvero vaghissime descrizioni, discorsi accademici*, Viterbo, 1638, p. 89-90.
13. S. FOGLIA, *I nostri sette peccati*, *op. cit.*
14. DANTE, *La Divine Comédie, L'Enfer*, Paris, Flammarion, 1985, chant VI, 18-21.
15. DANTE, *La Divine Comédie, Le Purgatoire*, Paris, Flammarion, 1988, chants XXIII et XXIV.
16. A. BRILLAT-SAVARIN, *Physiologie du goût*, *op. cit.*
17. B. YOSHIMOTO, *Kitchen*, Paris, Gallimard, 1992.
18. M. ROUANET, *La Cuisine amoureuse, courtoise et occitane*, Toulouse, Lombardière, 1990.
19. J. CAIN, *Le Facteur sonne toujours deux fois*, Paris, Gallimard (Folio), 1979.
20. A. WATTS, *Matière à réfléxion, Meurtre dans la cuisine*, Paris, Denoël-Gonthier, 1972.
21. N. EPHRON, *C'est cuit, dit-elle,* Paris, Laffont, 1984.
22. W. DUFTY, *Le Roman noir du sucre blanc,* Maisnie-Trédaniel, 1985.
23. M. MONTIGNAC, *Je mange, donc je maigris, ou Les secrets de la nutrition,* Paris, Artulen, 1987.
24. P. CARTON, *Les Trois Aliments meurtriers*, Paris, Maloine, 1923.
25. W. PASINI, A. HAYNAL, *Manuel de psychologie odontologique,* Paris, Masson, 1992.
26. *Le Monde*, 20 novembre 1984.
27. Cité dans P. AIMEZ et B. RÉMY, « Image spéculaire et image du corps chez les sujets obèses », *Perspectives psychiatriques*, 74, p. 393-400.

28. *La Repubblica*, 12 décembre 1988.
29. Cl. Fischler, « Le Mangeur », *Autrement*, Paris, 1993; du même auteur, *L'Homnivore*, Paris, Points Seuil, 1993.
30. B. Brusset, *L'Assiette et le miroir*, Toulouse, Privat, 1977.
31. E. Goffman, *Stigma. Notes on the Management of Spoiled Identity*, Hamondworth, 1968.
32. M. E. Moore, A. J. Stunkard, L. Srole, « Obesity, Social Class, and Mental Illness », *Journal of the American Medical Association*, 1962, 181, p. 962-966.
33. A. Basdevant, D. Elia, S. Mimoun, K. Demittenaere, A. Genazzani, W. Pasini, J. Studd, *Evénements gynéco-endocriniens et variations pondérales : Contracept, Fertil, Sex*, XX, 12, p. 1143-1147.
34. « A qualcuno piace grassa », *Venerdi di Repubblica*, 28 janvier 1994.
35. *Femme actuelle*, 24 janvier 1994.
36. Sondage du Mark Clements Research Group pour la revue *Parade.*
37. *The New York Times*, 2 janvier 1994.
38. F. Popcorn, *Le Rapport Popcorn : comment vivrons-nous en l'an 2000,* Editions de l'Homme, 1994.

Chapitre iii. D'un appétit à l'autre

1. J.-D. Vincent, *Biologie des passions*, Paris, Le Seuil, 1986.
2. *Ibid.*
3. R. et M. Pane, *I sapori del sud*, Milan, Rizzoli, 1991.
4. *Ibid.*
5. N. Châtelet, *Le Corps à corps culinaire*, Paris, Le Seuil, 1977.
6. N. Curnonsky, *La Table et l'amour, Nouveau Traité des excitants modernes*, Paris, Editions de l'Arsenal, 1994.
7. A. Roustan, *La Cuisine de l'amour*, Paris, Albin Michel, 1986.
8. C. Fourier, *Théorie des quatre mouvements et des destinées générales,* Paris, J.-J. Pauvert, 1967.
9. J.-J. Rousseau, *Emile*, Paris, LGF, 1966.
10. A. Reyes, *Le Boucher*, Paris, Le Seuil, 1988.
11. G. Apfeldorfer, *Je mange donc je suis, Surpoids et troubles du comportement alimentaire*, Paris, Payot, 1993.
12. S. Freud, *Cinq Psychanalyses*, Paris, PUF, 1993.
13. K. Abraham, *Œuvres complètes. Etudes cliniques, essais de psychologie appliquée,* Paris, Payot, 1989.
14. S. Ferenczi, *Œuvres complètes*, Paris, Payot, 1978.
15. W. Pasini et A. Haynal, *Manuel de psychologie odontologique, op. cit.*
16. R. A. Spitz, *De la naissance à la parole : la première année de la vie.* Paris, PUF, 1993.
17. D. W. Winnicott, *Le Bébé et sa mère*, Paris, Payot, 1992; M. Mahler, *Psychose infantile : symbiose humaine et individuation,* Paris, Payot (PBP), 1990.

18. D. Meltzer, *Les Structures sexuelles de la vie psychique*, Payot, Paris, 1977.
19. S. Ferenczi, *Œuvres complètes*, *op. cit.*
20. H. Bruch, *Conversations avec des anorexiques*, Paris, Payot, 1990.
21. A. Bertolini et coll., « Relazioni neuropeptidiche del comportamento sessuale ed alimentare », *Rivista di sciense sessuologiche*, 1982, p. 75-86.
22. C. Collodi, *Les Aventures de Pinocchio*, Paris, Gallimard (Folio Junior), 1982.
23. M. Abad, *Ligeros libertajes sabáticos*, Barcelone, Tusquets, 1988.
24. « Sesso e dieta », *Riza*, mai 1992, p. 16-42.
25. Ecclésiaste, XXVI, 12.

Chapitre iv. Le couple et la nourriture

1. M. Tournier, *Le Roi des aulnes*, Paris, Gallimard, 1970.
2. H. Hesse, *Siddharta*, Paris, Grasset (Cahiers rouges), 1988.
3. A. Brillat-Savarin, *Physiologie du goût*, *op. cit.*
4. N. Ephron, *C'est cuit, dit-elle*, *op. cit.*
5. G. D'Annunzio, *Il piacere, in Prose di romanzi*, Milan, Mondadori, 1988.
6. G. de Maupassant, *Bel-Ami*, Paris, Laffont (Bouquins), 1988.
7. N. Ephron, *C'est cuit, dit-elle*, *op. cit.*
8. P. Borel, *Champavert, contes immoraux*, Paris, Le Chemin Vert, 1985.
9. Legman, *Psychanalyse de l'humour érotique*, Paris, Laffont, 1971.
10. *Ibid.*
11. J. Amado, *Dona Flor et ses deux maris*, Paris, Stock, 1984.
12. K. Blixen, *Le Dîner de Babette*, Paris, Gallimard, 1988.
13. G. Boccace, *Le Décaméron*, Paris, Bordas (Classiques Garnier), 1988.

Chapitre v. Le cannibalisme amoureux

1. J. Pouillon, « Manières de table, manières du lit, manières de langage », *Nouvelle Revue de psychanalyse*, 6, Gallimard, 1972.
2. D. Ackerman, *Le Livre des sens*, *op. cit.*
3. M. Harris, *Buono da mangiare*, Turin, Einaudi, 1990.
4. Cl. Lévi-Strauss, *La Pensée sauvage*, Paris, Plon, 1984.
5. Cl. Lévi-Strauss, *Le Cru et le cuit*, *op. cit.*
6. G. Boccace, *Le Décaméron*, Paris, Bordas (Classiques Garnier), 1988.
7. A. Brillat-Savarin, *Physiologie du goût*, *op. cit.*
8. S. Freud, *Trois Essais sur la théorie de la sexualité*, Paris, Gallimard, 1962.

9. R. A. SPITZ, *De la naissance à la parole : la première année de la vie*, *op. cit.*
10. N. CHÂTELET, *Le Corps à corps culinaire*, *op. cit.*
11. I. SVEVO, *La Conscience de Zeno*, Paris, LGF, 1990.
12. V. NABOKOV, *Lolita*, Paris, Gallimard, 1959.
13. I. CALVINO, *Sous le soleil jaguar*, Paris, Le Seuil, 1990.
14. W. PASINI, *La Qualité des sentiments*, *op. cit.*
15. B. BETTELHEIM, *Psychanalyse des contes de fées*, Paris, Hachette (Pluriel), 1993.
16. W. PASINI, *La Méchanceté*, Payot, Paris, 1992.

CHAPITRE VI. Erotisme et gastronomie

1. A. BRILLAT-SAVARIN, *Physiologie du goût*, *op. cit.*
2. J.-J. ROUSSEAU, *Confessions*, Paris, Le Livre de Poche, 1972.
3. M. ONFRAY, *Le Ventre des philosophes, critique de la raison diététique*, Paris, Grasset, 1989.
4. D. ACKERMAN, *Le Livre des sens*, *op. cit.*
5. G. APFELDORFER, *Je mange, donc je suis*, *op.cit.*
6. J. DE LA COUR, *Neurobiologie des comportements*, Paris, Hermann, 1984.
7. F. PORTINARI, *Il piacere della gola*, Milan, Camunia, 1986.
8. G. FLAUBERT, *Trois Contes*, L'Intégrale, II, Paris, Le Seuil, 1964.
9. R. et M. PANE, *Sapori del sud*, *op. cit.*
10. G. BERNIER, A. CARÊME, *La Sensualité gourmande en Europe*, Paris, Grasset, 1989.
11. M. L. MINARELLI, *A tavola con la storia*, *op. cit.*
12. *Gran Gourmet*, rencontres à Terni du 11 février 1994.
13. M. Vásquez MONTALBÁN, *Recettes immorales*, Bordeaux, Mascaret, 1993.
14. I. CALVINO, *Sous le soleil jaguar*, *op. cit.*
15. Les citations de Claude Terrail sont tirées de son ouvrage *Ma Tour d'argent*, Paris, Stock, 1974.

Deuxième partie
Plaisirs de l'amour, plaisirs de la table

1. J. et W. GRIMM, *Contes*, Lito, 1993.
2. O. WILDE, *Le Portrait de Dorian Gray*, Le Seuil, 1992.
3. KAUFMANN, « Le Mangeur », *op. cit.*
4. *Femina*, 2 avril 1993.
5. L. MOULIN, *Les Liturgies de la table*, *op. cit.*
6. Cl. FISCHLER, « Le Mangeur », *op. cit.*

Troisième partie
Quand le lien est malade

CHAPITRE I. Les appétits voraces : boulimie et sexualité

1. G. RAIMBAULT, C. ELIACHEFF, *Les Indomptables : figures de l'anorexie*, Paris, O. Jacob-Le Seuil, 1989.
2. G. APFELDORFER, *Je mange, donc je suis*, *op. cit.*
3. B. SILVERSTEIN, B. PETERSON, L. PERDUE, « Some Correlates of the Thin Standard of Bodily Attractiveness for Women », *International Journal of Eating Disorders*, 5, 1986, p. 895-905.
4. D. M. GARNER, P. E. GARFINKEL, « Socio-cultural Factors in the Development of Anorexia Nervosa », *Psychological Medicine*, 10, 1980, p. 647-656.
5. M. ROLLAND-CACHERA, « No Correlation Between Obesity and Food Intake », *Am. J. Clin. Nutrition*, 44, 1986, p. 779-787.
6. G. APFELDORFER, *Je mange, donc je suis*, *op. cit.*
7. M. ARCHINARD, « Les troubles du comportement alimentaire : quelques problèmes pour les internistes et les psychiatres », *Revue médicale de la Suisse Romande*, 112, 1992, p. 951-953.
8. N. CHÂTELET, *Le Corps à corps culinaire*, *op. cit.*
9. R. GÖCKEL, *Eßucht oder die Scheu vor den Lebem,*, Reinbek, Rowohlt Taschenbich verlag, 1988.
10. S. ORBACH, *Maigrir, la fin de l'obsession*, Paris, Editions de l'Homme, 1989.
11. W. PASINI, *La Qualité des sentiments*, *op. cit.*
12. W. SCHMIDBAUER, *Die hilflosen Helfer*, Hambourg, Rowolt, 1988.
13. G. SCHELOTTO, *Una fame da morire, anoressia e bulimia*, Milan, Mondadori, 1992.
14. M. BALINT, *Amour primaire et technique psychanalytique,* Paris, Payot, 1972.
15. K. BECKMAN, L, BURNS, « Relation of Sexual Abuse and Boulimia », *College Woman Int. Journ. of Eating disorders*, vol IX, 5, 1990, p. 487-492.
16. G. SLOAN, P. LEICHNER, « Is There any Relationship Between Sexual Abuse or Incest and Eating Disorders ? », *Canadian Journ. of Psychiatry*, 31, 1986, p. 656-660.
17. G. WALLER, « Sexual Abuse as a factor in Eating Disorders », *British Journ. of Psychiatry*, 159, 1991, p. 664-671.
18. G. WALLER, « Sexual Abuse and the Severity of Boulimic Symptoms », *British Journ. of Psychiatry*, 161, 1992, p. 90-93.
19. H. LACEY, « Incest, Incestuous Fantasy and Indecency », *British Journ. of Psychiatry*, 157, 1990, p. 399-403.
20. A. M. HAYMES, L. J. KATZ, « Sexual and Social Maturity versus Social Conformity in Restricting Anorectic, Boulimic and Borderline Women », *Int. Journ. of Eating Disorders*, 7, 1987, p. 331-334.
21. R. H. STRIGEL-MOORE, N. TUCKER, J. HSU, « Body Image, Dissatis-

faction and Disordered Eating in Lesbian College Students », *Int. Journ. of Eating Disorders*, 9, 1990, p. 493-500.

22. V. Jagstaidt, W. Pasini, « Boulimie et sexualité », *Med. et Hyg.*, 52, 1994, p. 701-704.

23. A. P. Verri, R. E. Nappi, E. Barbieri, A. Proietti Cecchini, L. Colonna, « Disturbi del comportamento alimentare e sessualità », *in* G. Baldano Verde, A. R. Genazzani, P. Marrama, *Sessuologia 1993*, CIC, Roma, 1993, p. 664-667.

24. H. Bruch, *Les Yeux et le ventre*, Paris, Payot, 1994.

25. R. Norwood, *Ces femmes qui aiment trop*, Paris, J'ai Lu, 1993.

26. Ph. Jeammet, « Addiction, dépendance, adolescence » *in* J.-L. Venisse, *Les Nouvelles Addictions*, Paris, Masson, 1991, p. 10-29.

27. E. Van Vreckem, W. Vandereycken, *Why Women ? A sexual Education Programme for Women with Eating Disorders*, European Council on Eating Disorders, Londres, 1991.

Chapitre II. Obésité et sexualité

1. F. Ferrero, P. Rouget, M. Archinard, L. Luka, N. Reverdin, « La boulimie : une enquête dans la population étudiante de l'Université de Genève », *Troisième rapport sur la nutrition en Suisse*, 1991, p. 398-404.

2. R. Tannahill, *Le Sexe dans l'histoire*, Paris, Laffont, 1982.

3. H. Bruch, *Les Yeux et le ventre*, *op. cit.*

4. C. Fischler, *L'Homnivore*, Paris, Points Seuil, 1993.

5. M. E. Moore, A. J. Stunkard, L. Srole, « Obesity, Social Class and mental Illness », *Journ. of Amer. Med. Ass.*, 1962, 181, p. 962-966.

6. A. J. Stunkard, E. d'Aquilini et coll., « The Influence of Social Class on Obesity and Thinness in Children », *Journ. of Amer. Med. Ass.*, 221, 1972, p. 579-584.

7. M. Pflanz, « Medizin-soziologische Aspekte der Fettsucht », *Psyche*, Stuttgart, 16, 1963, p. 579-591.

8. J. Sobal, A. J. Stunkard, « Socio-economics Statuts and Obesity. A Review of the Literature », *Psychol. Bulletin*, 105, 1989, p. 260-275.

9. F. E. Braddon et coll., « Onset of Obesity in a 36 Year Birth Cohort Study », *British Medical Journal*, 293, 1986, p. 299-303.

10. *Corriere Salute*, 25 octobre 1993, p. 7.

11. *Ibidem.*

12. B. Silverstein, L. Perdue et coll., « The Role of the Mass Media in Promoting a Thin Standard of Bodily Attractiveness for Women », *Sex Roles*, 14, 1986, p. 519-532.

13. R. M. Milstein, « Responsiveness in Newborn Infant to Overweight and Normalweight Parents », *Appetite*, 1981, p. 65-74.

14. A. Haynal, W. Pasini, *Abrégé de médecine psychosomatique*, Paris, Masson, 1978.

15. P. Jeammet, *L'Anorexie mentale*, Paris, Monographies Doin, 1985.
16. W. Pasini, *Eloge de l'intimité*, Paris, Payot, 1991.
17. M. E. Kerr, *Mini Hocker se shoote*, Paris, Ecole des Loisirs, 1971.
18. G. Apfeldorfer, *Je mange, donc je suis*, *op. cit.*
19. G. Groddeck, *Le Livre du ça*, *op. cit.*
20. Rabelais, *Gargantua et Pantagruel. Œuvres complètes*, I, Paris, Garnier, 1982.
21. Sade, *Les Cent Vingt Journées de Sodome*, Paris, UGE 10/18, 1993.
22. E. Zola, *Le Ventre de Paris*, Paris, Gallimard (Folio), 1979.
23. E. Zola, *Germinal*, Paris, LGF, 1968.
24. V. Prudel, « Eating in the Laboratory », *Int. journ. of Obesity*, 1, 1977, p. 369-386.
25. R. M. Ganley, Epistemology, « Family Patterns and Psychosomatics : the Case of Obesity », *Fam. Proceedings*, 25, 1986, p. 437-451.
26. H. Bruch, *Les Yeux et le ventre*, *op. cit.*; P. Jeammet, *L'Anorexie mentale*, *op. cit.*
27. G. Apfeldorfer, *Je mange donc je suis*, *op. cit.*
28. *Corriere Medico*, 26 février 1980, p. 11.
29. *Ibid.*
30. A. H. Crisp, *Eating and its Disorders*, New York, Raven Press, 1984.
31. M. Golay, V. Jagstaidt, W. Pasini, *Sexuality and Obesity*, à paraître.

Chapitre III. Panne d'appétits : anorexie alimentaire et anorexie sexuelle

1. G. Raimbault, C. Eliacheff, *Les Indomptables : figures de l'anorexie*, *op. cit.*
2. D. Rampling, « Ascetic Ideals and Anorexia Nervosa », *Journal of Psychiatric Res.*, 19, 1985, p. 89-94.
3. F. Manara, *L'anoressia nervosa*, Milan, Angeli, 1991.
4. M. Palazzoli Selvini, *L'anoressia mentale*, Milan, Feltrinelli, 1963.
5. *L'Hebdo*, 13 février 1992.
6. P. Jeammet, « Anorexie, personnalité et aspects psychosomatiques », *Psychothérapies*, 1991, 23, p. 135-142.
7. W. Pasini, *Eloge de l'intimité*, *op. cit.*
8. P. Jeammet, « Anorexie, personnalité et aspects psychosomatiques », art. cité.
9. F. de Clercq, *Tutto il pane del mondo*, Florence, Sansoni, 1990.
10. E. J. Kesternberg, S. Decobert, *La Faim et le corps, une étude psychanalytique de l'anorexie mentale*, Paris, PUF, 1994.
11. G. Schelotto, *Una fame da morire, anoressia e bulimia*, *op. cit.*
12. P. Lachgar, « Adolescence : anorexie et boulimie », *Gynécologie et Psychosomatique*, 9, 1993, p. 13.

CHAPITRE IV. Eros et Bacchus

1. Cité dans A. APPIANO, *I « tre grappoli » del Pascoli, ovvero il vino e la poesia*, « Civiltà del bere », mai 1990, p. 160.
2. P. KLEE, *Journal*, Paris, Grasset, 1984.
3. Cité dans A. APPIANO, *op. cit.*
4. Cité dans A. APPIANO, *op. cit.*
5. L. MOULIN, *Les Liturgies de la table*, *op. cit.*
6. APULÉE, *L'Ane d'or ou les métamorphoses*, Paris, Gallimard, 1975.
7. P. De MURO, *La vigna e il diavolo*, Milan, Rizzoli, 1976.
8. U. ALBINI et F. BORNMANN, *Hellas, Storia e testi della letterature greca*, Florence, Le Monnier, 1982.
9. Cité dans A. APPIANO, *op. cit.*
10. Ecrit en collaboration avec Antonella APPIANO.
11. G. ARRIGONI, *Le donne in Grecia*, Bari, Laterza, 1985.
12. PLAUTE, *Œuvres*, III, Paris, Les Belles Lettres, 1972.
13. OVIDE, *L'Art d'aimer*, Paris, Gallimard (Folio), 1973.
14. JUVÉNAL, *Les Satires*, Paris, Les Belles Lettres, 1968.
15. GOLDONI, *La Locandiera*, Paris, L'Arche, 1957.
16. G. T. WILSON, D. M. LAWSON, « Expectancies, Alcohol and Sexual Arousal in Woman », *Journ. Abnorm. Psychol.*, 87, 1978, p. 358-367.
17. C. L. SCHUSTER, *Alcohol and Sexuality*, New York, Praeges, 1988.
18. E. M. JELLINEK, *The Disease Concept of Alcoholism*, New Heaven, Hillhouse, 1960.
19. L. WURMSER, « Psycho dynamics of Drug Dependence », *in* J. D. BLAINE et D. A. JULINS, *Psychodynamics in Compulsive Drug Use*, NIDA Research Mon. Series, 12, 1977.
20. J. BERGERET, *Précis de toxicomanie*, Paris, Masson, 1984.
21. S. MUTRUX, « Pathologie sexuelle de l'alcoolisme mental chronique masculin », *Confront. Psychiatriques*, 8, 1972, p. 101-124.
22. P. CUDICIO et L. DUBOIS, *Alcoolisme trouble de l'érection, sevrage*, Communication au congrès AIHUS, Bordeaux, mars 1994.
24. H. SOLMS, *Alcool, alcoolisme et sexualité : contraception, fertilité, sexualité*, 1983, XI, 5, p. 751-758.

Quatrième partie
Les thérapies ou le plaisir retrouvé

CHAPITRE I. Les aphrodisiaques existent-ils ?

1. A. DOPPET, *Traité du fouait ou aphrodisiaques externes*, 1788 ; cité dans P. BRENOT, *Les Mots du sexe*, Bordeaux, L'Esprit du temps, 1993.
2. L. MOULIN, *Les Liturgies de la table*, *op. cit.*

3. Maïmonide, *Le Livre des commandements*, Lausanne, L'Age d'Homme, 1987.
4. L. Moulin, *Les Liturgies de la table*, *op. cit.*
5. P. Brenot, *Les Mots du sexe*, *op. cit.*
6. *Europeo*, 4 mai 1985.
7. M. L. Minarelli, *A tavola con la storia*, *op. cit.*
8. D. Ackerman, *Le Livre des sens*, *op. cit.*
9. A. Brillat-Savarin, *in* Claude Terrail, *Ma Tour d'argent*, *op. cit.*
10. A. Brillat-Savarin, *Physiologie du goût*, *op. cit.*
11. P. Camporesi, *Les Baumes de l'amour*, *op. cit.*
12. A. Petronio, *Del vivere de gli uomini et di conservar la sanità*, Roma, Domenico Basa, 1592, p. 274-275.
13. Collectif, *Il tesoro della sanità*, Milan, Serra e Riva, 1982.
14. C. Donzelli, *Teatro farmaceutico dogmatico e spagirico*, Venise, Andréa Politti, 1737, p. 176.
15. D. Morris, *Le Singe nu*, Paris, Grasset, 1988.
16. G. Abraham, P. Marrama, C. Carani, J.-M. Gaillard, *Psychoneuroendocrinologie*, Lyon, SIMEP, 1985.
17. *L'Espresso*, 30 août 1992.
18. *L'Europeo*, mai 1985.
19. G. Mughini, *Panorama*, 18 mars 1994.
20. H. Sachet, C. Boistelle, *Chocolat et chocolats*, Lucerne, Dormonval, 1993.
21. M. Lebowitz, D. Klein, « Brain Serotonine and Eating Behaviour », *in Actes du congrès « Disorders of Eating Behaviour »*, Pavie, 1985, Abstract n. 74.
22. H. Robert, *Les Vertus thérapeutiques du chocolat*, Paris, Artulen, 1990.
23. D. Ackerman, *Le Livre des sens*, *op. cit.*
24. *Corriere della Sera*, 21 mars 1994.
25. S. Lanzillotti, Académie italienne de cuisine, mars 1994.
26. H. E. Wedeck, *Guida agli afrodisiaci e ai rimedi d'amore*, Milan, SugarCo, 1969.

Chapitre ii. Psychorégimes et thermalisme

1. S. Dallera, N. Sorrentino, *La psicodieta*, Milan, Mondadori, 1994.
2. Cl. Fischler, « Le Mangeur », *op. cit.*
3. S. Dallera, N. Sorrentino, *La psicodieta*, *op. cit.*
4. W. King, *Più sesso, meno calorie*, Milan, Sonzogno, 1993.

Bibliographie

D. Ackerman, *Le Livre des sens*, Paris, Grasset, 1991.

G. Apfeldorfer, *Je mange, donc je suis, surpoids et troubles du comportement alimentaire*, Paris, Payot, 1993.

A. Brillat-Savarin, *Physiologie du goût,* avec une lecture de Roland Barthes, Paris, Hermann, 1975.

H. Bruch, *Les Yeux et le ventre*, Paris, Payot, 1994.

I. Calvino, *Sous le soleil jaguar*, Paris, Le Seuil, 1990.

P. Camporesi, *Les Baumes de l'amour*, Paris, Hachette, 1990.

N. Châtelet, *Le Corps à corps culinaire*, Paris, Le Seuil, 1977.

Collectif, « Le mangeur », *Autrement*, 1993.

Collectif, « La gourmandise », *Autrement*, 1990.

Curnonsky (et André Saint-Georges), *La Table et l'amour, Nouveau Traité des excitants modernes*, Paris, Editions de l'Arsenal, 1994.

L. Esquivel, *Chocolat amer*, Paris, Laffont, 1991.

C. Fischler, *L'Homnivore*, Paris, Points Seuil, 1993.

P. Gillet, *Le Goût et les mots*, Paris, Payot, 1993.

G. Harrus-Révidi, *Psychanalyse de la gourmandise*, Paris, Payot, 1994.

M. Laxenaire, *La Nourriture, la société et le médecin*, Paris, Masson, 1983.

C. Lévi-Strauss, *La Pensée sauvage*, Paris, Plon, 1984.

L. Moulin, *Les Liturgies de la table*, Paris, Albin Michel, 1989.

M. Onfray, *Le Ventre des philosophes. Critique de la raison diététique,* Paris, Grasset, 1989; *La Raison gourmande*, Grasset, 1995.

G. Raimbault, C. Eliacheff, *Les Indomptables : figures de l'anorexie,* Paris, O. Jacob-Le Seuil, 1989.

A. Reyes, *Le Boucher*, Paris, Le Seuil, 1988.

H. Robert, *Les Vertus thérapeutiques du chocolat*, Paris, Artulen, 1990.

R. Tannahill, *Le Sexe dans l'histoire*, Paris, Laffont, 1982.

M. Vazquez Montalbán, *Recettes immorales*, Bordeaux, Ed. Mascaret, 1993.

D. P. Woodside, L. Shekker-Wolfson, J. Brandes, J. Lackstrom, *Eating Disorders and Marriage. The Couple in Focus,* New York, Brunner Mazel, 1993.

E. Zola, *Le Ventre de Paris*, Paris, Gallimard (Folio), 1979.

Filmographie

Beignets de tomates vertes
Titre original : *Fried Green Tomatoes at the Whistle Stop Café*; Réalisation : John Avnet. Etats-Unis, 1991.

Boccace 70
Titre original : *Boccaccio '70*; Réalisation : Mario Monicelli, Federico Fellini, Luchino Visconti, Vittorio de Sica. Italie, 1962.

La Chair
Titre original : *La Carne*; Réalisation : Marco Ferreri. Italie, 1991.

Dona Flor et ses deux maris
Titre original : *Dona Flor e seus dois maridos*; Réalisation : Bruno Barreto. Brésil, 1977.

L'Empire des sens
Réalisation : Nagisa Oshima, Japon, 1976.

Les Epices de la passion
Titre original : *Como agua para chocolato*; Réalisation : Alfonso Arau. Mexique, 1992.

Le Facteur sonne toujours deux fois
Titre original : *The Postman Always Rings Twice*; Réalisation : Bob Rafelson. Etats-Unis, 1981.

Fellini Satyricon
Réalisation : Federico Fellini. Italie, 1969.

Le Festin de Babette
Titre original : *Babettes Gaestebud*; Réalisation : Gabriel Axel. Danemark, 1987.

La Grande Bouffe
Réalisation : Marco Ferreri. France-Italie, 1973.

La Brûlure
Titre original : *Heartburn*; Réalisation : Mike Nichols. Etats-Unis, 1986.

Hot Shots!
Réalisation : Jim Abrahams. Etats-Unis, 1991.

Jambon, jambon
Titre original : *Jamùn jamùn*; Réalisation : Bigas Luna. Espagne, 1992.

Lune de fiel
Réalisation : Roman Polanski. France-Grande-Bretagne, 1992.

Misère et noblesse
Titre original : *Miseria e nobiltà*; Réalisation : Mario Mattoli. Italie, 1954.

Le Pigeon
Titre original : *I soliti ignoti*; Réalisation : Mario Monicelli. Italie, 1958.

Les Sorcières d'Eastwick
Titre original : *The Witches of Eastwick*; Réalisation : George Miller. Etats-Unis, 1987.

Zuckerbaby
Réalisation : Percy Adlon. RFA, 1985.

Les Temps modernes
Titre original : *Modern Times*; Réalisation : Charlie Chaplin. Etats-Unis, 1936.

Tom Jones
Réalisation : Tony Richardson. Grande Bretagne-Etats-Unis, 1963.

Table

Imprimé en France

Dépôt légal : mars 1995
N° d'impression : 30822